日本プロレス
歴代王者名鑑

ヘビー級シングル編 1　黄金時代を築いた英雄たち

週刊プロレス 編

ベースボール・マガジン社

目次

インターナショナルヘビー級王者

初代ベルト

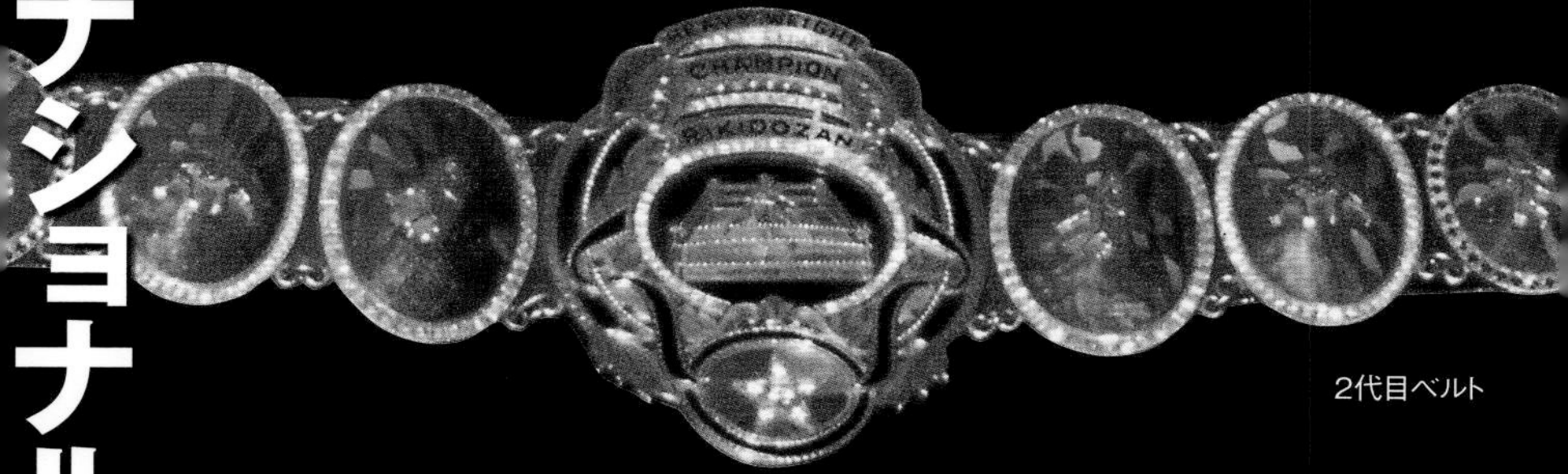

2代目ベルト

3代目ベルト（日本プロレス時代）

3代目ベルト（全日本プロレス時代）

「テーズだけのもの」から「力道山だけのもの」へ

NWA王者ハットンからテーズへ狙いを切り替えた力道山

昭和の時代に「日本の至宝」と称された「インターナショナル選手権」について、まずは本タイトルの起源である力道山対ルー・テーズ戦（1958年8月27日、アメリカ・ロサンゼルスのオリンピック・オーデトリアム）に至る歴史と経緯について細かく書く必要がある。

そもそも、この王座は、力道山が奪取する以前にも「本当に」存在したのか？　結論から書くと、間違いなく存在していた。長くNWA世界ヘビー級王者だったルー・テーズが欧州長期遠征から帰国後の1958年の3月から7月にかけ、テキサス地区、カリフォルニア地区、アイダホ地区を中心に何度か防衛戦が行われている（力道山が日本に「持ち帰ったあと」にも存在していたが、それについては後述する）。

同タイトルに関する最も「一般的な起源説明」としては、2000年に『ゴング』（日本スポーツ出版社）が出した『日本プロレス50年史』の文章が引用されているケースが多い。その文章には、こうある。

「1953年6月、NWA世界ヘビー級王者だったルー・テーズに対して、NWAはヨーロッパ、ドイツ、イタリア、東南アジア各地での無敗だった功績を高く評価し、かつ東部地区で〝無冠の帝王〟を自称していたアントニオ・ロッカを破った実績を称えてインターナショナル選手権者の称号を与えた」

このような事実はない。そもそも、テーズが日本、欧州、東南アジアへ初めて遠征したのは1957年から1958年にかけてであり、1953年時点ではアメリカ、カナダ以外の国でNWA世界の防衛戦が行われたことはない。1952年から53年にかけ、ロスとMSGでロッカを2度、破った（一度はバックドロップによる完全フォール、一度は反則勝ち）ことは事実であるが、ロッカが〝無冠の帝王〟と言われていたこととは無関係である。こういう伝承のされ方をするのは、ロッカにも気の毒というものである。

かといって、この文章は当然、『ゴング』が捏造したものでは決してない。日本のマスコミでは大昔（力道山が王座を獲得したあたり）から、この「言い伝え」が最も一般的だった。

力道山が日本で活躍していた期間は約10年（1954〜1963年）だったが、その10年の中で1958年（昭和33年）は間違いなく、「プロレス人気が最も低迷した1年」だった。決定的な理由は、3月1日のテレビ中継（日本テレビ）「ファイトメン・アワー」で（日本人選手数人を相手に）「練習試合」を軽く公開した以外、力道山が「1月から8月まで、国内で本格的な試合を一度もしなかった」ことだった。なぜかというと、前年（1957年）11月、テーズを破ってNWA世界王座を奪取したディック・ハットンに挑戦するため、「4月中旬には渡米する」ことになっていたからだが、国内の所用（主として芸能関係）をこなすために、出発が3カ月の延期を余儀なくされた。

悪いことに、3月8日で「ファイトメン・アワー」が一旦終了してしまったため、日本テレビからの放送料が全く入ってこなくなった（ドン・レオ・ジョナサン、スカイ・ハイ・リー、ジョニー・バレンドを招聘して、9月5日からのテレビ再開は内定していたが）。手元資金が枯渇し、外国人を招聘しての興行は、打ちたくても打てないという苦境に陥った。力道山は、7月6日にようやく羽田空港を出発して、ホノルルに向かった。羽田空港に詰めかけた報道陣に対しては、「必ずハットンを倒して、世界王座を持ち帰る」とコメントを残したが、具体的にいつ、どこで、等の詳細が決まっていたわけではないので、シンプルな「決意表明」だけに終わる（力道山の口から、テーズとか、インターナショナルという単語は一切出ていない）。

実際、力道山が（米本土で）ハットンに挑戦できる可能性は、この時点で限りなくゼロだったと言ってよい。

ホノルルに「一時停車」した力道山は、ここでロサンゼルスのブッカー（事実上のボス）、ジュールス・ストロンボーからの電話待ち状態に入る。つまり、ハットンが西海岸サーキットに入るという情報をキャッチしたら、即、ロスに飛べるようにスタンバイをしていたわけである。かといって遊んでいるのももったいないので、ホノルルで毎週日曜日に開催されていた定期戦には出場しており、体調保全にぬかりはなかった（スタンレー・コワルスキー、ホンブレ・モンタナ、スカイ・ハイ・リーらとシングル戦。リーとはここで来日の最終契約）。

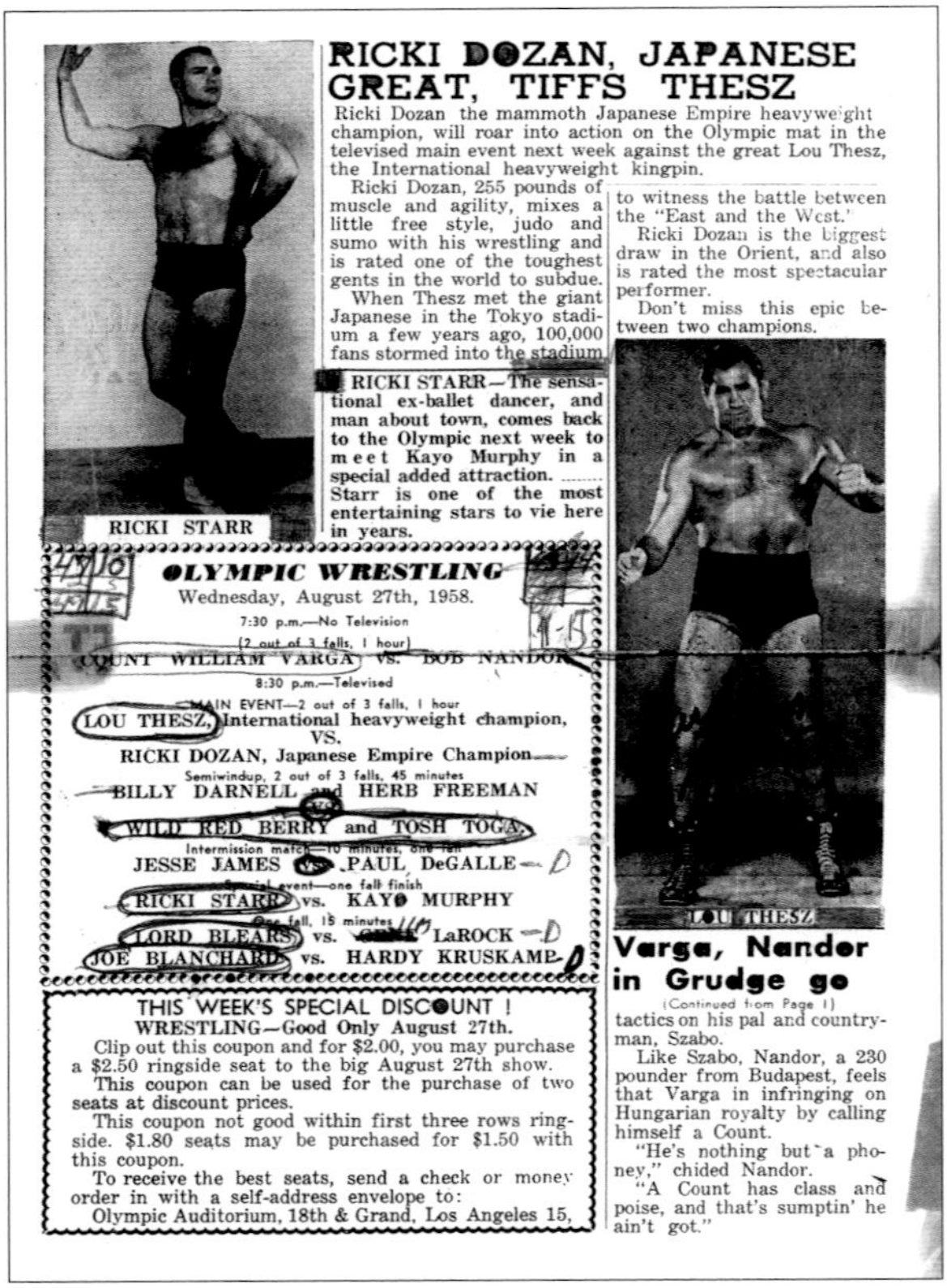
RICKI DOZAN, JAPANESE GREAT, TIFFS THESZ

Ricki Dozan the mammoth Japanese Empire heavyweight champion, will roar into action on the Olympic mat in the televised main event next week against the great Lou Thesz, the International heavyweight kingpin.

Ricki Dozan, 255 pounds of muscle and agility, mixes a little free style, judo and sumo with his wrestling and is rated one of the toughest gents in the world to subdue.

When Thesz met the giant Japanese in the Tokyo stadium a few years ago, 100,000 fans stormed into the stadium to witness the battle between the "East and the West."

Ricki Dozan is the biggest draw in the Orient, and also is rated the most spectacular performer.

Don't miss this epic between two champions.

RICKI STARR—The sensational ex-ballet dancer, and man about town, comes back to the Olympic next week to meet Kayo Murphy in a special added attraction. Starr is one of the most entertaining stars to vie here in years.

RICKI STARR

OLYMPIC WRESTLING
Wednesday, August 27th, 1958.
7:30 p.m.—No Television
(2 out of 3 falls, 1 hour)
COUNT WILLIAM VARGA vs. BOB NANDOR
8:30 p.m.—Televised
MAIN EVENT—2 out of 3 falls, 1 hour
LOU THESZ, International heavyweight champion,
VS.
RICKI DOZAN, Japanese Empire Champion
Semiwindup, 2 out of 3 falls, 45 minutes
BILLY DARNELL and HERB FREEMAN
VS.
WILD RED BERRY and TOSH TOGO
Intermission match—10 minutes, one fall
JESSE JAMES vs. PAUL DeGALLE
Special event—one fall finish
RICKI STARR vs. KAYO MURPHY
One fall, 15 minutes
LORD BLEARS vs. LaROCK
JOE BLANCHARD vs. HARDY KRUSKAMP

THIS WEEK'S SPECIAL DISCOUNT !
WRESTLING—Good Only August 27th.
Clip out this coupon and for $2.00, you may purchase a $2.50 ringside seat to the big August 27th show.
This coupon can be used for the purchase of two seats at discount prices.
This coupon not good within first three rows ringside. $1.80 seats may be purchased for $1.50 with this coupon.
To receive the best seats, send a check or money order in with a self-address envelope to:
Olympic Auditorium, 18th & Grand, Los Angeles 15,

LOU THESZ

Varga, Nandor in Grudge go
(Continued from Page 1)
tactics on his pal and countryman, Szabo.

Like Szabo, Nandor, a 230 pounder from Budapest, feels that Varga in infringing on Hungarian royalty by calling himself a Count.

"He's nothing but a phoney," chided Nandor.

"A Count has class and poise, and that's sumptin' he ain't got."

1958年8月27日、アメリカ・カリフォルニア州ロサンゼルスのオリンピック・オーデトリアムで行われたルー・テーズvs力道山戦当日のプログラム。対戦カードのテーズの名前の横に「インターナショナルヘビー級チャンピオン」という記載がある

力道山の元に待望の電話が入ったのは、1カ月以上が経過した8月20日前後のことだった。

「リキ、残念ながらハットンは来ないが、8月27日のオリンピック・オーデトリアムに

ルー・テーズをブッキングした。ここでなら、ユーとテーズの試合が組める。どうだ？　来るか？　テーズは先週から今週にかけ、トロントでハットンと2連戦をやっている最中だ」

力道山にとっては願ってもない連絡だった。9月5日からジョナサンらを迎えてのシリーズが決定しているだけに、帰国（8月末日）までに残された時間はわずかだった。8・27というタイミングは、ラスト・チャンスとも言えた。「行きます！　テーズと試合を組んでください！」。この段階でストロンボーが「インターナショナル選手権云々」の話を出したかどうかは不明だが、別掲の（8・27当日の）プログラムにはテーズの部分に「インターナショナル・チャンピオン」とあるので、おそらく（少なくともチラッと）言及した可能性が高い。力道山の頭には、その瞬間「ハットンより、テーズを倒したほうがインパクトは大きい。タイトル名称なんか二の次だ。勝てば、どうにでもコジツケ可能だ」とのアイデアが閃めいたに違いない。

力道山は8月最終ウィークからロスのサーキットに入り、22日にサンタモニカでフリッツ・フォン・ゲーリング、23日にロングビーチでジム・ラロックに勝って、テーズの到着を待ちうけた（テーズはカナダから飛来）。この段階で、「力道山がロスに向かった」とか、「サンタモニカやロングビーチで試合をして準備中」とか、「27日にテーズと試合をする」とか、そういった「事前の報道」が（日本の新聞で）全く報道されなかった。力道山にしても「ロスで何が起きるかわからない。テーズと試合ができる保証もない。勝てるかどうかもわからない」状況であり、日本の事務所やマスコミには国際電話したくても、できなかったと想像される。それこそ「全ては、出たとこ勝負」だったのだ。

力道山が獲ったのはNWA世界王座か？　インター王座か？

そして、試合当日を迎えた。プログラム（パンフレット）は既に刷り上がっている。試合の順番としてはその日の第2試合、テレビ中継開始（8時30分）と同時の、初っ端に組まれている。プログラム（6頁に掲載）には「インターナショナル選手権試合」とは書いていないが、テーズの横に「インターナショナル・チャンピオン」の表記がある。繰り返しになるが、ここが重要な「ミソ」である。試合は、1本目はテーズがフライング・ボディーシザースで先制。2本目は空手チョップで力道山がタイスコアとし、3本目は力道山を場外にナギ飛ばしたテーズが、エプロンに立った力道山にドロップキックを繰り返してリングインを拒んだため、反則負けとなった（フォールタイム不明。別掲のプログラムでテーズが「○」で囲まれているのは、おそらくこの観客が「テーズの反則負け」を「力道山のリングアウト負け」と勘違いしたためと思われる）。テーズが反則負けを取られるときの「定番パターン」で、2対1で力道山が勝利を収めたわけだが、問題は力道山が日本にかけた試合後の「国際電話」から始まった。試合開始が8時半だから、試合が終わってホテルに帰り、力道山が日本に電話をかけたのは夜10時～11時と推測される。ということは日本時間の8月28日（木曜日）午後2時～3時。翌日8・29（金曜日）の朝刊トップを取るには、ベスト・タイミングだ。

8・29　スポーツニッポン

一面。見出しは「力道、世界選手権を奪取　全米にテレビ放送　8年の悲願、いまこそ達成」　ロサンゼルス本社　国際電話で熱戦の模様を聞く（写真は前年のものを流用）

世界選手権（60分三本勝負）

①力道山（9分25秒　体固め）②力道山（9分9秒　体固め）

（やりとりを一部抜粋）

――相手はハットンですか？　ルー・テーズですか？

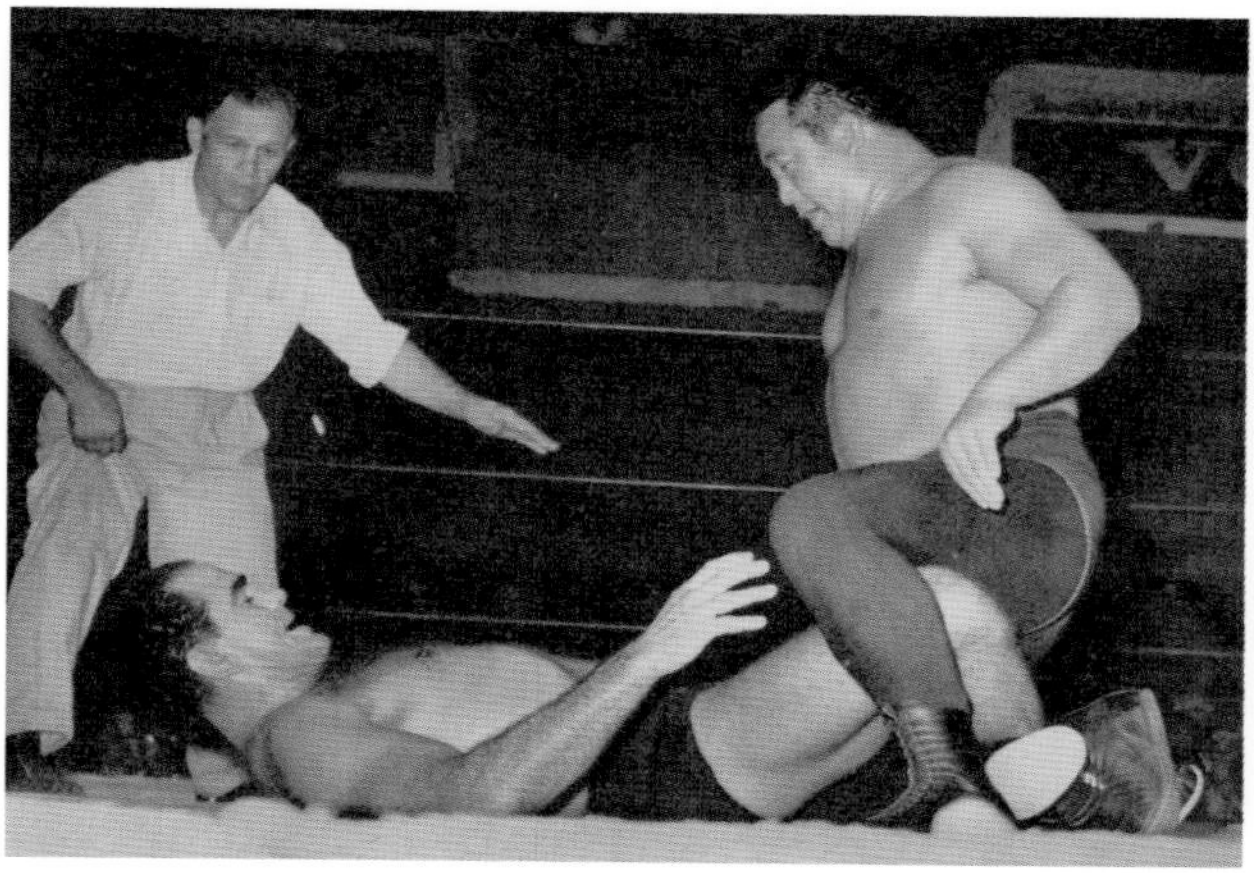
力道山はテーズに2対1で勝利（58年8・27ロス）。この試合がタイトルマッチだったのか、NWA世界ヘビー級選手権だったのかどうかを巡って、日本国内が大混乱に陥った

「テーズです。ハットンはテーズに取られたので、テーズとぶつかりました。１本目は９分25秒、２本目は９分９秒です」

――ハットンとテーズの試合はどうなったのですか？

「強烈なテーズのドロップキックでハットンが肩を外してしまい、ハットンはトロントの病院に入院中です」

――テーズとハットンがやった日は？

「先々週の土曜日で16日でした」

――それにしてもストレート勝ちとは凄いですね。

「テーズはハットンを下した直後だったので、すごく張り切っていた。はじめから積極的に出てきたので、私の思うツボでしたよ。空手がカウンターで入りました」

８・29　日刊スポーツ

三面。見出しは「力道、世界の王座に、宿敵テーズを破る２－１　後半空手の逆転勝ち」

ここにも力道山との電話による会話が引用されている。写真はここも前年のを転用。

（やりとりを一部抜粋）

――テーズは日本に来た時と比べてどうでしたか？

「日本に来た時は逃げが多かったが、ゆうべは積極的でした。１本目はフライング・シザースというのでやられたが、２本目、

3本目は空手チョップで攻めて取りました。場内3000くらいの観客だったけど、ワシへの声援がすごかった」

のっけから情報が錯綜しており、混乱報道である。事前に記者も送っていないし、力道山本人による「大本営発表」しかないのだから仕方がないが、片や2－0、片や2－1、両方の新聞を読み比べた人は混乱の極致である。ちなみに、テーズは確かにハットンとはトロントの最大会場メープルリーフ・ガーデンで2連戦を行っており、8・14は反則負け、8・21の再戦は60分時間切れ引き分けだった。力道山が言ったことは「全くのウソ」ではないが、NWA世界タイトルは明らかに移動していない。ここは力道山の独断で「ハットンは試合後、ケガをして動けなくなった。だから、代わりにロスにテーズが来て、俺の挑戦を受けた」という巧妙なストーリーを作ったのだろう。

この他、8・29の報知新聞も「力道山、世界の王座へ　テーズにストレート勝ち」と書いたが、大問題が発生したのは、その日の毎日新聞の夕刊からだった。

力道山・テーズ戦はノンタイトル　（ロサンゼルス28日発UPI）
渡米中の日本人プロ・レスラー力道山は27日、ロサンゼルスのオリンピック競技場で世界選手権保持者と称しているルー・テーズと戦い勝利を収めた。同試合はノン・タイトル戦であり、メインエベントでもなかった

この記事が出たことで、マスコミは大騒動となった。
翌日（8・30）の朝刊報道は「阿鼻叫喚《あびきょうかん》」である。

まず報知が「テーズ、力道山の試合はノンタイトル戦だった」と見出しで書いたあと、毎日新聞と同様に「UPI電」を引用。さらに「AP電も同様の内容を伝えているが、力道山自身はタイトルマッチだったと主張している」と補足。

前日に「ストレート勝ち」を書いたスポニチは、ホノルルの「プリンセス・カイウラニ・ホテル」に旅装を解いた力道山を再度、電話でキャッチし、宮本義男（編集局長＝のちの社長）氏の署名入りで力道山との電話によるやりとりを再現。その中で力道山は「テーズは、ワールドとインターナショナルという、二つのタイトルを持っていたんです。きのうテーズとやった試合に賭けられていたのは、ワールドのほうなんです。去年、日本でやった選手権の再戦ということです」と言っている。ストレート勝ちの件については「2対1です。私はきのうの電話で、最初に1本取られた、と言ったはずです。2本目を取って、そのあと3本目も連続で反則勝ちで取ったわけです。東京に帰ったら詳しく報告します」。この会話で「ストレート勝ち疑惑」は解除されたが、今度は「ワールドとインターナショナルの二つが存在する」という事実が明らかになった。ここで力道山は「賭けられていたのはワールドだった」と言ってしまったが、羽田空港に着く前、あるいは到着直後に、事務所の人間、あるいは（側近記者の）伊集院浩氏あたりから「リキさん、ワールドじゃなく、インターナショナルの方と言ってください。そうでないと、辻褄

58年8月31日、帰国した力道山は羽田空港のロビーで記者会見を開催。テーズから獲ったのは「インターナショナル王座」であると明言した

が合わない」との注進があったであろうことは、容易に想像できる。
力道山は8月31日の昼12時半、日航機でホノルルから帰国した。早速、空港内ロビーで記者会見が行われたが、それを9月1日付の朝刊各紙は以下のように書いた。

日刊スポーツ
見出し「私はインターナショナル・チャンピオンだ　力道山、米国遠征から帰る」
力道山のコメントは以下のようにまとめられている。
「テーズとの試合が始まる前、リングアナウンサーはハッキリと、インターナショナル・チャンピオンシップと言っていた。元々はディック・ハットンとやるはずだったが、ハットンは16日にテーズとの試合で肩を外してしまい、来れなかった。テーズに対しては『ハットンの代わりに、私の挑戦を受けてくれ』と頼んだ。彼も快諾した。コミッショナーは立ち会っていなかったが、アメリカのプロレスではコミッショナー云々よりも、プロモーターとチャンピオンの話し合いによって行われる。テーズがチャンピオンであったことは確かだ。チャンピオン力道山について、テーズは不服を言っていない」

報知新聞
見出し「二つある世界王座　私はインターナショナルを奪取　関係のないコミッション　レスラー仲間で認められた選手権」
力道山「テーズはワールドとインターナショナルという二つのタイトルを持っている。ワールドのほうは昔から代々あるもので、インターナショナルのほうはテーズが日本はじめ、各国の遠征で一度も負けなかったことで、レスラー仲間たちの間で自然にそういうものになった。試合前、インターナショナルのほうを賭けてやろう、という申し合わせでやることになったのだから、勝った私はチャンピオンだ。ただし、ワールドのほうは賭けていなかったから、テーズは今でもワールド・チャンピオンということになっている。アメリカでは、コミッショナーは試合場の管理をするだけで、タイトルの認定という仕事はしない。だから、私がインターナショナルというタイトルを取ったことについても、コミッショナーのほうには関係ない」

一人の記者から「間もなくスカイ・ハイ・リーら3選手が来るが、彼らとタイトルを賭けて試合をするのか?」という質問が飛んだ。力道山は「3人が、私をチャンピオンと認めるなら、やってやる。今度来る中では、ドン・レオ・ジョナサンが一番強い。スカイ・ハイ・リーも強いよ。声なんか牛のような怪物だ。そもそも、ルー・テーズをチャンピオンと認めたからこそ、私は彼とタイトルマッチをやったのだ」と答えている。

9月5日から隔週金曜日でテレビ中継が始まる以上、最初のシリーズでタイトルマッチを組むことは当然、という受け答えをした。

スポーツニッポン

見出し「世界の王者帰る　晴れ姿に大歓声　ゴッタ返す羽田空港」

力道山の発言内容については、日刊スポーツ、報知新聞とほぼ同じだが、注目されるのは日本プロレス・コミッション事務局長（工藤雷介）の意見を掲載していることだ。

「タイトルを取られたルー・テーズが認めている以上、力道山を世界選手権者として認める。大野伴睦コミッショナーにも、そう伝えるつもりだ。もし、この件でトラブルが生じるようなことがあれば、コミッショナーとして提訴する決心だ」

晴れてインターナショナル王者となった力道山は、58年10・2蔵前国技館で初防衛戦（対ドン・レオ・ジョナサン）を決行。当日、ベルトが初お披露目された。もともとインター王座はベルトが存在せず、力道山が帰国後に急きょ〝テーズ・ベルト〟（テーズがNWA世界ヘビー級王者時代に巻いていたベルト）を模倣して作ったものだった

これが「インターナショナル選手権騒ぎ」の一部始終である。以上から明らかなように、力道山が帰国会見を行うことにより、「強引に押し切った」、というのが実態だった。チャンピオン・ベルトはなかったが、早急に千代田区の老舗「アキバ徽章」に依頼して制作を開始させ、10月2日、ジョナサンとの初防衛戦（蔵前国技館）には間に合わせている。

ただ、10・2ジョナサン戦の報道で「インターナショナル選手権」という名称で記事にしたのは報知新聞だけで、あとの新聞社（一般新聞の毎日、読売も含む）は相変わらず「世界選手権」と書いた。このあたりには、「世界タイトルが二つあるのは理解したけど、リキさんが取ったほうも、世界選手権には変わりないんでしょう?」というニュアンスが読んで取れる。新聞社にしてみれば、見出しは「世界選手権」のほうがインパクトがある。「インターナショナル選手権」という「和洋折衷の呼称」には、ファンのみならず、日本国民が（語感のリズムに）違和感を持った、という時代背景もある。この「報知だけインターナショナル呼称」はジョナサンとの再戦（10・31東京体育館）でも変わらず、全ての新聞報道が「インターナショナル選手権」で統一されるのは、翌年の5月、「第1回ワールドリーグ戦」が始まる前あたりまで待たねばならなかった（ワールドリーグの力道山写真の脚注に「インターナショナル選手権者」と書かれたことが大きい）。3度目の防衛戦はワールドリーグ決勝戦のあと、7・21のエンリキ・トー

レス戦だったが、そこでは完全に呼び方が「インターナショナル選手権」に統一されている。

〝テーズ一代限りの称号〟を力道山にのれん分け

インターナショナル選手権を日本の大相撲に喩えると『一代年寄』である（一大年寄とは、引退した偉大な横綱に一代限りで贈られる特別な地位や権利のこと）。プロレス版の「大横綱テーズに贈られた一代年寄」に該当する（大相撲の慣例と異なるところは、現役中に贈られたこと）。ルー・テーズは1957年11月14日、トロントでディック・ハットンに敗れ（コブラツイストでギブアップ）NWA世界ヘビー級王座を転落。翌月の12月から欧州地区（イギリス、フランス、スイス、ベルギー等）で長期サーキットを開始した。

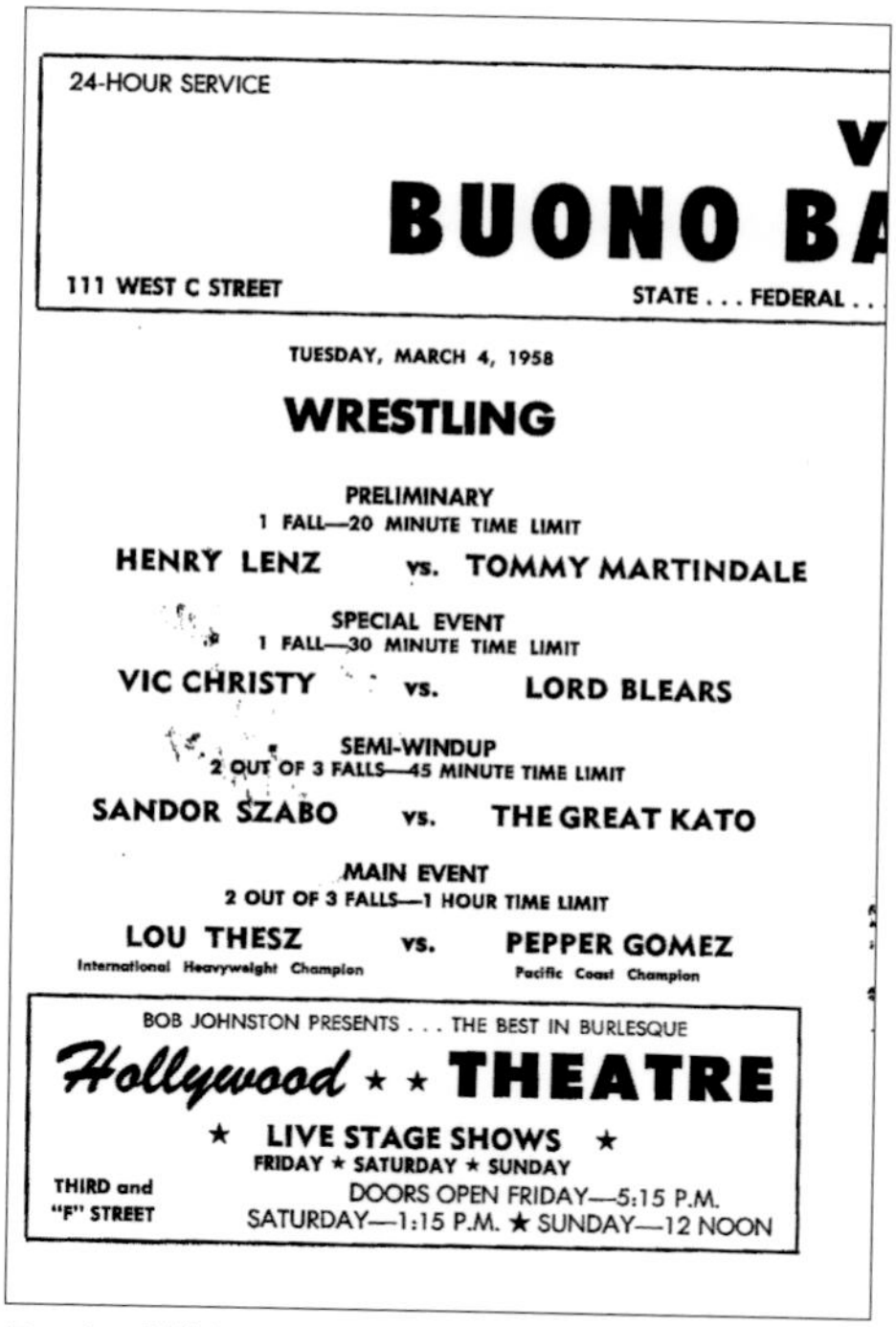
24-HOUR SERVICE
V
BUONO BA
111 WEST C STREET
STATE . . . FEDERAL . .

TUESDAY, MARCH 4, 1958

WRESTLING

PRELIMINARY
1 FALL—20 MINUTE TIME LIMIT
HENRY LENZ vs. TOMMY MARTINDALE

SPECIAL EVENT
1 FALL—30 MINUTE TIME LIMIT
VIC CHRISTY vs. LORD BLEARS

SEMI-WINDUP
2 OUT OF 3 FALLS—45 MINUTE TIME LIMIT
SANDOR SZABO vs. THE GREAT KATO

MAIN EVENT
2 OUT OF 3 FALLS—1 HOUR TIME LIMIT
LOU THESZ (International Heavyweight Champion) vs. PEPPER GOMEZ (Pacific Coast Champion)

BOB JOHNSTON PRESENTS . . . THE BEST IN BURLESQUE
Hollywood ★ ★ THEATRE
★ LIVE STAGE SHOWS ★
FRIDAY ★ SATURDAY ★ SUNDAY
THIRD and "F" STREET
DOORS OPEN FRIDAY—5:15 P.M.
SATURDAY—1:15 P.M. ★ SUNDAY—12 NOON

テーズvs力道山のインター戦が行われる5カ月前、1958年3・4カリフォルニア州サンディエゴ、ハリウッド・シアター大会のプログラム。ペッパー・ゴメスと闘うテーズの下に「インターナショナルヘビー級王者」と紹介がある。ただし、この試合が選手権だったかどうか不明。少なくとも、この頃から「インター王者」の肩書で活動していたことがわかる

1958年2月下旬に帰国したが、新王者ハットンは知名度が低く試合も地味だったため、観客動員力が非常に弱く、NWAメンバーの有志数人（テキサス、カリフォルニア、アイオワ、アイダホ、オレゴン、ワシントン各州）は、欧州から帰国したテーズを「インターナショナル王者」に仕立てて、自分のテリトリーで防衛戦を打ち始めた。これがそもそも「インターナショナル選手権」のルーツであ

り、NWA認定でも何でもない。ハッキリ書くと「名称だけの王座」で、実際のところは「テーズが王者なのだから、文句あるまい」という「こじつけ」王座に過ぎない。普通のファンであれば「インターナショナル選手権開催、王者ルー・テーズ」とのポスターを見たら「ああ、世界タイトルマッチをやるのだな。テーズが来るのだな」と素直に受け入れた。「テーズは、ハットンに負けたんじゃなかった?」と突っ込むマニア・レベルの観客は少ない。そこが「インターナショナル選手権」という曖昧な名称の持つ〝魔力〟(悪く書けばゴマカシ)であった。

力道山が、「ハットンの世界戦は、観客動員が芳しくない」というほどアメリカ・マット状況に通じていたはずはない。おそらく、ジュールス・ストロンボーから「テーズは今でもインターナショナル選手権者、という肩書を持っていて、欧州から帰ったあと、各地でタイトルマッチをやっている」という事実を聞かされて、それに「これは使えるぞ!」と飛びついただけのことだろう。そして、大相撲出身の力道山は、「インターナショナルという〝一代年寄株〟を、分割して使わせてもらおう」と思いついた可能性が高い。結果は(3本目が)反則勝ちの2対1だから、NWA世界王座に適用されるルールに準ずるのであれば「王座移動なし」だったが、幸運にも日本のマスコミから「突っ込み」(王座移動の疑義)は入らなかった。テーズを王者に祭り上げていた州のプロモーターからすれば、「3本目が反則負けだから、王座移動はなし」との解釈だ。当たり前のように、力道山が日本に戻ったあとも、テーズを王者としたインターナショナル選手権試合は継続されていった。

この防衛戦の過程でテーズが誰かに負けていたら大騒ぎになっただろうが、テーズが「インターナショナル選手権」の防衛戦で負けたことは、以降一度もなかった。ここも大きなポイントだ。テーズは(3本目が反則負けとはいえ)、「負けたのは力道山相手」の一回きりだった。テーズが各地で防衛戦をやっていた事実は、主要マスコミ(専門誌『プロレス&ボクシング』や『東京スポーツ』)は何らかの形でキャッチしていたはずだが、一度も記事にはなっていない。理由は簡単で、力道山に見つかったら「出入り禁止」にされたからである。「言論統制」とまでは言えまいが、力道山にとってマイナスになることを書くのは、ご法度の時代だった。

このページに掲載したのは1961年6月12日、ロサンゼルス・スポーツアリーナ大会の宣伝チラシだが、メインイベントはエドワード・カーペンティア対フレッド・ブラッシーのWWA世界ヘビー級選手権（ブラッシーが勝って新王者に君臨）、セミファイナルでテーズがディック・ハットンを破りインターナショナル王座を防衛している（2対1）。宣伝チラシにはカーペンティアとテーズの顔写真が並んで掲載されており、この段階でも「一代年寄、テーズ」の神通力が健在だったことを証明している。

ロサンゼルスでインターナショナル選手権が行われたのはこれが最後だったが、ロサンゼルスの試合では常に、リングアナウンサー（ジミー・レノン）

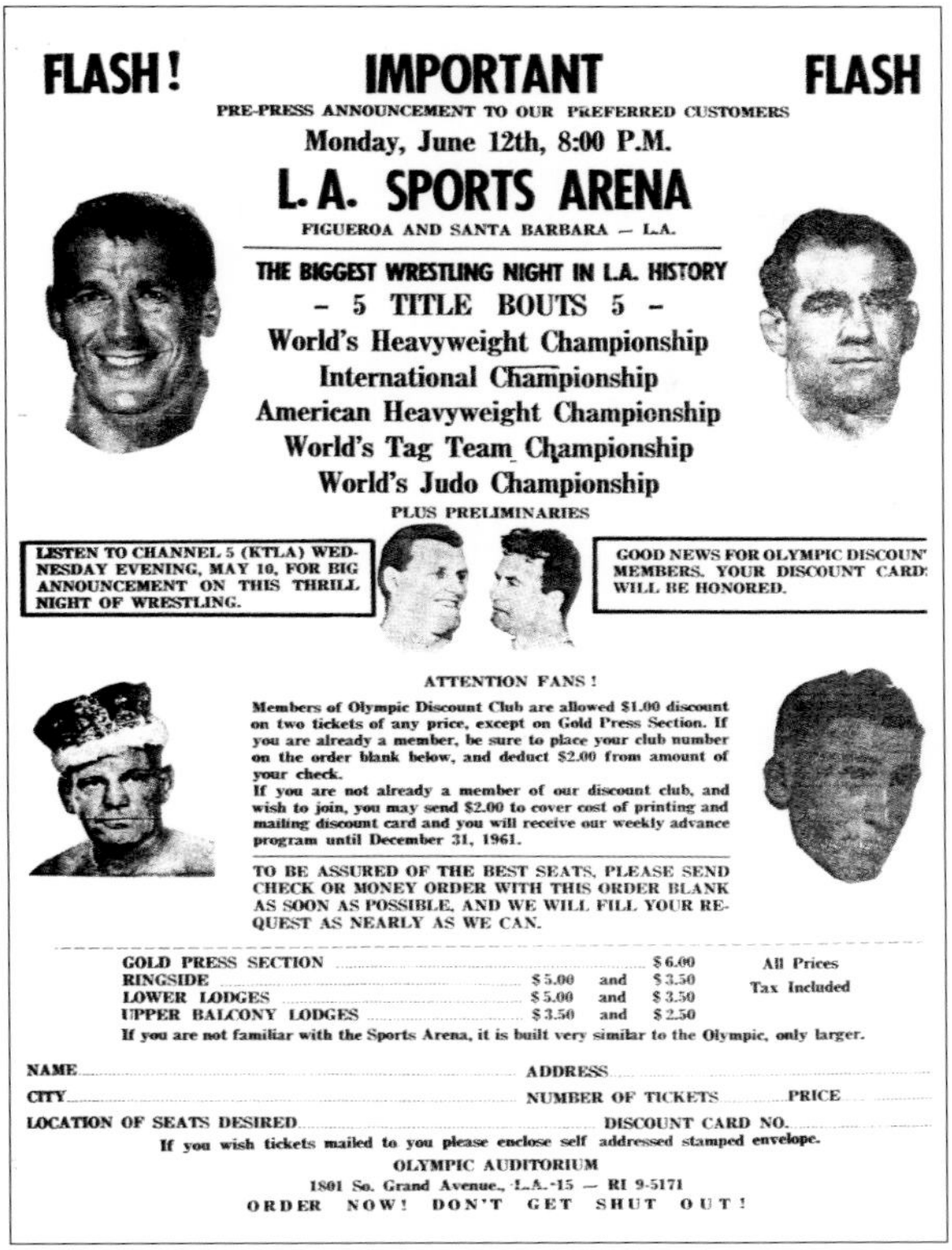
FLASH! IMPORTANT FLASH
PRE-PRESS ANNOUNCEMENT TO OUR PREFERRED CUSTOMERS
Monday, June 12th, 8:00 P.M.
L.A. SPORTS ARENA
FIGUEROA AND SANTA BARBARA — L.A.
THE BIGGEST WRESTLING NIGHT IN L.A. HISTORY
- 5 TITLE BOUTS 5 -
World's Heavyweight Championship
International Championship
American Heavyweight Championship
World's Tag Team Championship
World's Judo Championship
PLUS PRELIMINARIES
LISTEN TO CHANNEL 5 (KTLA) WEDNESDAY EVENING, MAY 10, FOR BIG ANNOUNCEMENT ON THIS THRILL NIGHT OF WRESTLING.
GOOD NEWS FOR OLYMPIC DISCOUNT MEMBERS. YOUR DISCOUNT CARD WILL BE HONORED.
ATTENTION FANS !
Members of Olympic Discount Club are allowed $1.00 discount on two tickets of any price, except on Gold Press Section. If you are already a member, be sure to place your club number on the order blank below, and deduct $2.00 from amount of your check.
If you are not already a member of our discount club, and wish to join, you may send $2.00 to cover cost of printing and mailing discount card and you will receive our weekly advance program until December 31, 1961.
TO BE ASSURED OF THE BEST SEATS, PLEASE SEND CHECK OR MONEY ORDER WITH THIS ORDER BLANK AS SOON AS POSSIBLE, AND WE WILL FILL YOUR REQUEST AS NEARLY AS WE CAN.
GOLD PRESS SECTION $6.00
RINGSIDE $5.00 and $3.50
LOWER LODGES $5.00 and $3.50
UPPER BALCONY LODGES $3.50 and $2.50
All Prices Tax Included
If you are not familiar with the Sports Arena, it is built very similar to the Olympic, only larger.
NAME ADDRESS
CITY NUMBER OF TICKETS PRICE
LOCATION OF SEATS DESIRED DISCOUNT CARD NO.
If you wish tickets mailed to you please enclose self addressed stamped envelope.
OLYMPIC AUDITORIUM
1801 So. Grand Avenue., L.A.-15 — RI 9-5171
ORDER NOW! DON'T GET SHUT OUT!
61年6・12ロス、スポーツアリーナ大会の宣伝チラシ。テーズの顔写真の横に「インターナショナル・チャンピオンシップ」の文字がある。テーズは力道山に敗れたのちも、4年半にわたってアメリカで「インターナショナル王者」として防衛戦を続けていたのだ

はテーズ紹介時に「インターナショナル・ヘヴィーウェイト・チャンピオン」とコールしているので、結局は１９６３年１月24日、トロントでバディ・ロジャースを破りＮＷＡ世界ヘビー級王座に返り咲くまで、この「一代年寄」は効力を持っていたことになる（さすがにＮＷＡ王座に復帰したあとにインター防衛戦をやった記録はない）。１９６３年１月は、まだ力道山は存命中であり、テーズ版の「インター王座」がアメリカ・マット界から静かにフェイドアウトしたことは、力道山にとって非常に都合が良かった。これでめでたくインターナショナル選手権は「日本だけのもの、力道山だけのもの」になった。

なお、テーズ本人は力道山が日本でインターナショナル王者として活動していることについて「リキドーザンがインターナショナル・チャンピオンシップを日本に持ち帰って日本でタイトル化したことも聞いたが、それによってリキドーザンにメリットが生まれるならグッド」と認めていたという。

１９６３年12月15日、力道山が死去したあとは、インターナショナル選手権は「封印」された。力道山の後を継いで「日本プロレス」の運営責任者となった芳の里、豊登、吉村道明、遠藤幸吉の４人は、64年１月からの新体制でアジアタッグ選手権（これも死去まで力道山が保持。パートナーは豊登）を復活させたが、さすがに力道山の分身ともいえるインターナショナル王座を復活させることはしなかった。この王座は「力道山一代限り」（野球でいえば永久欠番）というのが、関係者、ファンの間の共通した思い

力道山の死後封印されていたインター王座が1965年に復活。力道山の遺産は再び歴史を刻み始めた（写真は11月23日、ジャイアント馬場とディック・ザ・ブルーザーによる王座決定戦の調印式）

であり、復活などという行為は「力道山への冒涜《ぼうとく》」以外の何物でもないと考えられていた時代である。興行の絶対的な看板だったインターナショナル選手権がなくなったことは痛かったが、これを復活させるまでには、ある程度の期間と「復活に値する新エースの出現」が必要だった。

ようやく機が熟したのが１９６５年春で、日本プロレスはＮＷＡにインター王座の復活を打診して承認され、日本代表としてエースのジャイアント馬場（当時27歳）を立てたが、最終的にはＮＷＡが指名するアメリカ代表選手と対戦することを義務付けられた。馬場は同年6月から「インターナショナル争覇戦シリーズ」に出場してザ・デストロイヤー（1勝1引き分け）、ザ・ブッチャー（＝ドン・ジャーディン、1引き分け）、アルバート・トーレス（1勝）、ジ・アサシンズＡ（＝ジョー・ハミルトン）の5戦を勝ち抜いて日本代表の資格を得たあと、11月24日の大阪府立体育会館でＮＷＡのアメリカ代表指名として派遣されてきたディック・ザ・ブルーザー（初来日）と王座決定戦に臨んだ。60分3本勝負で行われたこの試合は1本目、２本目ともに馬場の反則勝ちとなり、ここに馬場は3代目のインターナショナル王者として黄金時代をスタートさせた。

馬場が１９７２年に日本プロレスを退団後、最後のインターナショナル王者となったのは大木金太郎だった。大木は日本プロレス崩壊後も王者として韓国や国際プロレスを舞台に防衛戦を継続したが、ＮＷＡと馬場・全日本プロレスの要請に従って１９８１年に王座返上。それを馬場が全日本マットで再び復活させた。なお、この王座は力道山時代から１９８１年春頃までの22年以上、シンプルに「インターナショナル選手権」と呼称されていたが、大仁田厚がチャボ・ゲレロを破って全日本プロレスに「ＮＷＡインターナショナルジュニアヘビー級選手権」を持ち帰った１９８２年春頃から「ジュニアヘビー級王座との峻別」が必要となったため、「インターナショナルヘビー級選手権」（略してインターヘビー級選手権）と呼ばれるようになった。インターヘビー王座は１９８９年4月、三冠ヘビー級王座に統一された。

初代

ルー・テーズ

ミスター・インター王者

NWAが結成されて以来、ほぼ世界ヘビー級王座を独占していたテーズだったが、1957年11月14日にディック・ハットンに敗れて王座転落。そのあとに3カ月の欧州遠征を行い翌58年2月にアメリカ・マットに復帰したが、テキサス地区を牛耳る大ボスのモーリス・シーゲルがテーズを「インターナショナル・チャンピオン」として登場させ、各地で防衛戦を開催した。これに同調したロサンゼルスのジュールス・ストロンボーも同タイトルマッチを州内で行ったため、日本国内における看板タイトルを渇望していた力道山にとっては格好のターゲット王座となる。テーズはその後も62年まで、ロス地区限定でインターナショナル王者の肩書をキープし、無敗だった。

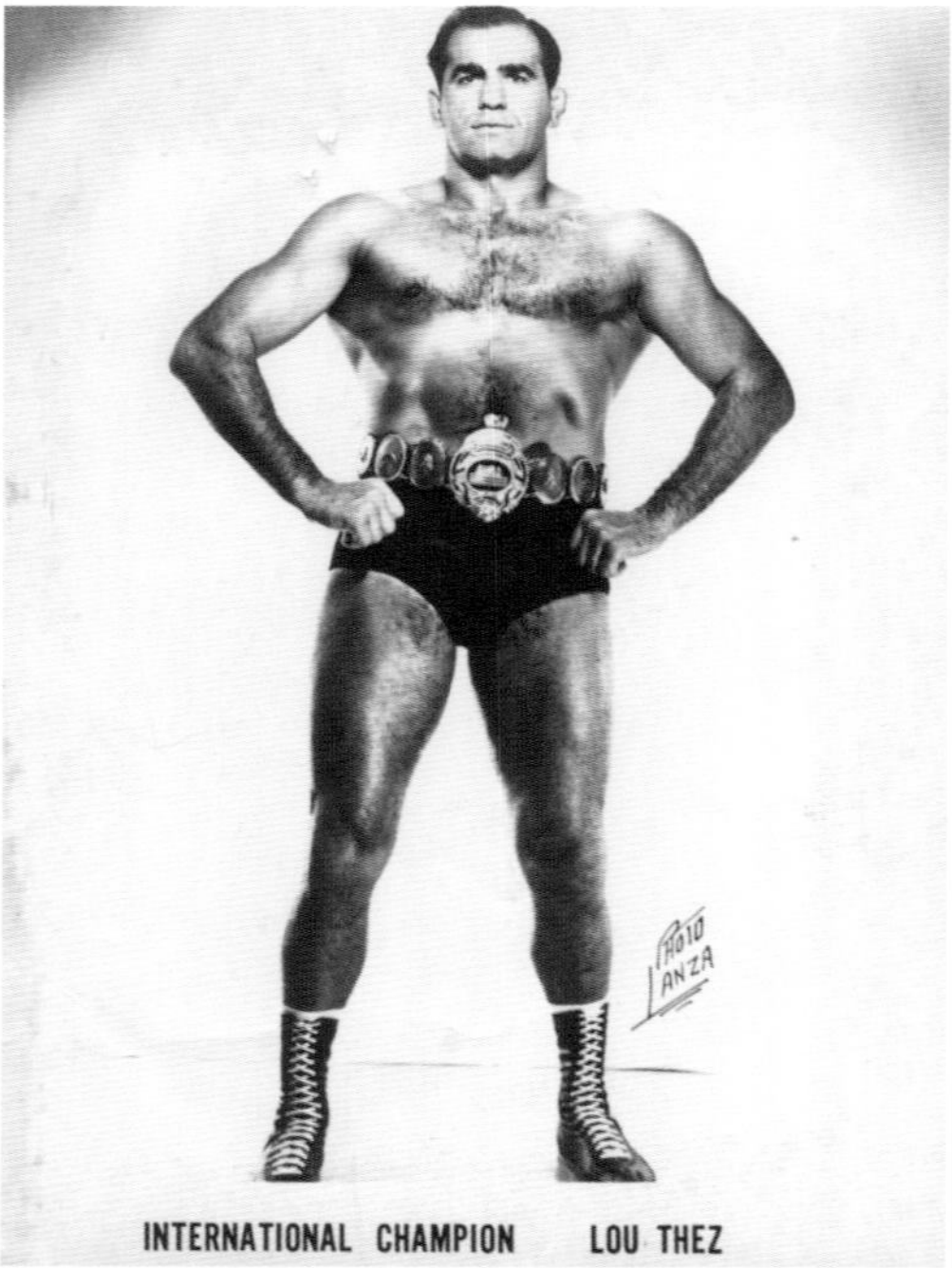

▲アメリカのプロモーターが作った宣材。テーズを「インターナショナル・チャンピオン」と紹介している。使われている写真はNWA世界ヘビー級王者として、いわゆる〝テーズ・ベルト〟を巻いている有名な写真。インター王座自体にベルトは存在しなかった。ただ、インターナショナル選手権でこの〝テーズ・ベルト〟を着けて登場したこともあったというから、この宣材写真もあながち「ウソ」とは言い切れない面がある

在位期間 1958年2月頃～8月27日

▲3本目、ドロップキック連発で力道山のリングインを拒んだテーズが反則負け。2対1で力道山の勝利となった（58年8・27ロス）

▲力道山は得意の空手チョップで果敢にテーズに襲いかかる（58年8・27ロス）

◀1本目をテーズに奪われた力道山は、空手チョップで2本目を奪い返した（58年8・27ロス）

▼58年8月27日、ロサンゼルスのオリンピック・オーデトリアムで初代王者テーズに力道山が挑戦

第2代 日本のチャンピオンの基本スタイルを確立

▼第2代インター王者に君臨した力道山。写真で腰に巻いているのは58年から62年秋まで使用した初代ベルト

在位期間 1958年8月27日～1963年12月15日
ベルト載冠 1958年8月27日（現地時間）＝アメリカ・カリフォルニア州ロサンゼルス、オリンピック・オーデトリアム／インターナショナル選手権試合（60分3本勝負）／力道山（2―1）ルー・テーズ ①テーズ（体固め）力道山 ②力道山（体固め）テーズ ③力道山（反則勝ち）テーズ ※テーズが防衛に失敗。力道山が第2代王者となる
防衛戦の相手 ①ドン・レオ・ジョナサン②ドン・レオ・ジョナサン③エンリキ・トーレス④ミスター・アトミック⑤ジム・ライト⑥ジム・ライト⑦サニー・マイヤース⑧サニー・マイヤース⑨カーチス・イヤウケア⑩グレート・アントニオ⑪ミスターX⑫ゼブラ・キッド⑬ムース・ショーラック⑭ジェス・オルテガ⑮ヘイスタック・カルホーン⑯パット・オコーナー⑰キラー・オースチン⑱ザ・デストロイヤー⑲ザ・デストロイヤー

1958年8月27日、ロサンゼルスでルー・テーズを破りインターナショナル王座を獲得した力道山は、急逝する63年12月までの期間に19回の王座防衛に成功し、日本の国民的ヒーローとしての地位を確固たるものとした。シリーズに招聘した外国人勢の中から最も実力ある選手を見定め、そのレスラーを相手にシリーズ最終戦の大会場でインター防衛戦を行うというフォーマットも確立されたが、この手法はその後に猪木、馬場が新日本、全日本を旗揚げしたあとも連綿と受け継がれた。力道山が作成した2代目のインター・ベルトは73年3月、PWF世界ヘビー級王座の初代ベルトとして10年ぶりに復活し、全日本の看板として団体経営に貢献した。

◀60年1・15大阪で〝アリゾナの殺人鬼〟ジム・ライトを迎撃。2対1で力道山が敗れる波乱が発生。ただし反則含みのため王座は移動せず（写真は勝利を主張しベルトを巻くライト）

▶NWA世界ジュニア戦線で活躍したマイヤースと防衛戦（60年5・16東京＝写真、7・9田園コロシアム）。マイヤースのテクニックに力道山も苦戦

▶59年春のワールドリーグ戦でセンセーションを巻き起こした怪覆面アトミックを8・7田園コロシアムで成敗。覆面をはぎとった

▼ゼブラ・キッドのマスクを引き裂き、血ダルマにしてボロ雑巾のようにしてしまった。力道山の異様なエキサイトぶりが目立った一戦（61年11・7大阪）

◀ワールドリーグ優勝を争った実力派のマスクマン、ミスターX（ビル・ミラー）と王座戦。ミラーが左足の負傷を理由に試合放棄（61年7・21田園コロシアム）

▼バスを引っ張り日本中を驚かせた密林王アントニオにも2対0で完勝（61年6・2蔵前）

▲273kgの人間空母カルホーンに1対1からリングアウト勝ちで王座堅守（63年4・17沖縄）

▼55年以来の宿敵である巨象オルテガをインター王座戦で黙らせた（63年2・9東京）

▲62年11・9沖縄のショーラック戦からベルトを新調。より〝テーズ・ベルト〟に近い2代目ベルトに代わった（写真は63年4・24大阪、オコーナー戦）

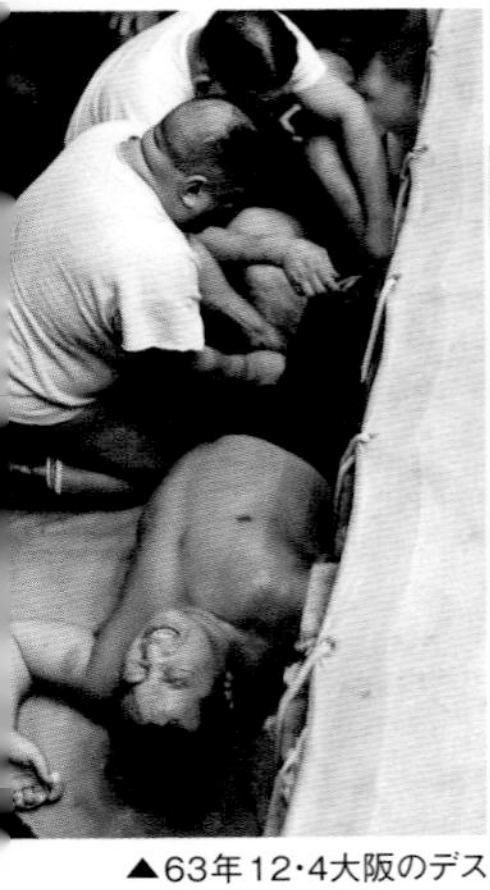

▲63年12・4大阪のデストロイヤー戦は両者リングアウト引き分け。力道山は暴漢に刺され15日に急死したので、これが生涯最後のインター戦となった

▼キラー・オースチン相手に力道山がインター戦で初めて1本勝負を採用。しかも反則カウントなし、リングアウトなしという決着戦で勝利（63年11・5大阪）

▶〝最後のライバル〟デストロイヤーに3本目、場外バックドロップでリングアウト勝ち（63年12・2東京）

▶元NWA世界ヘビー級王者のテクニシャン、魔術師オコーナーと好勝負の末に2対1で勝利（63年4・24大阪）

ジャイアント馬場

第3代

日本プロレスの新エース「馬場時代」開幕！

▼インター王座復活を機に3代目ベルトに一新された。馬場が力道山の遺産王座を獲得（写真は65年11・27蔵前、ブルーザー戦）

在位期間 1965年11月24日～1968年6月25日

ベルト戴冠 1965年11月24日＝大阪府立体育会館／インターナショナル王座決定戦（60分3本勝負）／ジャイアント馬場（2－0）ディック・ザ・ブルーザー ①馬場（17分59秒 反則勝ち）ブルーザー ②馬場（5分31秒 反則勝ち）ブルーザー ※馬場が第3代王者となる

防衛戦の相手 ①ディック・ザ・ブルーザー②ルー・テーズ③キラー・カール・コックス④ゴリラ・モンスーン⑤ゴリラ・モンスーン⑥フリッツ・フォン・エリック⑦フリッツ・フォン・エリック⑧バディ・オースチン⑨ブルーノ・サンマルチノ⑩ブルーノ・サンマルチノ⑪ザ・デストロイヤー⑫フリッツ・フォン・エリック⑬ジン・キニスキー⑭ジン・キニスキー⑮アート・ネルソン⑯ターザン・タイラー⑰クラッシャー・リソワスキー⑱クラッシャー・リソワスキー⑲カーチス・イヤウケア⑳ディック・ザ・ブルーザー㉑ジェス・オルテガ

「力道山一代限り」とされて封印されていたタイトルだったが、馬場の台頭に合わせて日本プロレスが「大看板」復活をNWAに打診した結果OKの返事を取得。馬場はNWA代表として送られてきたディック・ザ・ブルーザーを破って名実ともに日本のエースに君臨。ここから長い「馬場時代」が始まって、2年半の期間に21度の防衛記録を樹立し力道山全盛以来の黄金時代を再び到来させた。王座初期の必殺技は16文キック、32文ドロップキック（32文ロケット砲）、水平打ち、脳天唐竹割り、ニードロップの5つで、209センチの長身を活かした豪快な大技で全米の一流選手を相手に名勝負を連発。王座期間中の日本テレビの視聴率は常時30％を超えていた。

◀争覇戦を勝ち越した馬場は王座決定戦に臨み、ブルーザーに2対0で勝利（1本目、2本目とも反則勝ち）。第3代王者に就いた（65年11・24大阪）

◀66年7・5東京で殺人鬼コックスの挑戦を受け、2本目に水平チョップでコックスを沈めて王座防衛

▶66年2・28東京で初代王者テーズと激突。3本目、テーズがバックドロップを仕掛けるやコーナーを蹴ってテーズを押し倒し、後頭部を強打したテーズにフォール勝ち

▶アメリカ武者修行時代からのライバル、モンスーンと2連戦（66年10・20札幌＝写真、10・28仙台）を行い、ともに辛勝

▲馬場の旧友でWWWF世界ヘビー級王者サンマルチノと2連戦。67年3・2大阪は1対1の引き分け、3・7蔵前（写真）は1対1から60分時間切れ引き分けで勝負がつかず

▼67年2・7札幌で狂犬バディ・オースチンを迎撃し、16文キックで粉砕

▲66年12月3日、日本プロレスが日本武道館に初進出。鉄の爪エリックと闘い、アイアンクローに苦しめられながらも3本目に反則勝ちを拾った

◀67年8・14大阪球場でキニスキーと60分フルタイム闘ったあと5分間の延長戦も時間切れ引き分け。馬場の生涯ベストバウトとの呼び声が高い

▲宿敵デストロイヤーとは1対1から3本目、足4の字を決められたまま場外転落し両者リングアウト引き分けに（67年4・16大阪）

◀68年4・13札幌でオルテガの額を叩き割り、3本目に32文ロケット砲を浴びせて21度目の王座防衛

▶68年1・3蔵前大会は、日大講堂の国際プロレスと「隅田川興行戦争」に。馬場はリソワスキーと再戦し、32文ロケット砲で完勝

▲密林王タイラーを16文キックで一蹴（67年11・1蔵前）

▶初来日の粉砕者リソワスキーを迎撃。1対1からの3本目にメリケンサック攻撃を浴びて反則勝ち（67年12・6東京）

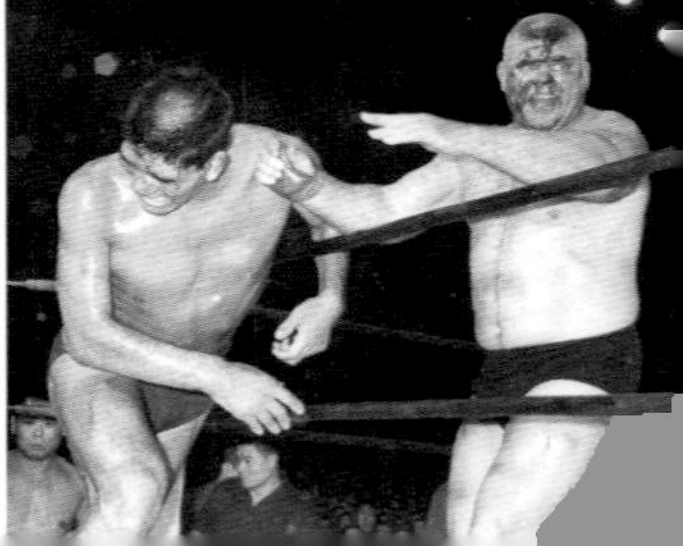

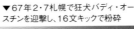

第4代

無敵の王者・馬場を撃破し、テーズ以来の外国人王者となる

▼無敵の馬場を初めて王座から引きずり下ろしたのは、力道山時代以来の来日となるブラジルだった（68年6・25名古屋）

在位期間 1968年6月25日～6月27日

ベルト戴冠 1968年6月25日＝名古屋・愛知県体育館／インターナショナル選手権試合（60分3本勝負）／ボボ・ブラジル（2—1）ジャイアント馬場　①馬場（14分39秒 両者リングアウト）ブラジル　②ブラジル（2分8秒 体固め）馬場
※馬場が22度目の防衛に失敗。ブラジルが第4代王者となる

馬場の連続防衛記録をストップしたのは、力道山全盛時の1957年以来、11年ぶり2度目の来日となった〝黒い魔神〟ブラジルだった。1924年生まれの44歳。ロサンゼルス地区が認定するWWA世界ヘビー級王者として太平洋岸では敵なしの勢いだったが、日本のエース馬場にとっても最大の難敵となった。68年6月25日の愛知県体育館でのタイトルマッチでは秘密兵器のコブラツイストと必殺のジャンピング・ココバットで馬場から3カウントを奪い、外国人としては初代のルー・テーズに続く2人目のインター王者となる。2日後の27日、蔵前国技館のリターンマッチで惜しくも敗れベルトをアメリカに持ち帰ることはできなかったが、底知れぬ実力者ぶりを立証した。

◀2本目、鉄柱攻撃を浴びせたあとココバットで追撃し、馬場からフォール勝ち。王座を奪った（68年6・25名古屋）

▲ブラジルは長身から繰り出す得意の頭突き「ココバット」の連発で馬場を追い込む（68年6・25名古屋）

◀王座戴冠から2日後、馬場の挑戦を受けて立ったがタックルをかわされてロープに〝首吊り〟状態となりカウントアウト負け。王座を失った（68年6・27蔵前）

▼ブラジルは
となってからは
参戦（57年以
ンター王座挑
6・25名古屋）

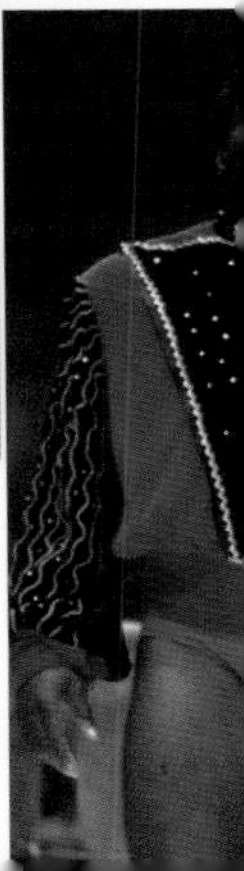

第5代 〝リアルワールド王者〟として堂々君臨

▼2度目の王者時代も世界の超大物を相手に八面六臂の大活躍。日本が誇る大エースの実力を見せつけた（写真は69年8・10田園コロシアム、ザ・ブッチャー戦）

2度目の王座期間も約2年半に及び、1970年12月までに18回の防衛記録を達成した。この期間には後に最大の切り札としたジャンピング（フライング）・ネックブリーカードロップを開発したほか、フィニッシュとしてジャイアント・バックブリーカー、ネックブリーカードロップ、シュミット流バックブリーカーを追加して試合運びに円熟味をアップ。挑戦者の中には現役NWA世界ヘビー級王者のジン・キニスキーとドリー・ファンク・ジュニア、WWF世界ヘビー級王者ブルーノ・サンマルチノも名を連ねて、当時のマスコミは「事実上のリアルワールド王者決定戦」と評した。日本テレビのエースとして国民的セレブリティの地位をさらに強固とした2年半。

在位期間 1968年6月27日～1970年12月3日

ベルト載冠 1968年6月27日＝東京・蔵前国技館／インターナショナル選手権試合（60分3本勝負）／ジャイアント馬場（2―1）ボボ・ブラジル　①ブラジル（10分32秒 体固め）馬場　②馬場（4分41秒 体固め）ブラジル　③馬場（4分30秒 カウントアウト）ブラジル　※ブラジルが初防衛に失敗。馬場が第5代王者となる

防衛戦の相手 ①ブルーノ・サンマルチノ②キラー・カール・コックス③キラー・カール・コックス④ジン・キニスキー⑤ジン・キニスキー⑥ウィルバー・スナイダー⑦ザ・デストロイヤー⑧フレッド・ブラッシー⑨ザ・ブッチャー⑩ディック・ザ・ブルーザー⑪ザ・シーク⑫ザ・デストロイヤー⑬フリッツ・フォン・エリック⑭ボボ・ブラジル⑮フリッツ・フォン・エリック⑯キラー・カール・コックス⑰ドリー・ファンク・ジュニア⑱アブドーラ・ザ・ブッチャー

◀ブラジルに奪わ
ずか2日で取り戻
27歳前）

▼68年8・7大坂
F世界ヘビー級王
ノとインター王座
1で勝利し初防衛

◀NWA世界ヘビー級王者キニスキーを相手にインター防衛戦。馬場は猪木の得意技コブラツイストを披露し、キニスキーが苦しまぎれにレフェリーに手を出して反則負け（68年12・6蔵前）

◀68年11・2蔵前で殺人鬼コックスを迎撃。3本目、ボディースラムを仕掛けて自ら腰砕けになったコックスを強引に押さえ込んで勝利

▲吸血鬼ブラッシーを必殺のジャイアント・バックブリーカー（写真）で撃破し王座死守（69年7・3東京）

▼69年3月4日に予定されていた東京大会（馬場vsデストロイヤー・インター戦）が大雪のため順延となるハプニング。翌5日に行われ馬場が防衛

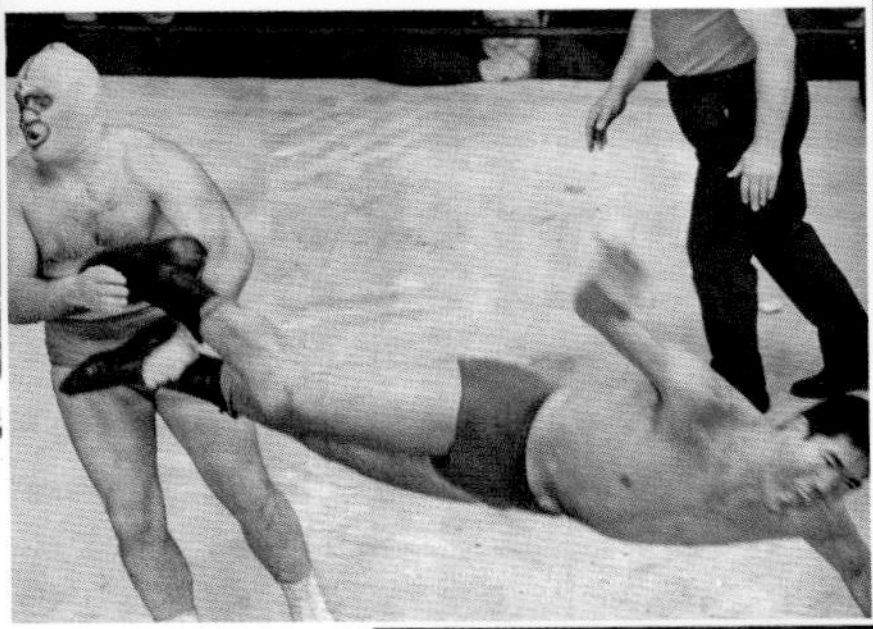

▲馬場は猪木と保持するインタータッグ王座をスナイダー&ダニー・ホッジに奪われるも、2日後のインター戦ではスナイダーを撃破（69年1・11大阪）

▼69年末（12・19）再び米ロサンゼルスで防衛戦。鉄の爪エリックと闘い、1対1から3本目に反則勝ちを拾った

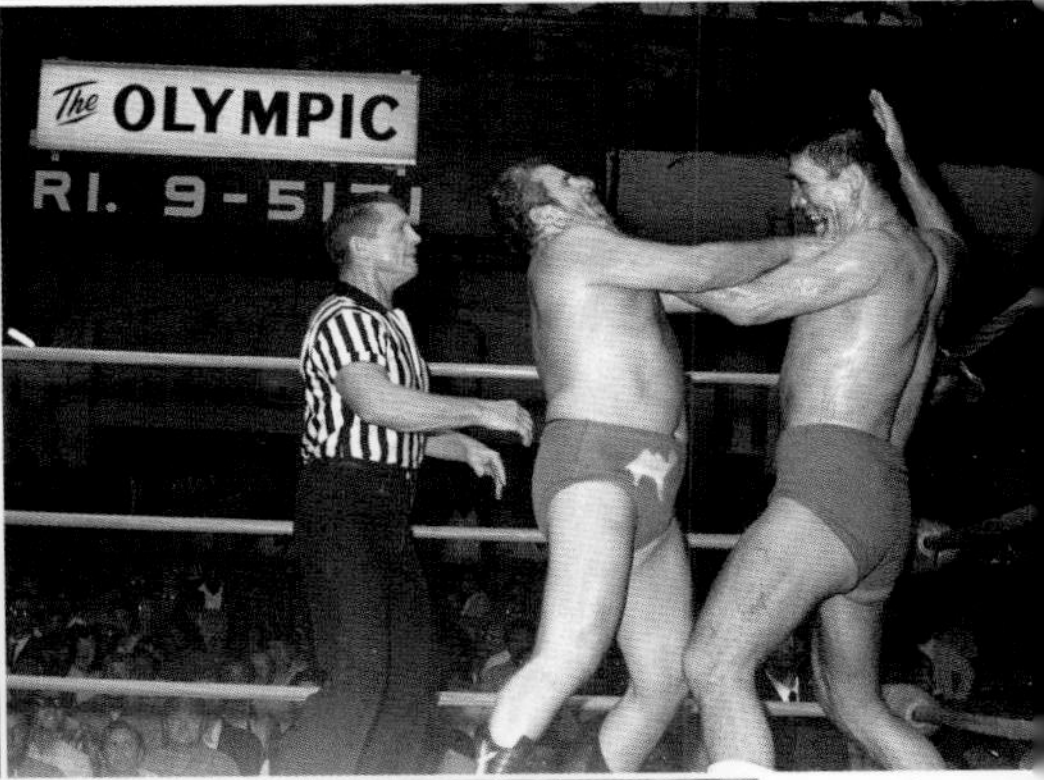

▲米ロサンゼルスのオリンピック・オーデトリアムに乗り込み、シークと1対1引き分け。海外での王座防衛はこれが初（69年9・12）

▶70年3・3名古屋でエリックと対戦。1対1から3本目に両者リングアウトで引き分け防衛

◀新たなライバル、アブドーラ・ザ・ブッチャーを1対1から32文ロケット砲で粉砕（70年9・17台東）

▶NWA世界ヘビー級王者ドリーをインター戦で迎撃。40度を超す灼熱のリングで52分闘い抜き、1対1から両者リングアウト引き分け（70年7・30大阪）

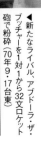

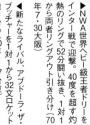

第6代 NWA王座転落後、あらためて実力を証明

▼69年2月にNWA世界ヘビー級王座を失ってからおとなしくしていたが、70年12月に絶対王者・馬場を破りビッグタイトル獲得

在位期間　1970年12月3日〜12月18日

ベルト戴冠　1970年12月3日＝大阪府立体育会館／インターナショナル選手権試合（60分3本勝負）／ジン・キニスキー（2―1）ジャイアント馬場　①馬場（29分55秒 エビ固め）キニスキー　②キニスキー（6分8秒 体固め）馬場　③キニスキー（5分10秒 体固め）馬場　※馬場が19度目の防衛に失敗。キニスキーが第6代王者となる

1969年2月、フロリダでドリー・ファンク・ジュニアに敗れ、3年1カ月保持したNWA世界ヘビー級王座を転落したキニスキーは、しばらくの間鳴りを潜めていたが、70年12月2日、大阪で馬場を倒し見事にトップ戦線にカムバックした。1本目を奪ったシュミット流バックブリーカー、3本目を奪ったバックドロップの切れ味は素晴らしく、NWA王者時代の実力にいささかの衰えも見せぬ快勝だった。初防衛戦は地元のバンクーバーで開催されるという話もあったが、日本プロレス幹部の強引な説得で12月18日のロサンゼルスで急遽開催。背水の陣を敷いた馬場の気力に惜敗して2週間天下となったものの、〝荒法師〟健在ぶりを満天下に証明した。

◀70年12月18日、米ロサンゼルスのオリンピック・オーデトリアムで前王者・馬場を相手に初防衛戦に臨んだ

▲キニスキーは68年のブラジルに続いて、馬場を王座から引きずり下ろすことに成功（70年12・3大阪）

◀ロスのリターンマッチで馬場に1対1から逆片エビ固めを決められて王座転落。キニスキーは2週間天下に終わった（70年12・18）

▼70年12・3大
算5度目の挑戦。
目、バックドロップ
を叩きつけて3カウ

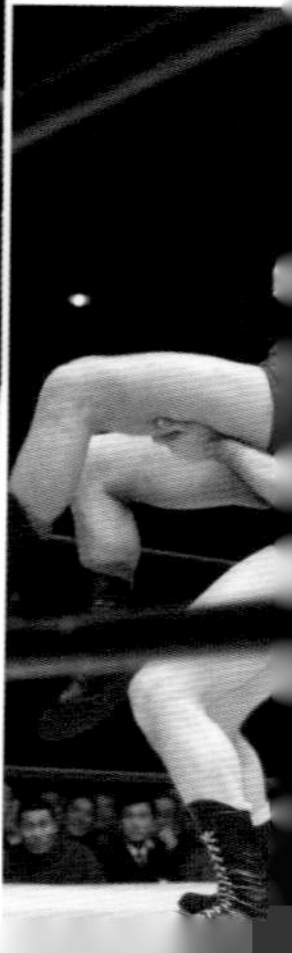

第7代

新世代の高い壁となるも、泣く泣く王座返上

▼馬場は日本プロレスから独立（新団体旗揚げ）したため、第7代王者時代がインター王者としての最後の雄姿となった（写真は71年11・25広島、サンマルチノ戦）

在位期間 1970年12月18日～1972年9月2日

ベルト載冠 1970年12月18日（現地時間）＝アメリカ・カリフォルニア州ロサンゼルス、オリンピック・オーデトリアム／インターナショナル選手権試合（60分3本勝負）／ジャイアント馬場（2－1）ジン・キニスキー ①馬場（26分42秒 エビ固め）キニスキー ②キニスキー（8分3秒 体固め）馬場 ③馬場（7分45秒 逆片エビ固め）キニスキー ※キニスキーが初防衛に失敗。馬場が第7代王者となる

防衛戦の相手 ①ザ・ストンパー②スパイロス・アリオン③イワン・コロフ、④クリス・マルコフ⑤フリッツ・フォン、エリック⑥ブルーノ・サンマルチノ⑦テリー・ファンク⑧ボボ・ブラジル⑨ブルドッグ・ブラワー⑩ジョニー・バレンタイン

3度目のインター王座に就いた馬場は、1年8カ月の王座期間に10回の防衛に成功。挑戦者群にはザ・ストンパー、イワン・コロフ、スパイロス・アリオン、テリー・ファンクなどの若い顔ぶれも目立って、馬場は新時代のスターを迎撃する立場となっていた。この期間にはライバルの猪木が新設されたユナイテッド・ナショナル選手権を獲得し、日本プロレスが「二枚看板」になったことで、何かにつけて両雄が比較された時期でもある。新団体（全日本プロレス）設立のために日本プロレスを離れることになった馬場は、1972年9月、7年の間死守してきたインター王座ベルトをコミッションに返上。無念の表情には、馬場の同王座に対する愛着の深さが窺い知れた。

◀馬場はインター王座を保持したまま日本プロレスから独立、新団体（全日本プロレス）旗揚げを切望したが、72年9月2日、日本プロレス協会に泣く泣く王座を返上

▲猪木追放問題で揺れる71年末、27歳のテリーの初挑戦を受けて2対1で王座防衛（71年12・12東京）

▼前 WWWF
王者コロフを1
き割り32文ロ
（71年6・29東

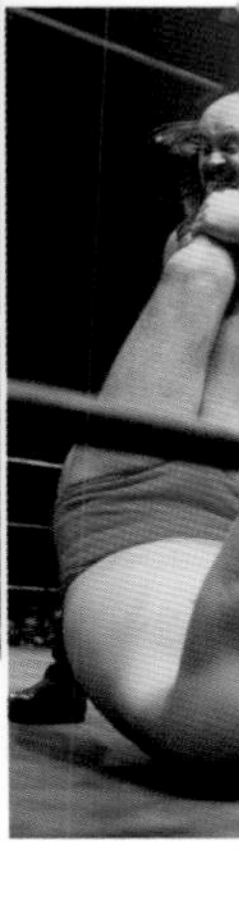

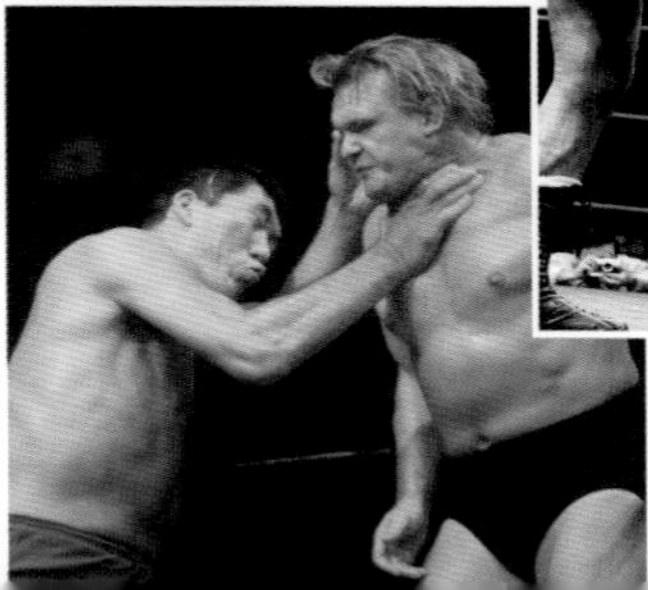

▶72年6・1大阪で妖鬼バレンタインに1対1から3本目、32文ロケット砲でわずか52秒で勝利。日プロから独立したため、これが最後のインター戦に

ボボ・ブラジル

第8代

第4代王者時代から一転、ダーティ王者と化す

▼ブラジルは、日本プロレスを離脱した馬場のあとを継いで、2度目の戴冠（72年12・1横浜）

在位期間 1972年12月1日～12月4日

ベルト戴冠 1972年12月1日＝神奈川・横浜文化体育館／インターナショナル王座決定戦（60分3本勝負）／ボボ・ブラジル（2―1）大木金太郎　①大木（11分50秒 体固め）ブラジル　②ブラジル（1分11秒 体固め）大木　③ブラジル（0分26秒 カウントアウト）大木　※ブラジルが第8代王者となる

馬場の日本プロレス離脱にともない空位となっていたインター王座は、1972年12月1日に横浜文化体育館において、大木金太郎とブラジルの間で王座決定戦が行われた。共にヘッドバット（頭突き）を切り札とする両者は正面からの頭突き合戦を避け、投げ技に活路を見出して互角の闘いとなり1対1のタイスコア。決勝の3本目は大木が優勢だったが、ブラジルがタイツの中に隠し持ったボールペンで大木の喉元を突いて大流血させ、失神させてのカウントアウト勝ち。ブラジルは4年ぶりにインター王座に返り咲いたが、凶器を用いての汚い勝利には批判が続出。48歳とスタミナ的に苦しくなっていたとはいえ、かつてのオーラはなく、往時のファンを嘆かせた。

◀ブラジルは新王座決定戦で大木に1本目を先取されるも、2本目にレフェリーのブラインドをついて凶器で大木の喉を突きまくり3カウント奪取（72年12・1横浜）

◀新王者ブラジルは72年12・4広島で大木の挑戦を受けたが、1対1からの3本目、今度は大木からノド元に凶器突きを食らってフォール負け。3日天下に終わった

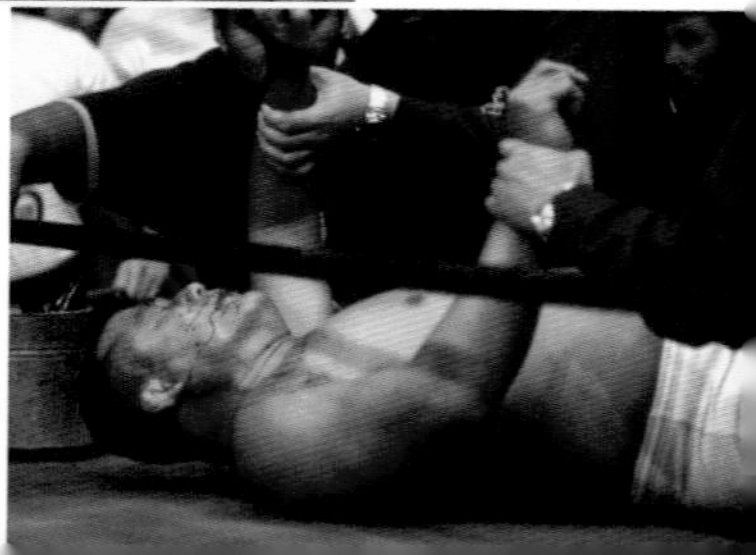

▶2本目に凶器突きを食らった大木は口から血を吐いたままダウン。3本目もそのまま立ち上がれず、カウントアウト負けとなった（72年12・1横浜）

◀馬場を正面突破した68年6月の勝利と異なり、反則攻撃含みのベルト奪取はファンから批判を浴びた（72年12・1横浜）

第9代 日本プロレス崩壊後も王者として活動継続

ブラジルに敗れて3日後の1972年12月4日、大木は再戦の権利を与えられて広島県立体育館でリベンジに挑んだ。1対1からの3本目、今度は大木が逆にボールペンを隠し持ってブラジルの喉元に突き立て、決勝フォールを奪取したが、伝統を誇るインター王座の歴史に泥を塗る勝ち方に、全マスコミが厳しい論調で糾弾した。4カ月後の73年4月20日、興行不振に喘ぐ日本プロレスは活動を停止したが、大木はインター王者として自国である韓国と国際プロレスを舞台に、8年3カ月の長きにわたり防衛戦を継続。中でも75年3月に猪木をソウルで迎撃し、大流血戦の末に両者リングアウトの引き分けで防衛に成功した一戦は、名勝負として語り継がれている。

▼大木は日本プロレス最後のインター王者となったが、団体崩壊後も韓国と日本で王者として活動継続

在位期間 1972年12月4日～1981年4月13日

ベルト載冠 1972年12月4日＝広島県立体育館／インターナショナル選手権試合（60分3本勝負）／大木金太郎（2—1）ボボ・ブラジル ①ブラジル（12分29秒 体固め）大木 ②大木（5分57秒 逆エビ固め）ブラジル ③大木（2分25秒 体固め）ブラジル ※ブラジルが初防衛に失敗。大木が第9代王者となる

防衛戦の相手 ①ビリー・レッド・ライオン②フリッツ・フォン・エリック③アントニオ猪木④スーパー・デストロイヤー⑤マリオ・ミラノ⑥ザ・デストロイヤー⑦ザ・バラクーダ⑧サムソン・クツワダ⑨タイガーマスク（サムソン・クツワダ）⑩サンダー杉山⑪サンダー杉山⑫アブドーラ・ザ・ブッチャー⑬スーパーX（高千穂明久）⑭ドン・レオ・ジョナサン⑮稲妻二郎⑯キラー・トーア・カマタ⑰ジョー・ルダック⑱ジプシー・ジョー⑲ビル・ドロモ⑳上田馬之助㉑ボブ・ブラウン

▲80年2月に国際プロレス入団。以後は国際と韓国で防衛戦を行った（写真は国際の80年7・1大阪、ジプシー・ジョー戦）

▲75年から地元・韓国で防衛戦を展開。3・27ソウルで猪木の挑戦を受けて両者リングアウト引き分け。猪木のインター挑戦は生涯この一度きり

▼73年4・1
爪エリックと
目の王座防衛
本プロレスが
め、この試合
のインター戦」

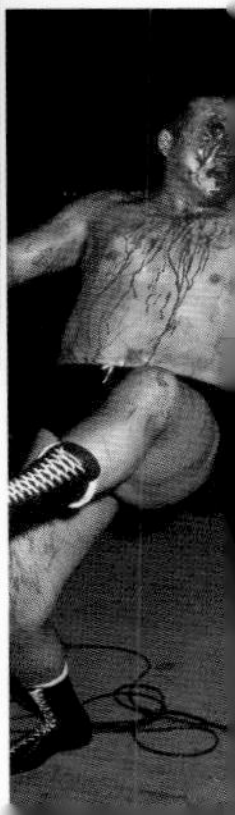

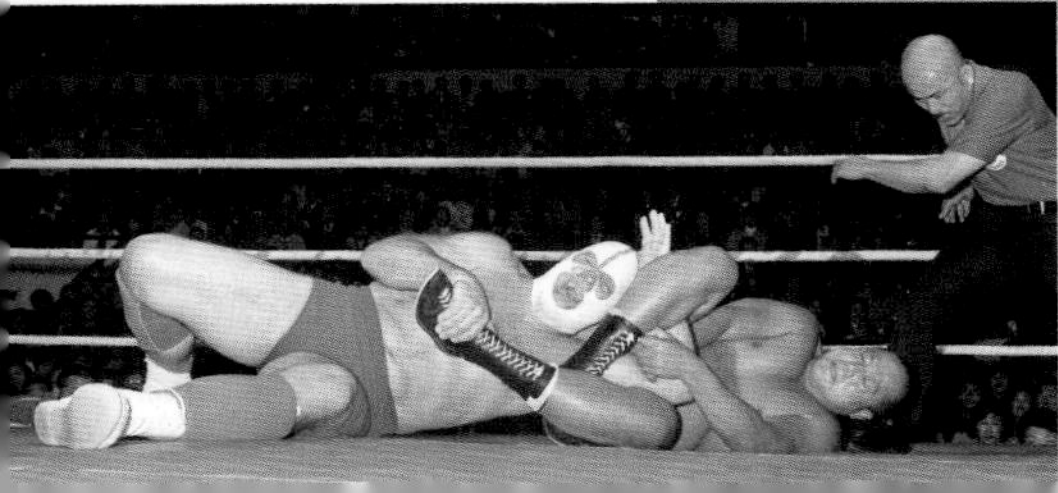

◀76年3・26ソウルでデストロイヤーを迎え撃ち、1対1引き分けで王座死守

第10代 ドリー・ファンク・ジュニア

新王者に就くや、弟テリーとの夢の兄弟対決を実現

▼大木の返上後、全日本マットでインター王座が復活しドリーが新王者に就いた（81年4・30松戸）

在位期間 1981年4月30日～10月9日
ベルト戴冠 1981年4月30日＝千葉・松戸市運動公園体育館／インターナショナル王座争奪トーナメント決勝戦（60分1本勝負）／ドリー・ファンク・ジュニア（負傷棄権）ブルーザー・ブロディ　※ドリーが第10代王者となる
防衛戦の相手 ①テリー・ファンク

1981年4月13日、大木はNWAと全日本プロレスからの勧告を受け入れて、インター王座の返上に合意（対価としてアジアヘビー級王座を獲得）。全日本が4月下旬に9選手による王座決定トーナメントを開催した結果、決勝にはドリー・ファンク・ジュニアとブルーザー・ブロディが残ったが、ブロディは足首負傷のために4月30日の決勝戦（千葉・松戸市運動公園体育館）を棄権。ドリーが闘わずして第10代王者に認定された。同日にクジ引きによって初防衛戦の相手が選ばれ、その結果当たりクジを引いたテリー・ファンクが挑戦者となって、夢の兄弟対決がついに実現。54分0秒、ドリーが逆転のエビ固めで3カウントを奪い貫禄を見せた。

▲テリーを制してドリーが王座初防衛。右はNWA会長ジム・クロケットJr（81年4・30松戸）

▲81年4・30松戸大会は急きょドリーの初防衛戦となり、クジ引きで対戦相手に選ばれたのは弟テリーだった

▼81年4・30松戸で新王者決定トーナメント決勝戦・ドリーvsブロディが行われる予定だったが、当日ブロディが負傷棄権のためドリーが王者に認定された

▶初の兄弟対決は54分に及ぶ熱闘の末、ドリーがとっさの回転エビ固めでテリーを押さえ込んで勝利（81年4・30松戸）

第11代 ブルーザー・ブロディ

"超獣"がトップ外国人への新たな一歩を踏み出す

▼81年4・30松戸で復活インター王者になり損ねたブロディが、10・9蔵前でドリーから王座奪取

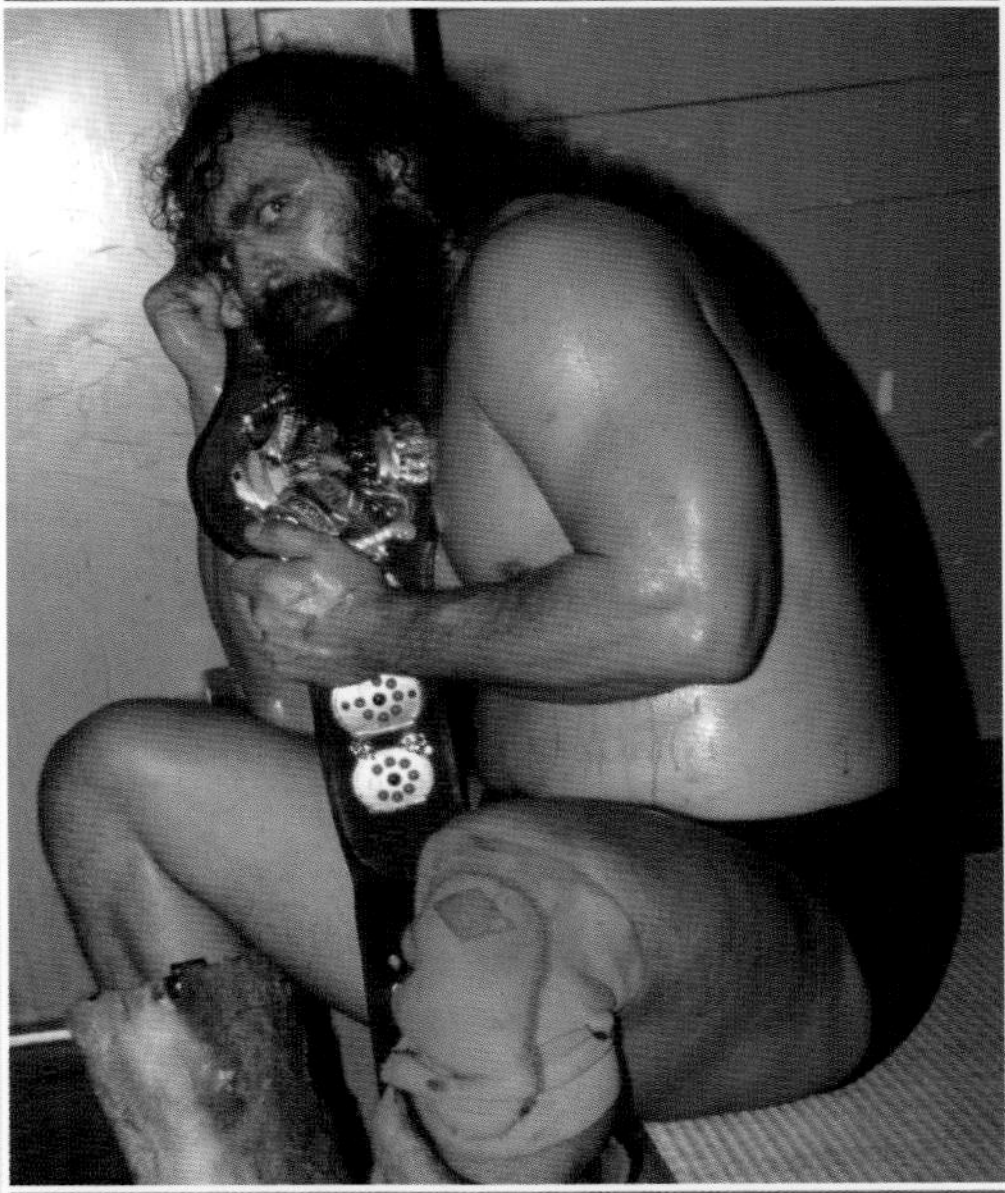

在位期間 1981年10月9日～11月1日

ベルト戴冠 1981年10月9日＝東京・蔵前国技館／インターナショナル選手権試合（60分1本勝負）／ブルーザー・ブロディ（9分36秒 反則勝ち）ドリー・ファンク・ジュニア　※ドリーが2度目の防衛に失敗。ブロディが第11代王者となる

ドリー・ファンク・ジュニアの2度目の防衛戦は1981年10月9日、蔵前国技館で行われた。この前日には新日本プロレスが同所で興行を開催し、超満員の観客を動員。ドリーは全日本の威信をかけてメインを張る立場となり、人気、実力ともに急上昇中だった"超獣"ブロディの挑戦を受けた。試合はキャリアで上回るドリーが優勢に進めたが、ブロディが持ち出したチェーンの乱用に激怒。レフェリーの静止を振り切ってチェーンを奪い逆上した結果、反則負けとなる。当時のインター王座はPWFルールの管轄下にあって反則でも王座移動が認められたため、ドリーは防衛に失敗し、異色の悪党王者ブロディが誕生。ここから「ブロディ革命」がスタートした。

▼ブロディはケタ外れのパワーでドリーをあしらう（81年10・9蔵前）

◀怒りの感情に我を失ったドリーは、ブロディから奪ったチェーンを拳に巻いてパンチ乱打。レフェリーの制止を無視したため反則負けで王座転落（81年10・9蔵前）

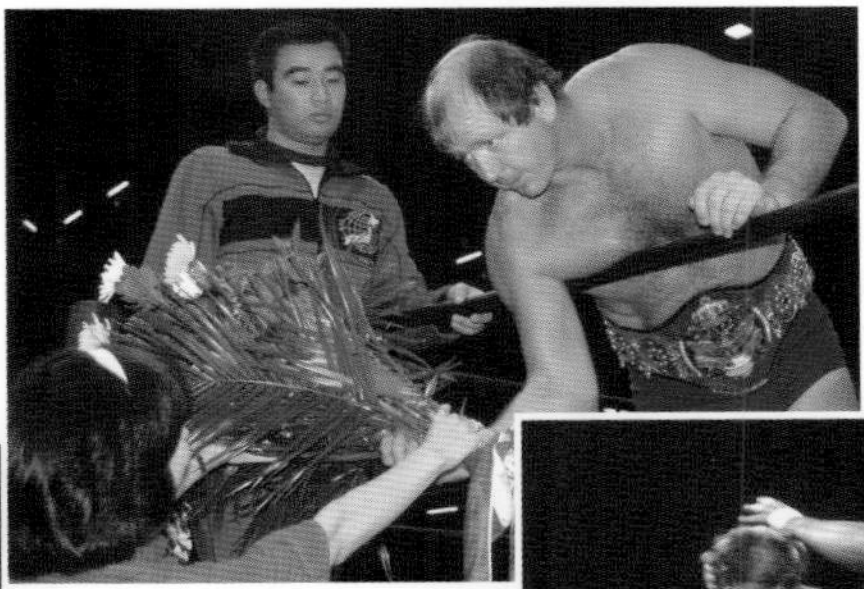

◀ドリーは81年10・9蔵前でブロディを相手に2度目の防衛戦。3日前の10・6仙台大会で、ドリーをかばった大学生の息子がブロディに暴行を受けるという事件が発生。ドリーの怒りは頂点に達していた

◀ブロディのド迫力ドロップキックがドリーに炸裂（81年10・9蔵前）

第12代 ドリー・ファンク・ジュニア

後楽園初のインター戦で再び王座に就く

▼ブロディとの血の抗争を制して再び王者に君臨（写真は82年4・17大分・荷揚町、デビアス戦）

在位期間 1981年11月1日〜1982年4月21日

ベルト戴冠 1981年11月1日＝東京・後楽園ホール／インターナショナル選手権試合（時間無制限1本勝負）／ドリー・ファンク・ジュニア（13分52秒 反則勝ち）ブルーザー・ブロディ　※ブロディが初防衛に失敗。ドリーが第12代王者となる

防衛戦の相手 ①ブッチ・リード②ビル・ロビンソン③ハーリー・レイス④テッド・デビアス

ドリーのリターンマッチはシリーズ終盤の1981年11月1日、後楽園ホールで行われ、額を割られたブロディがチェーンを持ち出して暴走したため、ドリーが反則勝ちで王座奪還に成功した。後楽園ホールでインターナショナル選手権が開催されたのはこれが初だったが、以後は地方都市でも頻繁に組まれていくようになった。アメリカに帰ってからもドリーはNWAの主要都市でブッチ・リード、ビル・ロビンソン、ハーリー・レイスを相手に連続防衛に成功。82年4月17日には大分で弟子のテッド・デビアスを破り4度目の防衛に成功したが、4日後の4月21日、大阪でブロディにバックドロップを返され、完璧な3カウントを許し完敗。半年の王座から転落した。

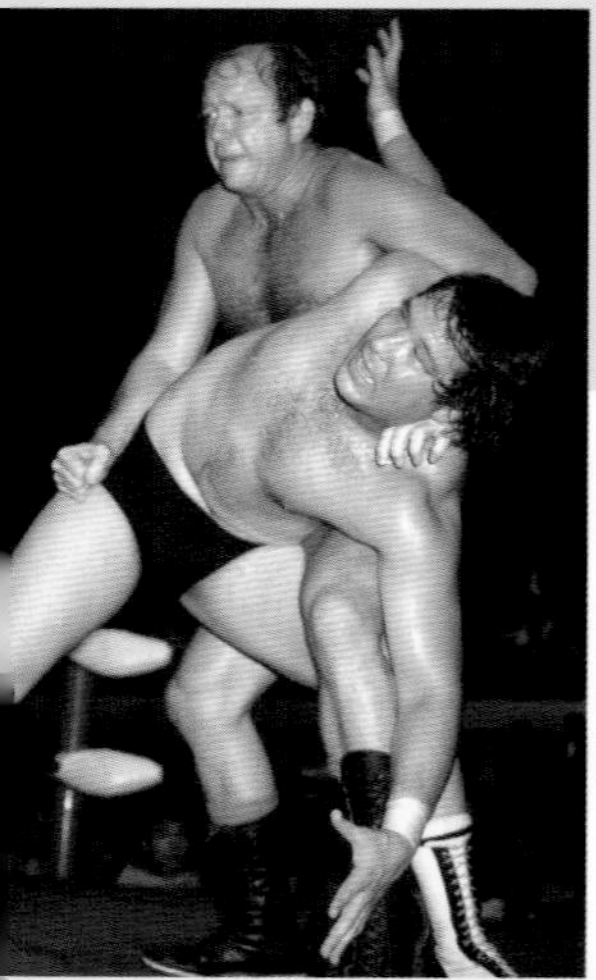

◀デビアスとの防衛戦は大技・小技を駆使したテクニック合戦となり、最後は電光石火の首固めでドリーが勝利（82年4・17大分・荷揚町）

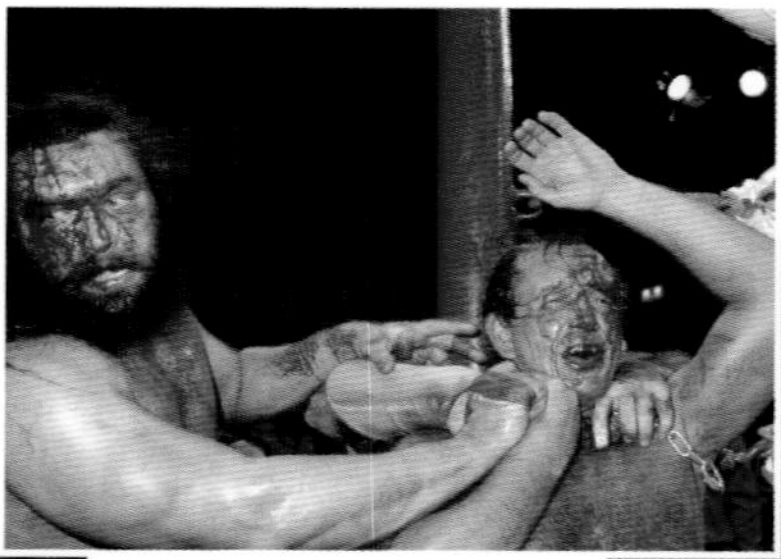

▲81年11・1後楽園でブロディに挑戦。リング内外で大乱戦が繰り広げられる中、ブロディがセコンドのバック・ロブレイらと暴走したため、ドリーが反則勝ちで王座奪取

◀82年4・21大阪でブロディの挑戦を受けたが、バックドロップを切り返されてフォール負け。ベルトは再びブロディの元へ

▼仇敵ブロディを破ってインター王座返り咲きを果たした兄ドリーをテリーが労う（81年11・1後楽園）

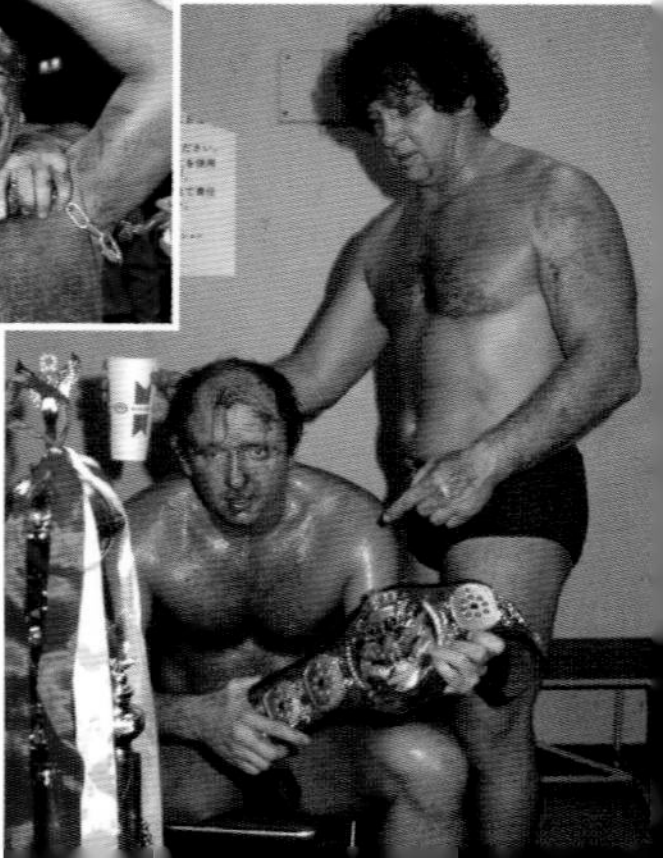

第13代 ブルーザー・ブロディ

馬場、鶴田、天龍、ファンクス…全日本トップ陣を一蹴

▼2度目の戴冠時は全日本トップ勢の挑戦を次々に受けて立った（写真は82年10・20青森、天龍戦）

在位期間 1982年4月21日～1983年8月31日

ベルト戴冠 1982年4月21日＝大阪府立体育会館／インターナショナルヘビー級選手権試合（60分1本勝負）／ブルーザー・ブロディ（15分15秒 体固め）ドリー・ファンク・ジュニア　※ドリーが5度目の防衛に失敗。ブロディが第13代王者となる

防衛戦の相手 ①ジャイアント馬場②ジャンボ鶴田③天龍源一郎④ドリー・ファンク・ジュニア⑤天龍源一郎⑥テリー・ファンク⑦ドリー・ファンク・ジュニア⑧ジャンボ鶴田⑨ジャンボ鶴田⑩ジャンボ鶴田

ドリーを破って2度目のインター王者時代を迎えたブロディは、チェーン攻撃による反則負けを回避し、翌1983年8月まで1年4カ月の長期政権を築いた。防衛回数も10回、対戦相手も馬場、鶴田、天龍、ドリー、テリーの5選手という最強挑戦者を迎撃しての快挙であり、ブロディのレスラー人生の全盛時代（36歳～37歳）がこの時期だったと言って過言ではない。フィニッシュには主として必殺のキングコング・ニードロップを使ったが、その他にも天龍から鮮やかな3カウントを奪った逆さ押さえ込みや宙を舞うフライング・クロスボディーなど、王者として脱皮した試合運びを随所に披露。善玉でも悪玉でもない〝凄玉〟の地位を確立した決定的な期間だった。

◀83年4・23横須賀でテリーが2年ぶり2度目の王座挑戦を果たすも、ブロディと場外乱闘の末、両者リングアウトで万事休す

◀初防衛戦は82年6・17米アマリロで馬場と両者リングアウト引き分け。馬場が全日本で復活したインター王座に挑戦したのはこれが唯一

▶82年10月から鶴田がインター戦線に参入し、ブロディと抗争開始。ブロディは鶴田相手に4度防衛したが、83年8・31蔵前でリングアウト負けし、ついに王座転落（写真）

▶インター王座初挑戦の天龍を逆さ押さえ込みという〝ブロディらしからぬ〟小技で仕留めた（82年10・20青森）

第14代 王道マットに「鶴田時代」到来!

▼テリー・ファンク引退興行でブロディにリングアウト勝ちして悲願のインター王座戴冠（83年8・31蔵前）

1983年8月31日、蔵前国技館でブロディに5度目の挑戦となった鶴田は、6月に自らが保持していたUN王座を返上。文字通り背水の陣で最強王者ブロディに挑み、場外乱闘から間一髪のリングアウトで勝って栄光のインター王座に辿り着いた。全日本はこの試合から「鶴田時代」の幕開けとなり、鶴田は元祖ルー・テーズ直伝のバックドロップを武器に無敵の防衛街道を歩み始めた。86年7月にハンセンに奪われるまでの3年で16度連続防衛の記録は、同王座史上4番目の快挙。しかもAWA世界王者ニック・ボックウインクルとダブルタイトルを懸けた一戦でも完勝した84年2月23日、蔵前国技館の試合は鶴田のレスラー人生におけるベストバウトとなった。

在位期間 1983年8月31日～1986年7月31日

ベルト戴冠 1983年8月31日＝東京・蔵前国技館／インターナショナルヘビー級選手権試合（60分1本勝負）／ジャンボ鶴田（21分33秒 リングアウト勝ち）ブルーザー・ブロディ　※ブロディが11度目の防衛に失敗。鶴田が第14代王者となる

防衛戦の相手 ①ブルーザー・ブロディ②スティーブ・オルソノスキー③ニック・ボックウインクル④ニック・ボックウインクル⑤ブルーザー・ブロディ⑥ビル・ロビンソン⑦ビル・ロビンソン⑧リック・マーテル⑨ブルーザー・ブロディ⑩テリー・ゴーディ⑪ディック・スレーター⑫テリー・ゴーディ⑬ハーリー・レイス⑭テリー・ゴーディ⑮スタン・ハンセン⑯スタン・ハンセン⑰ハーリー・レイス

◀UN王者時代の好敵手ロビンソンとインター防衛戦。84年6・7千葉・成田は引き分けるも、6・13大阪（写真）はフライング・ボディーシザースで完勝

▲鶴田からベルトを奪ったAWA世界王者マーテルをインター戦で迎撃。バックドロップを食らったマーテルが場外転落して鶴田のリングアウト勝ち（84年7・25福岡）

▶84年10月からゴーディがインター戦線に殴り込みをかけ、鶴田に何度も挑戦。85年6・4大阪城では鶴田が場外バックドロップでリングアウト勝ち

▼AWA世界ヘビ
クとのダブルタイ
し、バックドロップ
冠王に（84年2・

第15代

AWA世界王座に飽き足らず、インター王座も初戴冠

▼AWA世界ヘビー級王者ハンセンは、鶴田を破りインター王座初戴冠。2冠王となった（86年7・31両国）

在位期間 1986年7月31日～10月21日

ベルト戴冠 1986年7月31日＝東京・両国国技館／インターナショナルヘビー級& AWA世界ヘビー級ダブル選手権試合（60分1本勝負）／スタン・ハンセン（16分27秒 回転エビ固め）ジャンボ鶴田 ※鶴田が17度目の防衛に失敗。ハンセンが第15代インターナショナルヘビー級王者となり、AWA世界ヘビー級王座の防衛に成功

防衛戦の相手 ①ジャンボ鶴田②長州力

1985年12月29日、ニュージャージー州イースト・ルザフォードでリック・マーテルを逆エビ固めで破りAWA世界ヘビー級王者となったハンセンは、翌86年に入るとホームリングである全日本でも鶴田、長州、天龍を相手に合計5度の防衛に成功。7月31日の両国国技館におけるインター王者・鶴田とのダブルタイトル戦は全日本最強をかけた決着戦となったが、必殺ウエスタン・ラリアットを温存したハンセンが、意外にも回転エビ固めを決めて3カウントを奪い、初めてインターのベルトを腰に巻いた。このあとアメリカに戻ったハンセンはバーン・ガニアからAWAタイトル剥奪の処分を食らったため、9月からはインター王座だけの保持者となる。

◀鶴田のリターンマッチは両者リングアウトで退けた（86年9・3大阪城）

▶86年9・9名古屋でインター王者ハンセンとPWF王者・長州がダブルタイトル戦を行うも、両者リングアウトで王座移動はなし

▶インター王者・鶴田から3カウントを奪った技は後方回転エビ固めだった（86年7・31両国）

第16代 余裕しゃくしゃくの闘いぶりで全日本の中心に鎮座

▼「天龍革命」が勃発したため、天龍の熱いファイトと対極の余裕の闘いぶりが賛否を呼んだ（写真は87年9・12倉敷、ニック戦）

ハンセンは1986年10月21日、両国国技館で鶴田の挑戦を受けたが首固めで敗れ、3度目の防衛に失敗。鶴田はここから2度目のインター王者期間をスタートさせ、88年3月までの1年半に5度の防衛に成功した。相手はトミー・リッチ、谷津嘉章、ハンセン、ボックウインクル、ブッチャーの5人で、得意のバックドロップに加えてフライング・ボディーシザースやコーナー最上段からのジャンピング・ニーアタックも縦横無尽に使いこなして全日本の第一人者たる無敵ぶりを見せつけた。87年3月に長州が全日本を離脱してPWF王座が空位となったため、そこからUNを含めた三冠統一の動きが具体化し、鶴田、天龍、ハンセン、ブロディ4選手の抗争となった。

在位期間 1986年10月21日～1988年3月27日

ベルト戴冠 1986年10月21日＝東京・両国国技館／インターナショナルヘビー級選手権試合（60分1本勝負）／ジャンボ鶴田（19分37秒 首固め）スタン・ハンセン　※ハンセンが3度目の防衛に失敗。鶴田が第16代王者となる

防衛戦の相手 ①トミー・リッチ②谷津嘉章③スタン・ハンセン④ニック・ボックウインクル⑤アブドーラ・ザ・ブッチャー

◀ブッチャーとの防衛戦は流血戦の末、両者リングアウト引き分け。ブッチャーの巨体をバックドロップで投げる場面も（88年1・13鹿児島）

▼87年9・12倉敷でニックの挑戦を受け、フライング・ボディーアタックで余裕の勝利

▼ジャパン・プロレス空中分解で全日本残留の道を選んだ谷津がインター初挑戦。鶴田・谷津ともにエキサイトして暴走が収まらず無効試合に（87年4・24横浜）

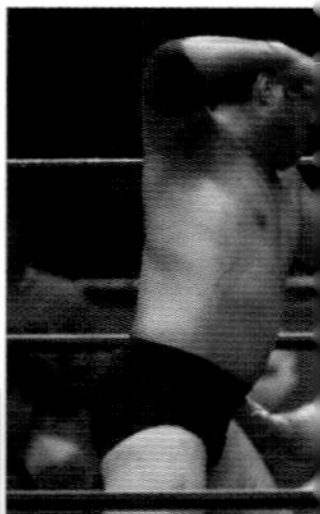

▲鶴田は86年10
ンセンに挑戦。ラフ
大流血戦を首固めで
取り戻した

第17代 ブルーザー・ブロディ

非業の死を遂げた超獣の生涯最後の晴れ舞台

▼新日本から全日本にカムバックしたブロディは鶴田を破り4年7カ月ぶりにインターベルトを腰に巻いた（88年3・27武道館）

在位期間 1988年3月27日〜4月19日

ベルト戴冠 1988年3月27日＝東京・日本武道館／インターナショナルヘビー級選手権試合（60分1本勝負）／ブルーザー・ブロディ（17分7秒 体固め）ジャンボ鶴田 ※鶴田が5度目の防衛に失敗。ブロディが第17代王者となる

防衛戦の相手 ①谷津嘉章②天龍源一郎

1985年から新日本に戦場を移していたブロディは87年10月に全日本に復帰。半年後の88年3月27日、日本武道館で鶴田に挑戦する機会を得た。鶴田のフライング・ボディーシザースを受け止めてトップロープに喉元を打ちつけ、大の字になったところへキングコング・ニードロップを叩き込んで5年ぶり2度目のインター戴冠に成功した。4月4日に名古屋で谷津を破り初防衛に成功したあと、15日にはUN、PWFの2冠王者・天龍と2度目の防衛戦。これが記念すべき初の三冠統一戦となったが、30分0秒、死力を尽くした両者がダブルKOに近い形で両者リングアウトの引き分けとなり、三冠統一は実現せず。4カ月後に急死したブロディ最後の晴れ舞台だった。

◀インター王者としてPWF＆UN王者・天龍と史上初の三冠統一戦を行い、両者リングアウト引き分けながら真っ向勝負の好試合に（88年4・15大阪）

◀キングコング・ニードロップを叩き込んで鶴田から3カウントを奪い王座奪取。館内に「ブロディ」コールが巻き起こった（88年3・27武道館）

▼初防衛戦の相手は谷津。グラウンドの攻防も展開した末に、最後はリングアウト勝ち（88年4・4名古屋）

▶インター王者となったブロディは自ら観客席になだれ込みファンと抱き合うという、超獣らしからぬ喜びようを見せた（88年3・27武道館）

ジャンボ鶴田

第18代 伝統のインター王者として三冠統一に邁進

▼天龍が全日本活性化に粉骨砕身する中、鶴田はハンセンとの抗争を通じてベルト統一に邁進（写真は88年10・17広島、ハンセン戦）

在位期間 1988年4月19日～89年4月18日

ベルト戴冠 1988年4月19日＝仙台・宮城県スポーツセンター／インターナショナルヘビー級選手権試合（60分1本勝負）／ジャンボ鶴田（20分34秒 片エビ固め）ブルーザー・ブロディ　※ブロディが3度目の防衛に失敗。鶴田が第18代王者となる

防衛戦の相手 ①アブドーラ・ザ・ブッチャー②スタン・ハンセン③スタン・ハンセン④スタン・ハンセン

1988年4月19日の仙台・宮城県スポーツセンターは鶴田にとって至宝奪還のラスト・チャンスとなった。天龍戦で右膝を激しく痛めていたブロディには勢いがなく、最後は鶴田の豪快なバックドロップで無念の3カウントを聞いた。3度目の王座戴冠に成功した鶴田は、翌年4月までの間にハンセンと2度にわたる三冠を懸けた統一戦を行ったが消化不良の結末となって、全日本ファンの間では「三冠統一は永久に不可能」という厭戦気分が拡散。その悪評を振り払うべく奮起した鶴田は、89年4月18日、大田区体育館でハンセンから3カウントを奪い、ついに三冠の統一に成功し、インター王座の歴史を新たなステージにシフトした。

◀88年4・15大阪（天龍vsブロディ）に続いて10・17広島で2度目の三冠統一戦。インター王者・鶴田vsPWF&UN王者ハンセンは両者リングアウトで統一ならず

▲初防衛戦でブッチャーに反則勝ち。ブッチャーと仲違いしたジミー・スヌーカと共闘する一幕も（88年9・9千葉）

▼88年4・19仙台でブロディに挑戦し、一撃必殺のバックドロップでピンフォール勝ち。3週間ぶりに王座に返り咲いた

▼インター王者・鶴田は3度にわたるPWF& UN王者ハンセンとの三冠統一戦の末、ついにハンセンを下して三冠統一に成功（89年4・18大田区）

NWFヘビー級王者

アメリカ「第4団体」の王座を猪木が輝かせる

アメリカの野心家と日本の野心家が再会

新日本プロレスと全日本プロレスは共に1972年に旗揚げしたが、全日本が旗揚げ（10月）と同時に「世界ヘビー級王座（1973年3月にPWF世界ヘビー級王座と命名）争奪戦」と銘打って各シリーズ（主に終盤）にビッグマッチ（ジャイアント馬場対NWA圏から招聘した大物）を開催していたのに対し（本書「PWFヘビー級王者」の項を参照）、新日本は看板となるタイトルに対して「慎重な姿勢」を取り続けた。アントニオ猪木は馬場が「PWF世界王者」を名乗った際（1973年3月）、「あれは所詮、お手盛りタイトル」との強烈発言をしてしまった。趣旨としては「馬場さんは（2月に）NWAのメンバーになったから、その威光を借りて、下部組織としてハワイを本部とするPWFという新組織を作り、そこの認定する世界王者を名乗った。ハッキリ言って、これはお手盛りタイトルだ。私は、そういうことはしない。既存の権威ある王座を奪取してみせる」という強気の反骨コメントだったが、「お手盛りタイトル」という衝撃的なフレーズを使ってしまったことで、「自分で自分の首を絞めた」形になった。

というのは「既存の権威ある王座」と言っても、当時は極めて数は限られていたからだ。「アメリカの3大メジャー」と言われていたNWA（当時の王者はドリー・ファンク・ジュニア）、AWA（同バーン・ガニア）、ＷＷＷＦ（同ペドロ・モラレス）の３つだけだったので、日本プロレスから除名されて、アメリカの３団体とは全く提携できない状態にあった猪木が挑戦することは絶対に不可能な状態だった。ところが、思いがけないタイミングと人物によって１９７１年の秋、ＮＷＦ（ナショナル・レスリング・フェデレーション）という「第４団体」が新設された。このＮＷＦの創設者は１９５６年から長くニューヨーク州バッファローでプロモーターをやっていたペドロ・マルチネツ（１９７１年８月の総会でＮＷＡを脱会）という人物で、初代ＮＷＦ認定世界ヘビー級王者にはジョニー・パワーズを認定（１９７１年11月17日）。パワーズはＮＷＦのブッカー役（及びオハイオ州クリーブランドのプロモーター）も兼任して五大湖地区の「一匹狼的カラーの強い大物」を一本釣りして次々とＮＷＦのリングに上げ、バッファロー、クリーブランドの２大都市を中心に徐々にマーケットを拡大。猪木がテレビ中継（ＮＥＴテレビ＝テレビ朝日）のバックアップを得た１９７３年春頃までには、メジャー３団体にとって無視できない不気味な存在にまでのし上がっていった。

　看板であるＮＷＦ世界ヘビー級王座は（初代）パワーズが安定政権を構築することはできず、次々と新王者が誕生。具体的にはワルドー・フォン・エ

NWFの創設者&エースのパワーズは、第13代王者として73年12月、新日本に2度目の参戦を果たし、猪木にベルトを奪われた（写真は12・7大阪府立体育会館、パット・パターソンとのコンビで北米タッグ王者として猪木&坂口の挑戦を受けた際、NWF世界ヘビー級ベルトを持参）

リック、ドン・デヌーチ、アーニー・ラッド、アブドーラ・ザ・ブッチャー、ジョニー・バレンタイン、ジャック・ルージョーという異色の大物が次々とベルトを巻いて「短命政権」を繰り返したが、メジャー3団体の認定する格式ある世界王者とは異なる「ダークな個性派世界王者」が着実に観客動員に直結し、1973年8月まで上々の興行成績を収め続けた。

このNWFの躍進ぶりに目をつけたのが、NETテレビの定期番組を獲得して拡大策を模索していた猪木と坂口征二で、前述した「お手盛りではない、権威ある王座」の獲得を目指していた猪木にとっては、願ってもないターゲットとなった。猪木は躊躇なくNWFとのコンタクト・プランに着手したが、それはNWFの中心人物がジョニー・パワーズだったからだった。猪木とパワーズには1966年10月に猪木（と豊登）が旗揚げした「東京プロレス」に外国人準エース（エースはジョニー・バレンタイン）として初来日させた因縁があり、それ以降は一度も来日することがなかったこともあって、日本のファンから「久しぶりにパワーズが新日本に来て、猪木と闘ったら面白いだろうな」という声が急激に高くなっていた背景もある。猪木はロサンゼルスの有力プロモーター、マイク・ラベールにパワー

NWF世界ヘビー級王座奪取を池上本門寺の力道山墓前に報告する猪木（1973年12月14日）

ズとの仲介を依頼したところ、ラベールはわざわざ実弟のジン・ラベールを新日本に派遣して調停役を買ってでた。ジン・ラベールは約40日の日本滞在中にNWFとの連絡役を務め、猪木とパワーズの巨頭会談（1973年8月24日、ロサンゼルス）をセットアップしたが、この尽力なくして新日本とNWFの提携関係は絶対に成立しなかった。のちにジン・ラベールが猪木対モハメド・アリ戦（1976年）のレフェリーに任命されたのは、猪木陣営のみならず、アリ陣営からも全幅の信頼を得ていたからだったが、このNWFとの提携成功も大きな理由だった。

アメリカの異色王座は猪木の手により不滅の王座となった

猪木はロサンゼルスにおけるパワーズとの直接面談で「NWF世界選手権の日本開催」に漕ぎつけた。パワーズはまず手始めに1973年9月5日から15日まで「闘魂シリーズ」の中盤戦に特別参加（7年ぶり2度目の来日）し、切り札の8の字固め（本人はパワー・ロックと呼称）の威力をみせつけた。このときは猪木とノンタイトルで一度だけシングルで対戦し（9月7日、栃木・小山スケートセンター）、13分12秒、8の字固めをかけたままロープブレークを無視して反則負けとなっている。

この小山大会の再戦、決着戦となったのが、12月10日、東京体育館における〝本番〟NWF世界ヘビー級選手権だった（60分3本勝負、特別レフェリーとしてロサンゼルスからレッドシューズ・ズーガンを招聘）。1本目は猪木が鮮やかなコブラツイストで先制のギブアップを奪い（20分26秒）、2本目はパワーズの8の字固めを決められてギブアップ（5分49秒）。スリリングな互角の攻防で引き分けかと思われたが、3本目はパワーズが8の字を決める瞬間に後頭部をサード・ロープに強打して自爆し、猪木が会心の卍固めを決めてギブアップを奪った（5分10秒）。長い猪木のキャリアの中でも3本勝負のタイトルマッチでコブラツイスト、卍固めの2大兵器を使って2度、相手からギブアップさせたのはこの試合しかなく、その意味からも印象深い名勝負として語り継がれている。

こうして「看板タイトル」をゲットした猪木は「どうだ馬場さん！　俺の獲得したベルトは、お手盛りタイトルじゃないぞ」と胸を張った。馬場を支持するファンは、「NWAやAWAやWWWFと比べたら弱小団体じゃないか」とアンチな姿勢を崩さなかったが、猪木は防衛戦を重ねていく過程で、それらのアンチ・ヴォイスを着実に封殺していった。

やや余談になるが、猪木が世界王座を奪取したNWFという団体そのものの運営については、1974年1月以降に大きな変革がなされた。世界王座が日本に移ったことに伴って、ジョニー・パワーズはもう一つ持っていた「ノースアメリカン・ヘビー級王座」を新たな看板に据えたが興行成績は徐々に下降線を描き、1974年4月の興行を最後にクリーブランドのプロモート権限を返上して事実上、（世界戦開催をはじめ）NWF運営の全権を新日本プロレスに委ねる形を採った。この背景には、シカゴの大資本家、野球メジャー

猪木は歴史的名勝負を連発し、「猪木」と「NWF」の名を高めていった（写真は1975年10・9蔵前、ルー・テーズ戦）

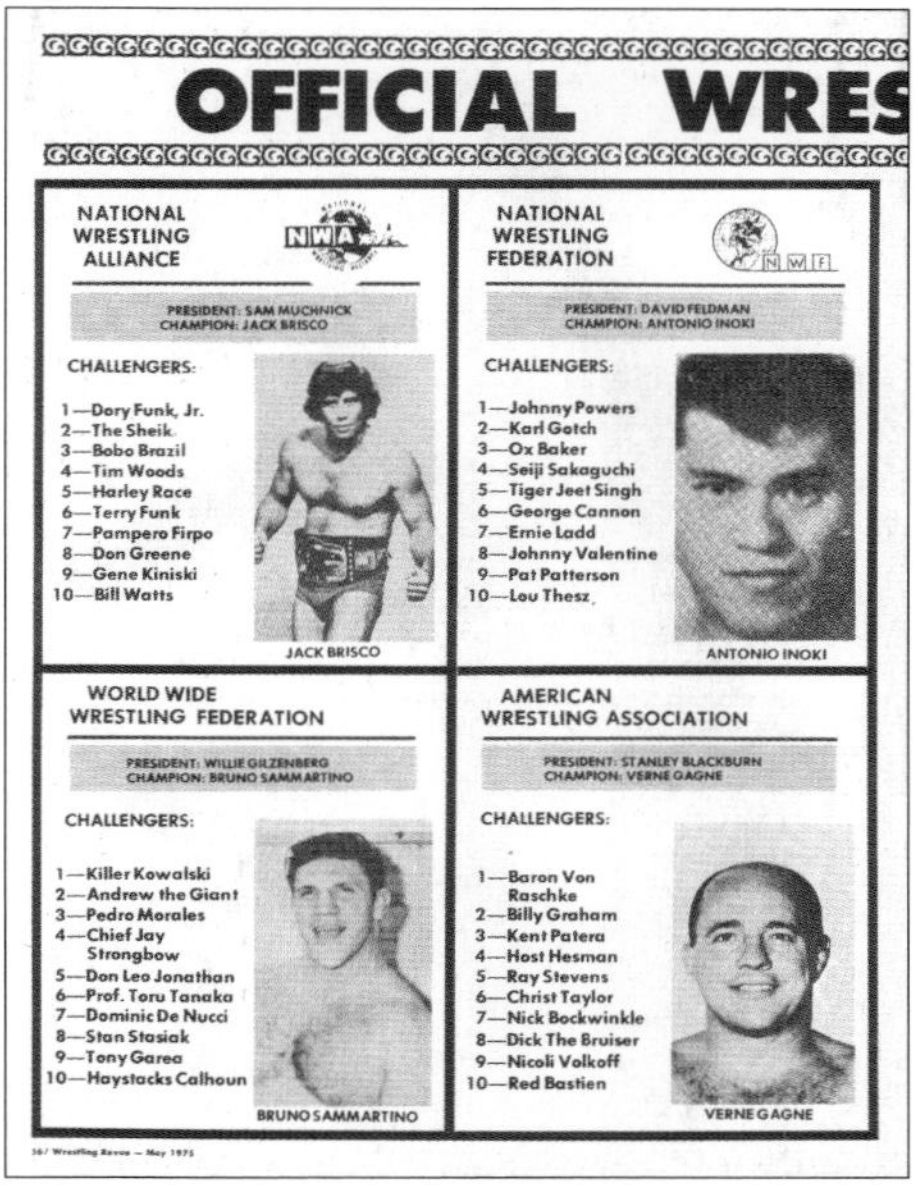
OFFICIAL WRES

NATIONAL WRESTLING ALLIANCE
NWA
PRESIDENT: SAM MUCHNICK
CHAMPION: JACK BRISCO
CHALLENGERS:
1—Dory Funk, Jr.
2—The Sheik
3—Bobo Brazil
4—Tim Woods
5—Harley Race
6—Terry Funk
7—Pampero Firpo
8—Don Greene
9—Gene Kiniski
10—Bill Watts
JACK BRISCO

NATIONAL WRESTLING FEDERATION
NWF
PRESIDENT: DAVID FELDMAN
CHAMPION: ANTONIO INOKI
CHALLENGERS:
1—Johnny Powers
2—Karl Gotch
3—Ox Baker
4—Seiji Sakaguchi
5—Tiger Jeet Singh
6—George Cannon
7—Ernie Ladd
8—Johnny Valentine
9—Pat Patterson
10—Lou Thesz
ANTONIO INOKI

WORLD WIDE WRESTLING FEDERATION
PRESIDENT: WILLIE GILZENBERG
CHAMPION: BRUNO SAMMARTINO
CHALLENGERS:
1—Killer Kowalski
2—Andrew the Giant
3—Pedro Morales
4—Chief Jay Strongbow
5—Don Leo Jonathan
6—Prof. Toru Tanaka
7—Dominic De Nucci
8—Stan Stasiak
9—Tony Garea
10—Haystacks Calhoun
BRUNO SAMMARTINO

AMERICAN WRESTLING ASSOCIATION
PRESIDENT: STANLEY BLACKBURN
CHAMPION: VERNE GAGNE
CHALLENGERS:
1—Baron Von Raschke
2—Billy Graham
3—Kent Patera
4—Host Hesman
5—Ray Stevens
6—Christ Taylor
7—Nick Bockwinkle
8—Dick The Bruiser
9—Nicoli Volkoff
10—Red Bastien
VERNE GAGNE

36/ Wrestling Revue — May 1975

アメリカのナンバーワン専門誌『レスリング・レビュー』は74年8月号から、NWA、AWA、WWWFと並んでNWFの王者&挑戦者ランキングを掲載。猪木の活躍によりNWFがアメリカ3大メジャーと同格で紹介されるようになった

リーグ「ホワイトソックス」のオーナーでもあったエディ・アイホーンの資金により、IWA（インターナショナル・レスリング・アソシエーション）という新団体が創設されることが決定していたことがある。アイホーンはABCテレビ傘下の最大手スポーツ番組制作会社「TVS」の社長でもあったから、自社制作のプロレス番組を全国ネットのABCを利用し全米各地のローカル局に卸す、という革命的なビジネス・モデルに着手し、その先兵としてパワーズとペドロ・マルチネツを任命したというのが経緯である。パワーズはNWFの看板と運営を日本に移管し、IWAの創設に奔走する中でも新日本に定期的に来日し、猪木のNWF王座を奪還するべく現役レスラー生活は継続したが、残念ながら猪木へのリベンジは達成することなく終わっている。

　NWF王座は１９７６年８月、新日本がNWAに加盟したことでタイトル名から「世界」の２文字を削除され、以降は「NWFヘビー級選手権」として存続。１９８１年３月、猪木自身が記者会見を行って「乱立する世界王座統一のため、IWGPという新しい目標を掲げてタイトルを返上、封印する」と宣言してミッションを終えた。パワーズから王座を奪って以来7年３カ月。NWFはアントニオ猪木の全盛時代を象徴する忘れじのメモリアル・チャンピオンシップとして、今でもファンの心の中で不滅の輝きを続けている。

初代 ジョニー・パワーズ

反骨の団体NWFの創設者にしてエース

▼初代王者パワーズはNWFの共同創設者にして、プロモーター、エースでもあった（写真は73年、第13代の特写）

在位期間　1971年11月17日～73年12月10日

ベルト戴冠　1971年11月17日（現地時間）＝アメリカ・ニューヨーク州バッファロー

パワーズは1943年3月20日生まれで、同年2月20日生まれのアントニオ猪木と誕生日がわずか1カ月しか違わない。プロレス入りは猪木よりも4年遅かったが、その後に辿ったキャリアを俯瞰すると、まさに2人は出会うべくして出会ったとしか思えない運命にあった。NWFのルーツは68年にパワーズがクリーブランドの興行権を買ったことで、この3年後（71年）にバッファローのプロモーターだったペドロ・マルチネツがNWAを脱退してパワーズに声をかけ、新団体NWFが結成された。当然のようにパワーズが初代王者に認定され、その後は多くの個性派世界王者を経て、新日本プロレスとの提携が決定した73年10月に再びパワーズの腰に戻った。

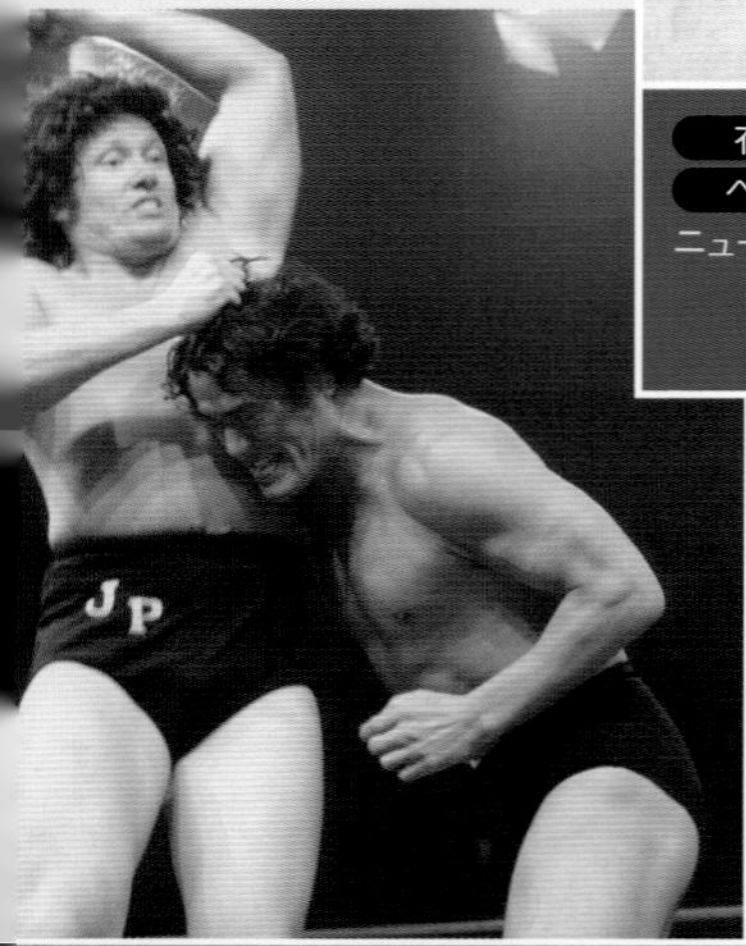

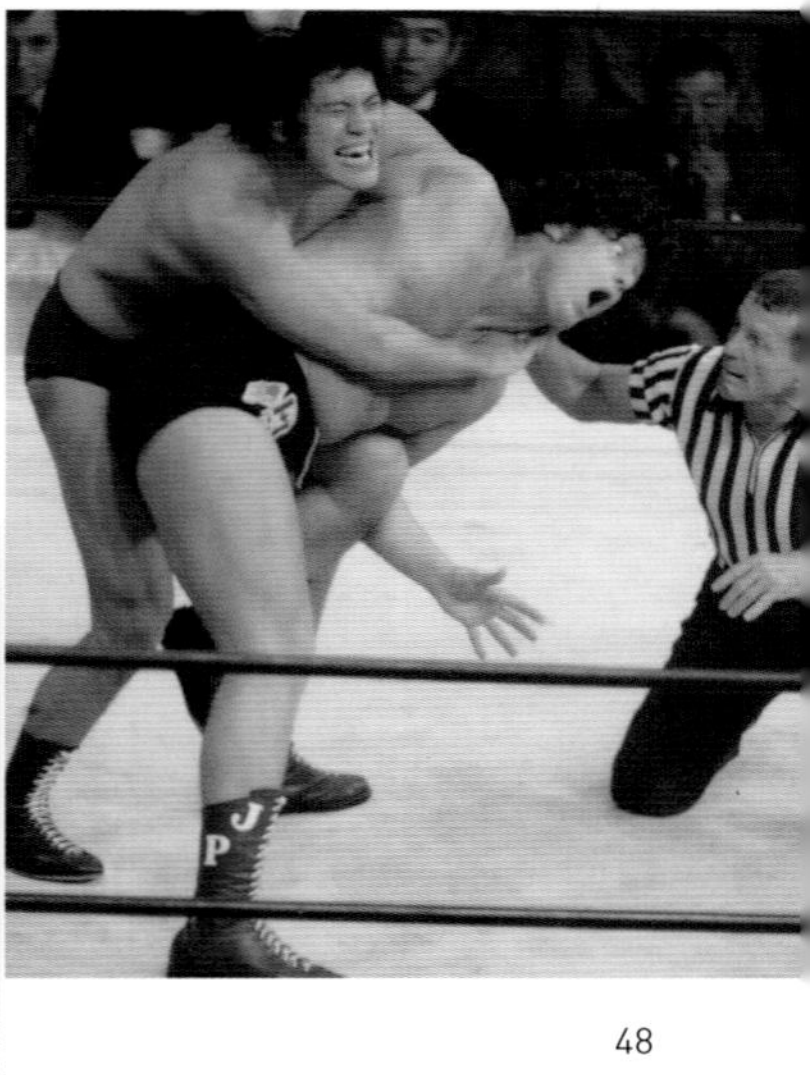

▶第13代王者として来日した73年暮れ、猪木に虎の子の王座を奪われた（12・10東京）

◀77年3・31蔵前で猪木のバックドロップを食らって完敗。これが最後の王座挑戦となった

▼パワーズは得意の8の字固めで猪木を苦しめたが、奪われたNWF王座を再び取り戻すことはできなかった（写真は76年3・18蔵前）

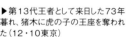

第2代～第13代を彩った ダークな個性派NWF王者たち

代	王者	獲得年月日	場所
第2代	ワルドー・フォン・エリック	1971年11月20日	オハイオ州クリーブランド
第3代	ドン・デヌーチ	1971年12月18日	ニューヨーク州バッファロー
第4代	ワルドー・フォン・エリック	1972年1月5日	ニューヨーク州バッファロー
第5代	アーニー・ラッド	1972年6月9日	オハイオ州クリーブランド
第6代	アブドーラ・ザ・ブッチャー	1972年6月24日	オハイオ州アクロン
第7代	アーニー・ラッド	1972年9月23日	オハイオ州クリーブランド
第8代	ジョニー・バレンタイン	1972年10月19日	オハイオ州クリーブランド
第9代	アーニー・ラッド	不明	不明
第10代	アブドーラ・ザ・ブッチャー	不明	不明
第11代	ジョニー・バレンタイン	1972年10月26日	オハイオ州クリーブランド
	※1973年1月、防衛戦期限切れのため王座剝奪		
第12代	ジャック・ルージョー	1973年1月24日	ニューヨーク州バッファロー
第13代	ジョニー・パワーズ	1973年10月	不明

ワルドー・フォン・エリック
(第2代、第4代)

ドン・デヌーチ
(第3代)

アーニー・ラッド
(第5代、第7代、第9代)

アブドーラ・ザ・ブッチャー
(第6代、第10代)

ジョニー・バレンタイン
(第8代、第11代)

ジャック・ルージョー
(第12代)

※写真は王者時代ではなく、来日時のものです

第14代 “燃える闘魂”黄金時代の幕開け

▼NWF世界王者となった猪木は、数々の名勝負を生み出し、歴史に伝説を刻んだ（写真は74年12・15サンパウロ）

在位期間 1973年12月10日〜1975年2月11日

ベルト戴冠 1973年12月10日＝東京体育館 ／ NWF世界ヘビー級選手権試合（60分3本勝負）／アントニオ猪木（2―1）ジョニー・パワーズ ①猪木（20分26秒 コブラツイスト）パワーズ ②パワーズ（5分49秒 足8の字固め）猪木 ③猪木（5分10秒 卍固め）パワーズ ※猪木が第14代王者となる

防衛戦の相手 ①ストロング小林②アーニー・ラッド③タイガー・ジェット・シン④タイガー・ジェット・シン⑤ジョニー・パワーズ⑥大木金太郎⑦アーニー・ラッド⑧ストロング小林⑨アンドレ・ザ・ジャイアント

1973年12月10日、猪木は東京体育館でパワーズのNWF世界王座に初挑戦。2対1で快勝し、悲願のシングル世界王座獲得を果たした。翌74年3月19日に蔵前国技館でストロング小林を撃破して初防衛を果たした猪木は、そこから新日本の黄金時代をスタートさせた。ラッド、シン、パワーズ、大木、小林、アンドレらの挑戦を退けた猪木は、年内に9度の防衛記録を重ね、同年から発足した「プロレス大賞」で最優秀選手、年間最高試合のダブル受賞に輝いた。しかし、年明け75年の1月にNWF本部から「再度、シンの挑戦を受けよ」との指示を受けたことに激怒して、2月11日に王座を返上。一時はNWFとの絶縁も懸念されたが寸前で回避された。

▲初防衛戦で元・国際プロレスのエース、S・小林と歴史的日本人対決。ジャーマン・スープレックスで劇的勝利を収めた（74年3・19蔵前）

▼2度目の防衛戦は74年3・21オハイオ。元NWF王者ラッドにスパイダーキックで1本奪われるも、ダイビング・ニードロップで奪い返して1対1引き分け防衛

▼◀73年12・10東京
ズに挑戦。3本目、必殺
初めてNWFベルトを巻い

◀前回の選手権でシンの火炎攻撃を受けた猪木は、右ヒジを脱臼させる〝腕折り〟で報復（74年6・26大阪）

▲狂虎シンとの遺恨対決に勝利するも、火炎攻撃を浴びた（74年6・20蔵前）

▶日本プロレス時代の兄弟子・大木と宿命の対決。大木の頭突き連発に耐えてバックドロップで逆転勝利（74年10・10蔵前）

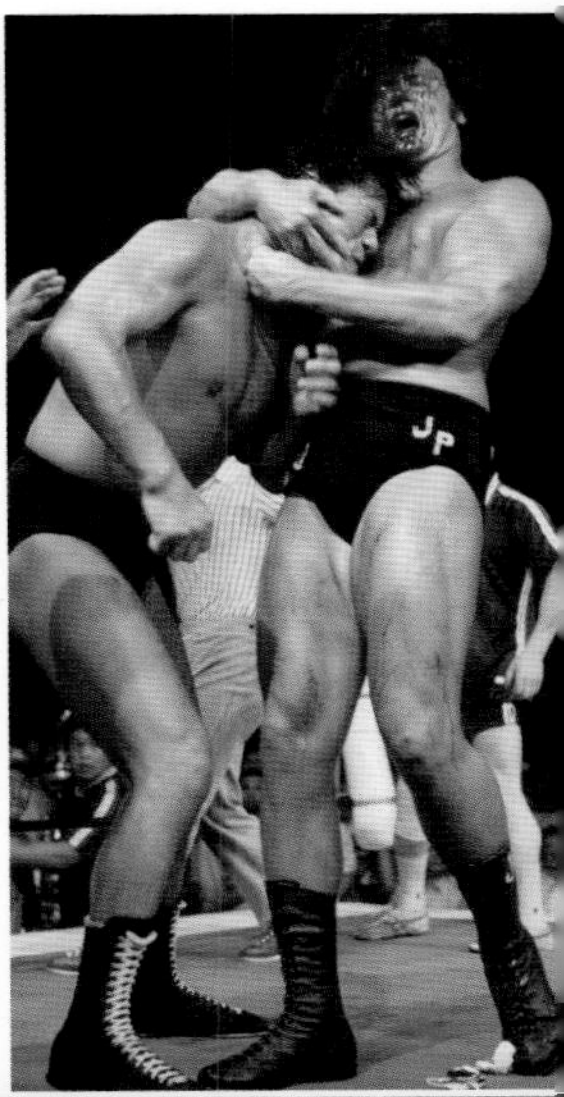

▶前王者パワーズの初挑戦を受けて立ち、3本目に大流血に追い込んで反則勝ち（74年7・30愛知・吹上）

◀74年3月のアメリカに続いて、11・1札幌で〝毒グモ〟ラッドと対戦。3本目、弓矢固めを決めて今度は完勝

▼リベンジに燃えるS・小林と年末に再び激闘を展開。粘る小林を卍固めで仕留めた（74年12・12蔵前）

◀74年暮れ、第二の故郷ブラジルに遠征。大巨人アンドレをNWF戦で迎え撃つも、両者リングアウト引き分けに（12・15サンパウロ）

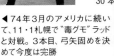

第15代 タイガー・ジェット・シン

猪木から虎の子の王座を初めて奪う

▼73年から血の抗争を繰り広げてきた宿敵シンは「猪木からNWFを奪った初めての男」となった

在位期間	1975年3月13日〜6月26日
ベルト戴冠	1975年3月13日＝広島県立体育館 ／ NWF世界ヘビー級王座決定戦（60分1本勝負）／タイガー・ジェット・シン（19分26秒 体固め）アントニオ猪木 ※シンが第15代王者となる
防衛戦の相手	①アントニオ猪木②アントニオ猪木

シンとの対戦に重い腰をあげた猪木は、1975年3月13日に広島県立体育館で王座決定戦に臨んだが、ブレーンバスターからカウンターのエルボースマッシュを受け、3カウントを奪われ完敗。翌週3月20日に蔵前国技館でリターンマッチを挑んだが、これも両者リングアウトで逃げられ、NWFベルトは海を越えてカナダに持ち去られた。5月19日にはシンのホームであるカナダ・モントリオールに遠征して2度目の挑戦を試みた猪木だったが、これも1対1から反則勝ちで王座獲得には至らず。シンは王座期間に「本拠地トロントでブルドッグ・ブラワー、ハンス・シュミットと防衛戦を行った」とマスコミ報道されたこともあったが、実際には行われていない。

◀猪木は75年3・20蔵前でリターンマッチに臨んだが、熱くなりすぎて両者リングアウトに

▲猪木の至宝をまんまと手に入れ、あざ笑うシン（75年3・13広島）

◀猪木相手の初防衛戦でベルトを死守したシン（75年3・20蔵前）。NWF王座は海を渡った

▼ボディースラム気味の独特のブレーンバスターで猪木を叩きつけ、エルボーを打ち込んでNWF王座を奪取（75年3・13広島）

アントニオ猪木

第16代

日本を超えて、世界中に「INOKI」の名を轟かす

1975年6月26日、蔵前国技館でシンを2対1で破り王座奪還に成功した猪木は、そこから4年8カ月の第2次王座期間に27度の防衛記録を重ねた。期間中の75年8月にNWAに加盟したことにより「世界」の2文字が削除されて「NWFヘビー級王者」と名称変更を余儀なくされたが観客動員に影響はなく、猪木のカリスマ的な人気はこの期間に国民的セレブリティの域に達している。76年2月からは「格闘技世界一決定戦」という前人未踏のジャンルに踏み出して、78年12月にはWWWF（当時）から「格闘技世界ヘビー級王座」のベルトも与えられたことから、シングル2冠王として毎月のように防衛ロードを驀進。「世界の猪木」として日亜欧米を股にかけた。

▼2度目の王者時代も歴史に残る活躍ぶりで、黄金時代を確固たるものにした（写真は79年10・4蔵前、シン戦）

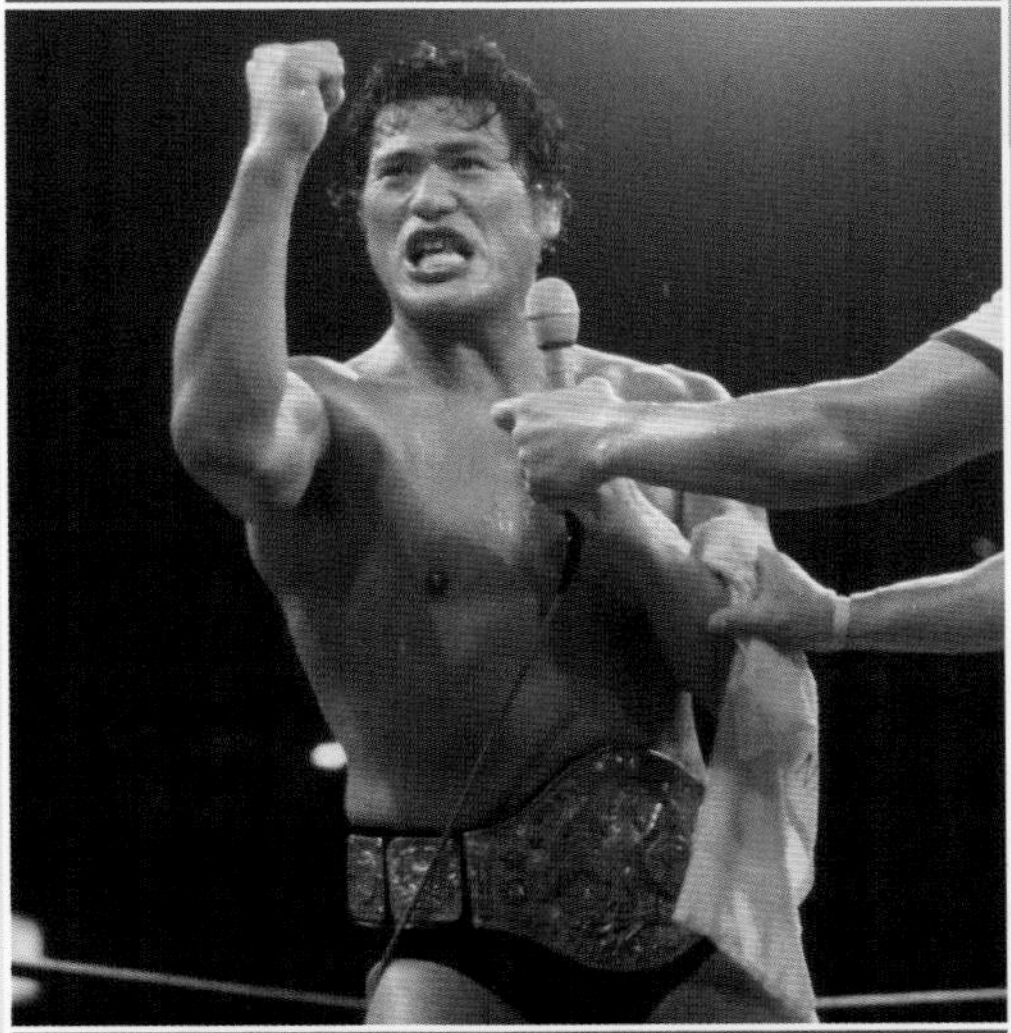

在位期間 1975年6月26日～1980年2月8日

ベルト載冠 1975年6月26日＝東京・蔵前国技館／NWF世界ヘビー級選手権試合（60分3本勝負）／アントニオ猪木（2―1）タイガー・ジェット・シン　①猪木（10分41秒 ジャパニーズ・レッグロール・クラッチホールド）シン　②シン（2分47秒 アルゼンチン・バックブリーカー）猪木　③猪木（4分28秒 体固め）シン　※シンが3度目の防衛に失敗。猪木が第16代王者となる

防衛戦の相手 ①ルー・テーズ②ビル・ロビンソン③ジョニー・パワーズ④タイガー・ジェット・シン⑤パク・ソン⑥イワン・コロフ⑦タイガー・ジェット・シン⑧ジョニー・パワーズ⑨アンドレ・ザ・ジャイアント⑩スタン・ハンセン⑪パット・パターソン⑫タイガー・ジェット・シン⑬マスクド・スーパースター⑭ボブ・バックランド⑮ペドロ・モラレス⑯タイガー・ジェット・シン⑰クリス・マルコフ⑱ボブ・ループ⑲タイガー・ジェット・シン⑳ニコリ・ボルコフ㉑エル・カネック㉒ジャック・ブリスコ㉓タイガー・ジェット・シン㉔タイガー・ジェット・シン㉕スタン・ハンセン㉖タイガー・ジェット・シン㉗ダスティ・ローデス㉘ペドロ・モラレス㉙グレート・ハッサン・アラブ

▲75年12・11蔵前で人間風車ロビンソンと初対決。1本目を奪われるも、60分タイムアップ寸前に卍固めで2本目を奪い返す劇的展開に（試合は1対1のまま時間切れ）

▼韓国に乗り込み、パクと対戦。現地のスターを血ダルマにしてリングアウト勝ちするという凄惨な試合となった（76年10・10ソウル）

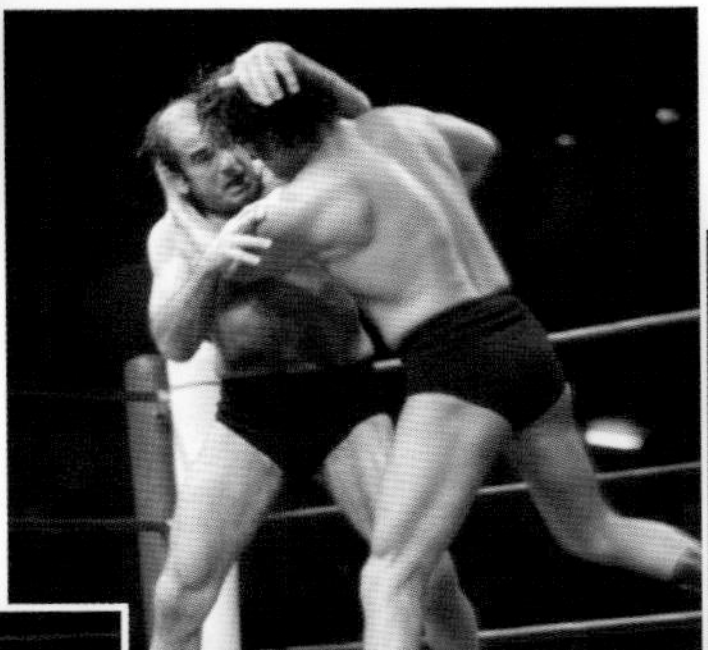

▲日本プロレスの若手時代以来となる鉄人テーズとの一騎打ちは、ブロックバスター・ホールドでフォール勝ち（75年10・9蔵前）

▼75年6・26蔵前でシンから王座を奪回。この試合はシンが珍しくクリーンファイトに徹し、猪木vsシン史上に残る名勝負となった

▼アンドレと国内で初めて防衛戦を行い、両者リングアウト引き分け。しかもこれがアンドレとの最後の選手権となった（77年6・1名古屋）

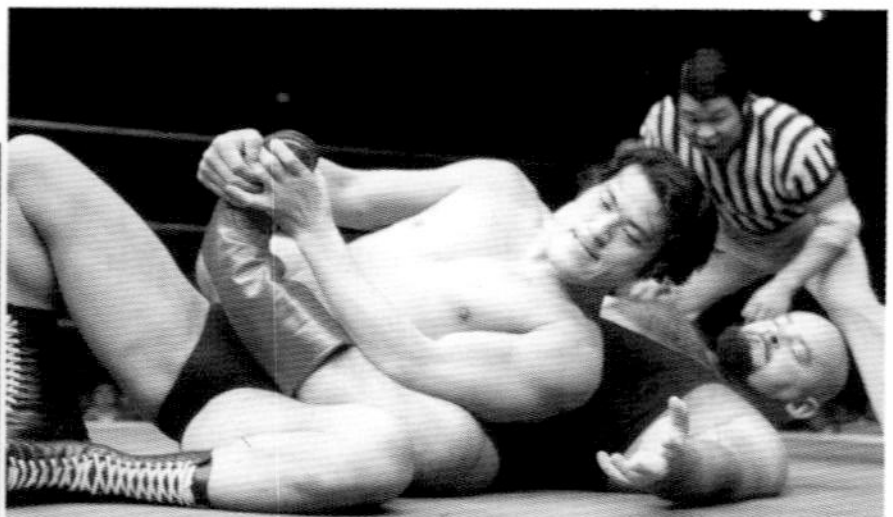

◀元WWWF世界ヘビー級王者であるロシアの怪豪コロフを迎撃。コロフの怪力殺法を凌ぎ、逆さ押さえ込みで辛勝（76年12・2大阪）

▼77年1月に新日本参戦を果たしたハンセンの初挑戦を9・2名古屋で受けて立ち、バックドロップで完勝

▼ WWWFヘビー級王者バックランドとダブル選手権で激突。1対0で試合には勝つも、ルールによりWWWF王座は奪えず、NWF王座を防衛（78年6・1日本武道館）

▲覆面ライバルのM・スーパースターを卍固めで一蹴（78年3・30蔵前）

◀メキシコで初の防衛戦を敢行。カネックをブレーンバスターで叩きつけ、2対0で快勝（79年4・22メキシコシティ）

▶元NWA世界ヘビー級王者ローデスと初対決。血ダルマのローデスが逆上・暴走したため、反則勝ちを拾った（79年11・1札幌）

▼〝プロレスの殿堂〟ニューヨークMSGで初の防衛戦。アラブ（＝アイアン・シーク）を延髄斬りで一蹴（79年12・17 MSG）

▶日本プロレス時代のライバルで元NWA世界ヘビー級王者のブリスコをエビ固めで押さえ込んだ（79年5・10福岡）

第17代 必殺ラリアットで宿敵・猪木から王座を強奪

▼ハンセンは猪木からNWFを奪うことで新日本ナンバーワン外国人の座を不動のものとした（80年2・8蔵前）

在位期間　1980年2月8日〜4月3日

ベルト戴冠　1980年2月8日＝東京体育館／NWFヘビー級選手権試合（61分1本勝負）／スタン・ハンセン（17分12秒 リングアウト勝ち）アントニオ猪木　※猪木が28度目の防衛に失敗。ハンセンが第17代王者となる

1980年2月8日、ハンセンは東京体育館で3度目のNWF挑戦に漕ぎつけ、不用意に場外からエプロンに駆け上がった猪木に横殴りのウエスタン・ラリアットを叩きつけ、リングアウトで勝利。念願のベルトを腰に巻いた。猪木は19日後の2月27日に極真空手のウィリー・ウイリアムスとの試合が控えていたことでオーバーワーク状態になっており、ハンセンの突進力をかわすべき反射神経に通常のキレが見られず完敗。ウィリー戦（引き分け）を終えたあとにハンセンとのリターンマッチに挑み（4月3日、蔵前国技館）、トップロープ越しの豪快なブレーンバスターで3カウントを奪取し、リベンジに成功した。ハンセンは一度も防衛記録を残せぬ屈辱に甘んじた。

◀初防衛戦でも、エプロン上でブレーンバスターを放つなどデンジャラスな攻撃を仕掛け、猪木を追い込んだ（80年4・3蔵前）

▶トップロープ越しのブレーンバスターを浴びて3カウントを許し、猪木にベルトを奪い返された（80年4・3蔵前）

▲80年4・3蔵前のリターンマッチには王者としてベルトを巻いて登場

▼エプロンに立
アットで場外に吹
グアウト勝ちでNW
（80年2・8蔵前）

第18代 IWGPを視野にNWF王座の封印を決断

▼第3次政権では、もっぱらハンセンとベルトをめぐる抗争を展開（写真は80年5・9福岡、ハンセン戦）

在位期間 1980年4月3日～1981年4月17日

ベルト戴冠 1980年4月3日＝東京・蔵前国技館／NWFヘビー級選手権試合（61分1本勝負）／アントニオ猪木（12分55秒 体固め）スタン・ハンセン ※ハンセンが初防衛に失敗。猪木が第18代王者となる

防衛戦の相手 ①スタン・ハンセン②ラリー・シャープ③スタン・ハンセン④スタン・ハンセン⑤ケン・パテラ⑥ハルク・ホーガン⑦ボビー・ダンカン⑧ケン・パテラ⑨スタン・ハンセン

3度目の王座戴冠を果たした猪木だったが、37歳という年齢からくる体力の衰えが目立ちはじめ、この期間の防衛戦には往年のような名勝負はなかった。ハンセンをはじめホーガン、ダンカン、パテラらを相手に8度の防衛に成功したが、この王座期間中の1980年4月にはメキシコでT・J・シンからUWA世界ヘビー級王座を奪取し、自らのNWFには「世界」がないのに、他の地区の世界王座を奪取して2冠王になるという「矛盾」も指摘された。王座乱立を嫌った猪木自身が81年3月、NWF王座の「封印」を発表。世界王座統一イベント「IWGP」を立ち上げるにあたり、自ら率先した行動であったが、余りの勇断に内外から驚きの声があがって話題となった。

◀80年春から新日本参戦を開始した新鋭ホーガンをブレーンバスターでマットに沈めた（80年11・3蔵前）

▲ハンセンに掟破りの"逆ラリアット"を放ち、逆さ押さえ込みで王座を死守した伝説の一戦（80年9・25広島）

▶NWF封印を決断し最後の2連戦を敢行。4・17鹿児島では猪木がベルト、ハンセンがテンガロンハットとコスチュームを懸けたが、フェンス外の乱闘（オーバー・ザ・フェンス）でタイトル没収

▼WWFの
チ、シェイ・ス
に出場し、L
髄斬りで楽
ニューヨーク

第19代

新日本の猪木名勝負史を彩ったNWF王座を返上

▼王者決定戦でハンセンに勝利し、ベルトとともに戦利品であるハンセンのコスチュームを獲得。これがNWFベルトを巻いた猪木の最後の雄姿となった（81年4・23蔵前）

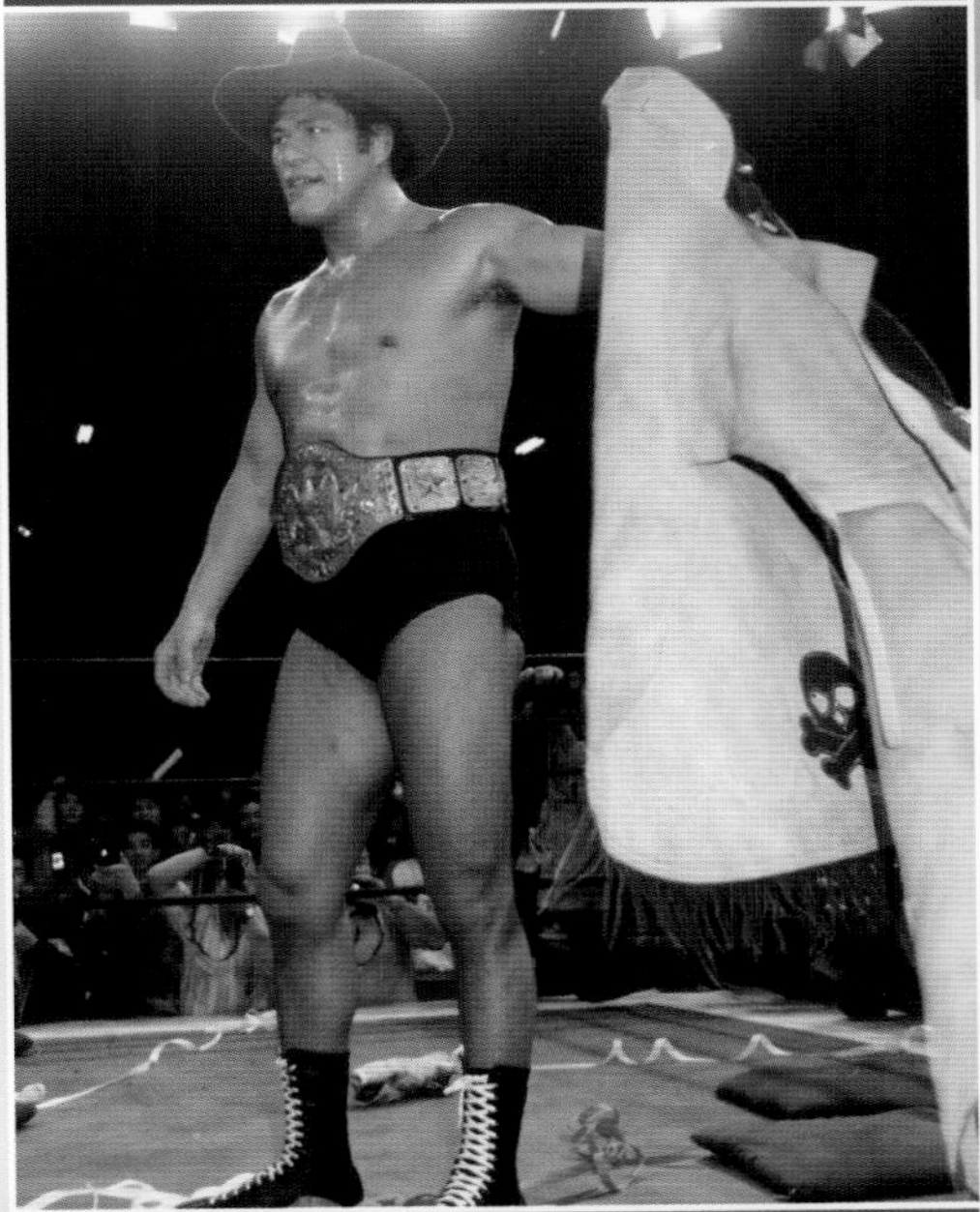

在位期間 1981年4月23日
ベルト戴冠 1981年4月23日＝東京・蔵前国技館／NWFヘビー級王座決定戦（60分1本勝負）／アントニオ猪木（12分56秒 体固め）スタン・ハンセン ※猪木が第19代王者となるも、IWGP参加のため同日、王座返上

1981年4月1日、第18代王者・猪木自身から「王座封印の前にボブ・バックランド（4月17日、鹿児島県立体育館）とスタン・ハンセン（4月23日、蔵前国技館）を相手に防衛戦を行い、スッキリと勝利してベルトを返上したい」との希望が出され、コミッショナーがこれを受諾。バックランドはシリーズに参戦中だったが、WWFの都合によってニューヨークへの帰国が早まったため、急遽17日はハンセンが代役となり、ハンセンとの2連戦に切り替えられた。17日の鹿児島は没収試合となり、王座はコミッション預かり。23日蔵前は猪木がニードロップで快勝し第19代王者となり、晴れてリング上でベルトを返上。NWF王座は封印となった。

◀ハンセンに勝利してNWFベルトをファンに誇示（81年4・23蔵前）

▲コーナー最上段からのキック、ダイビング・ニードロップでハンセンにフォール勝ちし、ベルトを取り戻した（81年4・23蔵前）

◀戦前の公約どおり、IWGP構想推進のため、NWFベルトをコミッショナーに返上した（81年4・23蔵前）

▼〝最後のNWF戦〟
猛攻に苦しめられな
り連発で活路を見出
につなげた（81年4

NWF王座のその後

中邑真輔

髙山善廣

新日本マットで〝外敵王座〟として一時復活

２００２年夏、新日本プロレスと外敵軍の抗争が勃発。外敵の藤田和之（当時・猪木事務所所属）は8・29日本武道館でプロデュース興行を開催し、自身が音頭をとって復活させたNWFヘビー級王座の決定トーナメントを実行した。参加選手は全て外敵で、藤田、高山善廣、安田忠夫、髙阪剛の4人。武道館の1回戦では、藤田が高山に完敗。翌03年1・4東京ドームの王座決定戦（決勝戦）で髙阪をヒザ蹴りで下した高山がベルトを腰に巻いた。

その後、高山は7度の王座防衛に成功（①2・16両国国技館＝柳澤龍志 ②3・23兵庫・尼崎市記念公園総合体育館＝スコット・ノートン ③NOAH4・13有明コロシアム＝力皇猛 ④5・2東京ドーム＝永田裕志、IWGPヘビー級王座とのダブルタイトルマッチ ⑤6・13日本武道館＝中邑真輔 ⑥7・13金沢・石川県産業展示館4号館＝安田忠夫 ⑦9・21神奈川・相模原市立総合体育館＝鈴木みのる）。04年1・4東京ドームでIWGPヘビー級王者・中邑とのダブルタイトルマッチに臨んだが、チキンウイング・アームロックで敗北。2冠王となった中邑は「IWGP一本で十分」と語り、試合後にNWF王座を返上・封印した。

PWFヘビー級王者

初代ベルト

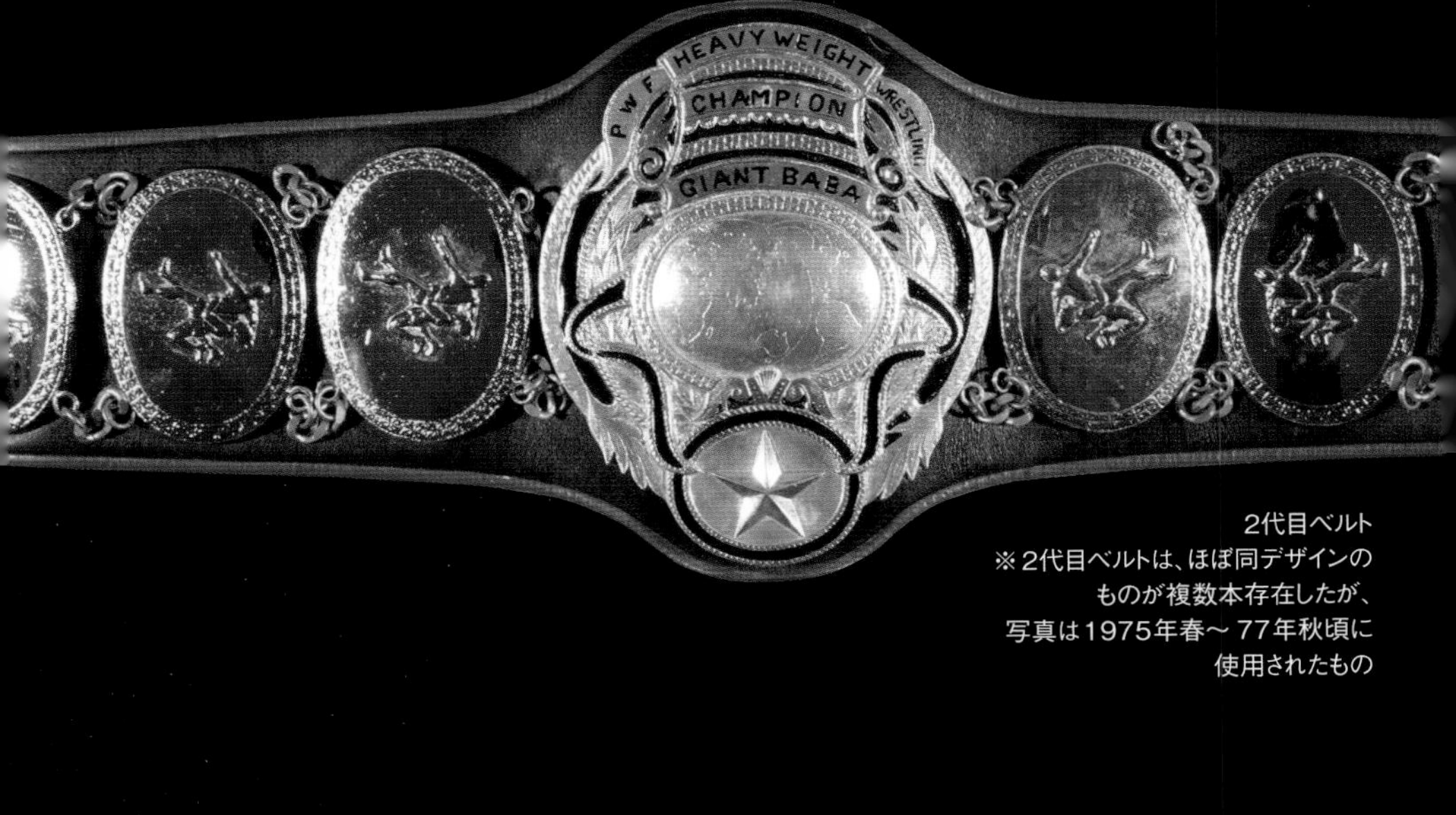

2代目ベルト
※2代目ベルトは、ほぼ同デザインのものが複数本存在したが、写真は1975年春～77年秋頃に使用されたもの

「力道山ゆかりのベルト」と「NWAの後押し」

インター王座を手放した馬場に幸運が舞い込む

日本プロレスの絶対的なエースだったジャイアント馬場（当時34歳）は１９７２年7月29日、東京プリンスホテル「有明の間」で記者会見を行い、日本プロレス興業株式会社と選手会に辞表を提出したことを発表、8月18日の興行(宮城県石巻市)を最後にフリーランスとなった。その8月18日の時点でシングルのインターナショナル選手権、インターナショナルタッグ選手権（パートナーは坂口征二）の2大タイトルを所持していた馬場は、当初「タッグのほうは返上するが、シングルのインターナショナル選手権ベルトは持参したい」と発言し、8月下旬から日本プロレスの幹部と交渉に入った。幹部は8月24日に記者会見を開き、「このタイトルは日本プロレス興業の財産であり、NWAの認可を受けている。個人に帰属するものではない。馬場選手がどうしても持参したいと主張するのであれば、日本プロレスが指名する選手と対戦し、防衛するという条件を付ける」と反駁し、既に次期シリーズの日程に入っていた田園コロシアム大会（9月6日）で大木金太郎の挑戦を受けるよう要請した旨を発表。馬場は数日間態度を保留したが、9月2日に「日本プロレスを出ていくにあたり、無用な争いは避けたい。インター王座は返上する」とコメントして、１９６５年11月から長期間腰に巻いていた愛着のあるインターナショナル選手権に無念の別れを告げた。

1972年9月に全日本プロレスを創設した馬場は10月16日、ヒルトンホテルで百田敬子さん（力道山未亡人）同席のもと会見を開き、百田家の全面協力を得たことを発表。同時に、力道山ゆかりのインターナショナルベルト（2代目ベルト）の寄贈を受け、新たに「世界ヘビー級選手権」として争奪戦を行うことも表明した

9月18日、再び東京プリンスホテルで記者会見を開いた馬場は、新団体「全日本プロレス」の設立を発表し、ブルーノ・サンマルチノ、テリー・ファンクを含む7人の豪華外国人招聘選手と所属日本人選手等、旗揚げシリーズの全貌を披露した。インターナショナル選手権を返上したことで、団体の看板、シリーズの軸となるタイトルを獲得することを急務と感じた馬場は、日本テレビを通じて力道山未亡人の田中敬子氏（当時は百田敬子）にコンタクトしたところ、同氏より「力道山が使用していた時代のインターナショナル選手権ベルトを寄贈したい」と願ってもない申し出を受けた。10月16日に馬場は百田家（敬子氏、長男・義浩、次男・光雄）と合同で記者会見（東京ヒルトンホテル）を開き、旗揚げにあたって百田家の全面的な支援を得たことを発表。その席で「旧インター・ベルト（2代目ベルト）」も披露して、「このベルトは百田家から寄贈され、全日本のリングで『世界ヘビー級選手権』として復活させる。ただし、世界の強豪と闘って勝ち抜くことを自らに課し、それが達成できたときに私の腰に

全日本旗揚げ「前夜祭」（1972年10・21東京・町田市体育館）のリング上で、あらためて百田家から寄贈された黄金のベルト（旧インターナショナルベルト）をファンに披露

巻きたい。開幕シリーズではサンマルチノとテリー・ファンクを相手に争奪戦シリーズをスタートさせるが、最終的には10人の相手を倒すことを目標にする」と詳細を説明した。

百田敬子氏が保管していた2代目インター・ベルトは、１９６２年4月、当時〝鉄人〟ルー・テーズが所有していた「ＮＷＡ世界ヘビー級選手権ベルト（１９６０年からはロサンゼルスのＷＷＡ世界ヘビー級王座ベルトとして使用）」を日本プロレスが短期間借り受けて東京のトロフィー製造会社で精巧に複製したもので、力道山が１９６２年11月から急死前の63年12月まで実際のリング（防衛戦）で使用した由緒あるものだった。

まず旗揚げシリーズの第1戦、10月22日の両国日大講堂でサンマルチノとの間に「世界ヘビー級選手権・王座争奪第1戦」を行った馬場は、1対1から両者カウントアウト（ダブルフォール）で引き分け。続いて10月30日に名古屋・愛知県体育館でテリー・ファンクを相手に行った争奪第2戦目は2対1で快勝し、まずはベルト獲得に向けて順調な滑り出しを見せた。

続いて年末シリーズに招聘したアブドーラ・ザ・ブッチャーに2対1（12月6日、山形・米沢市体育館）、ザ・デストロイヤーに2対1（12月19日、新潟市体育館）と連勝して通算3勝1引き分けと大きく勝ち越し、年末に事務所に集まったマスコミに対し「あと6戦、納得のいく戦績を残して、誰からも後ろ指をさされない立場で力道山先生の遺産を腰に巻きたい」と自信に満ちたコメントを発した。

猪木・新日本よりも早く看板タイトルを創設

年が明けた1973年の新春シリーズにもウィルバー・スナイダーとドン・レオ・ジョナサンという超一流の強豪を招聘し、まずは1月6日の岐阜市民センターでスナイダーと対戦し、1対1から両者リングアウトで引き分け。1月11日に熊本県体育館で再戦し、今度は2対1と完全勝利をおさめた馬場は、1月25日の両国日大講堂でジョナサンと対戦し、2対1で勝って通算成績を5勝2引き分けに伸ばした。

2月のシリーズは「ジャイアント・シリーズ結集戦」と銘打ってブルーノ・サンマルチノ、パット・オコーナー、ボボ・ブラジルの3人を招聘しベルト争奪戦は佳境を迎え、まず2月15日に札幌中島スポーツセンターでサンマルチノを迎撃。争奪戦の初戦で引き分けていただけに「時間無制限1本勝負」という異例の形で行われたが、馬場とサンマルチノが激しいタックルの相打ちとなり、先に仰向けにダウンしたサンマルチノの上に馬場が重なる形で「ラッキーな3カウント」を奪取。最大のライバル、難関であった相手のクリヤーに成功した。2月20日の仙台・宮城県スポーツセンターでは元NWA世界ヘビー級王者パット・オコーナーを相手に第9戦を行い、バックドロップ、河津掛け、ジャンピング・ネックブリーカードロップの3大兵器を集中して見事に2対1で快勝した。そしてシリーズ最終戦の2月27日、両国日大講堂には、かつてインターナショナル王座を奪われたことのある因縁のライバル、ボボ・ブラジルを相手に争奪戦の第10戦を行い、32

全日本旗揚げシリーズ第1戦（1972年10・22日大講堂、ブルーノ・サンマルチノ戦）から始まった「世界ヘビー級王座争奪試合」を勝ち越し、1973年2・27日大講堂でボボ・ブラジルを破った馬場が晴れて王座に就いた

文ドロップキックとネックブリーカードロップで堂々の2フォールを奪い2対1で快勝し、初めて「力道山ゆかりのベルト」を腰に巻いた。

　試合後の控室で馬場は記者団の質問に対し、「今日、ブラジルに勝って8勝2引き分けという納得できる戦績を残せたので、ベルトを巻いた。全日本プロレスは2月3日付でＮＷＡに加盟できたので、今後はＮＷＡと相談して、このベルトの名称や管理、運営の方法を決めていきたい」と明確な方向性を打ち出した。これは旗揚げ後1年が経過していたにもかかわらず、団体の看板となるタイトルを保有していなかったアントニオ猪木（と新日本プロレス）に対する優位をアピールしたもので、全米の主要プロモーターとの強いコネクションを利用してＮＷＡのメンバーシップを獲得した馬場にとっては「強烈な先制パンチ」を浴びせた形になった。

　3月16日に事務所で記者会見を開いた馬場は、日大講堂で巻いたベルトについて、「ＮＷＡはハワイのホノルルに本部を置く傘下組織のＰＷＦ（パシフィック・レスリング・フェデレーション）を新設し、私を初

1973年3月16日、馬場・全日本が事務所で記者会見。NWAの傘下組織 PWF（本部はハワイ・ホノルル）が設立され、世界ヘビー級王座は「PWF認定世界ヘビー級王座」の名称となること、馬場が初代王者に認定されたことが正式発表された（馬場の右はPWF初代会長、ロード・ブレアース）

代のＰＷＦ認定世界ヘビー級チャンピオンに認定することを決定した。ＰＷＦの初代会長にはロード・ブレアースが就任する」と発表。ここに、全日本プロレスの看板タイトルが誕生することとなって、馬場は日本プロレス時代同様、各シリーズのエース外国人を相手にＰＷＦ世界ヘビー級王座防衛戦を行うことができる興行環境を整えることに成功した。

　この王座は１９７３年暮れまで「世界」の２文字を有したが、翌74年１月に来日したＮＷＡ会長のサム・マソニックの勧告によって「世界」を削除し、長崎国際体育館における１月23日の試合（ジャック・ブリスコの保持するＮＷＡ世界ヘビー級選手権とのダブルタイトルマッチ）から「ＰＷＦヘビー級選手権」という名称に変更して継続することになった。これは事実上の「格下げ」ではあったが、ＮＷＡとの協調を優先した馬場にとって必要な「勇気ある決断」でもあった。

　草創期から馬場・全日本の歴史を刻み続けたＰＷＦ王座は１９８９年４月、三冠ヘビー級王座に統一された。

初代 ジャイアント馬場

空前絶後の在位5年超、38回の防衛記録を誇る

馬場は全日本を旗揚げしてわずか4カ月後にNWAへの加盟が認められたため、PWF王座の挑戦者は各NWA地区から招聘された大物揃いで、各シリーズの最終戦にタイトルマッチが組まれるのが定番となった。1978年6月に王座を失うまでの5年間に38回の防衛を重ねたが、これは当時の日本記録（それまではIWA世界王者ストロング小林が樹立した25回が最高）で、日本プロレスのインター王者時代とは一味違う円熟した試合運びで記録を伸ばした。初代王者期間のハイライトは74年12月5日の日大講堂で、3日前（12月2日）に鹿児島で奪取したNWA世界ヘビー級王座も懸けてのダブルタイトル戦でジャック・ブリスコを撃破し、猪木を大いに牽制した。

▼全日本旗揚げ後、力道山ゆかりのベルト（インターナショナル王座として使用されたもの）を継承した馬場は初代PWFヘビー級王者として君臨（写真は73年8・21札幌、オコーナー戦）

在位期間 1973年2月27日～1978年6月1日

ベルト戴冠 1973年2月27日＝東京・日大講堂／世界ヘビー級選手権争奪試合・第10戦（60分3本勝負）／ジャイアント馬場（2－1）ボボ・ブラジル　①ブラジル（17分19秒 体固め）馬場　②馬場（6分7秒 体固め）ブラジル　③馬場（1分35秒 体固め）ブラジル　※争奪戦8勝2分けの成績で、力道山ゆかりの世界ヘビー級王座を獲得。同年3月16日、NWAの傘下組織PWFが認定する世界ヘビー級王座として、馬場が初代王者となる

防衛戦の相手 ①ザ・シーク②ザ・シーク③アブドーラ・ザ・ブッチャー④アブドーラ・ザ・ブッチャー⑤パット・オコーナー⑥ドリー・ファンク・ジュニア⑦ハーリー・レイス⑧フリッツ・フォン・エリック⑨フリッツ・フォン・エリック⑩ジャック・ブリスコ⑪ハーリー・レイス⑫プロフェッサー・タナカ⑬ドリー・ファンク・ジュニア⑭ジン・キニスキー⑮アブドーラ・ザ・ブッチャー⑯ペドロ・モラレス⑰テリー・ファンク⑱アブドーラ・ザ・ブッチャー⑲アブドーラ・ザ・ブッチャー⑳ディック・マードック㉑ブラックジャック・マリガン㉒ジャック・ブリスコ㉓クリス・マルコフ㉔ハーリー・レイス㉕ディック・ザ・ブルーザー㉖ボボ・ブラジル㉗ディック・ザ・ブルーザー㉘ブルーノ・サンマルチノ㉙オックス・ベーカー㉚ワフー・マクダニエル㉛ビル・ロビンソン㉜アブドーラ・ザ・ブッチャー㉝ザ・スピリット㉞バロン・フォン・ラシク㉟ビル・ロビンソン㊱大木金太郎㊲ケン・パテラ㊳大木金太郎

▲初防衛戦の相手はアラビアの怪人シーク。4・24大阪（写真）、4・25日大の選手権2連戦とも勝利した

◀争奪試合第10戦でブラジルにネックブリーカードロップ3連発を決めて完勝。争奪戦8勝の好成績を残した馬場が晴れて初代王座に就いた（73年2・27日大）

◀争奪試合第4戦でデストロイヤーに勝利（72年12・19新潟）。この試合の敗戦によりデストロイヤーは日本陣営に入ったのでPWF選手権で馬場と闘うことはなかった

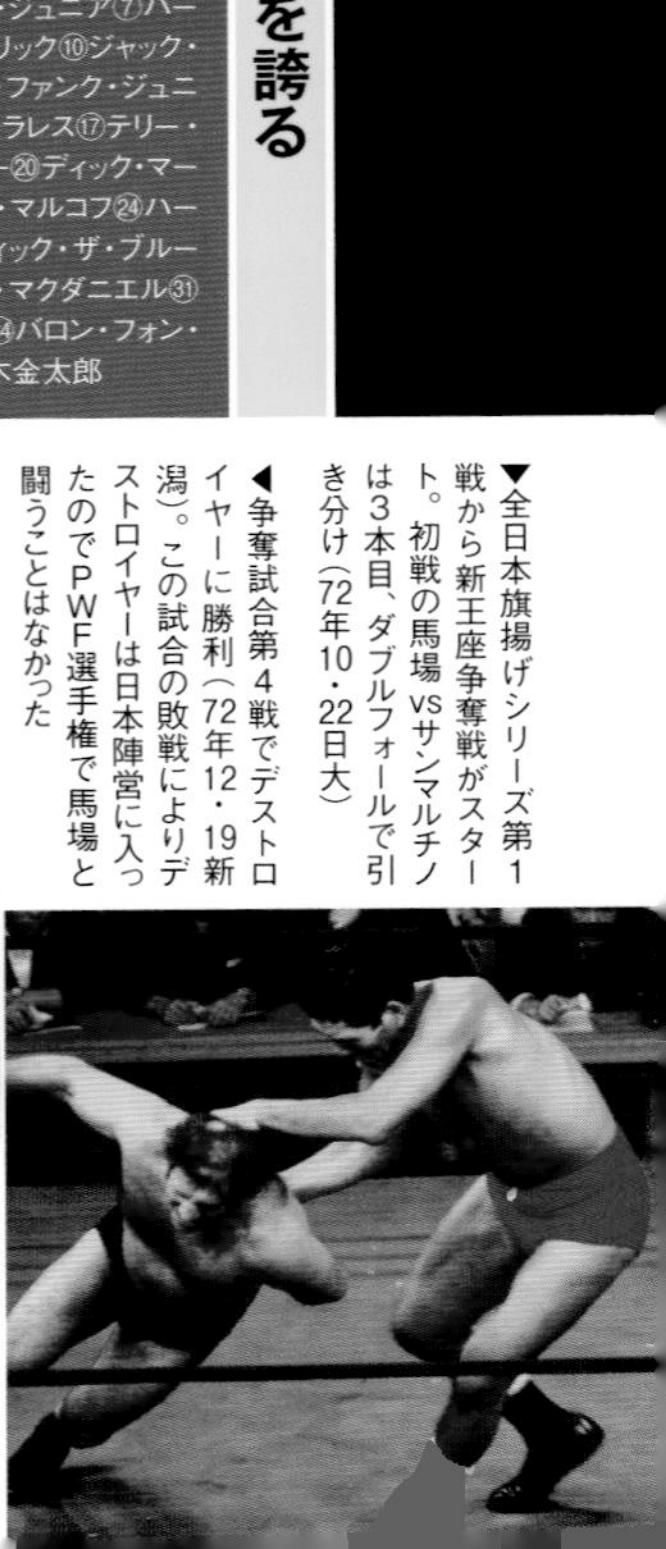

▼全日本旗揚げシリーズ第1戦から新王座争奪戦がスタート。初戦の馬場vsサンマルチノは3本目、ダブルフォールで引き分け（72年10・22日大）

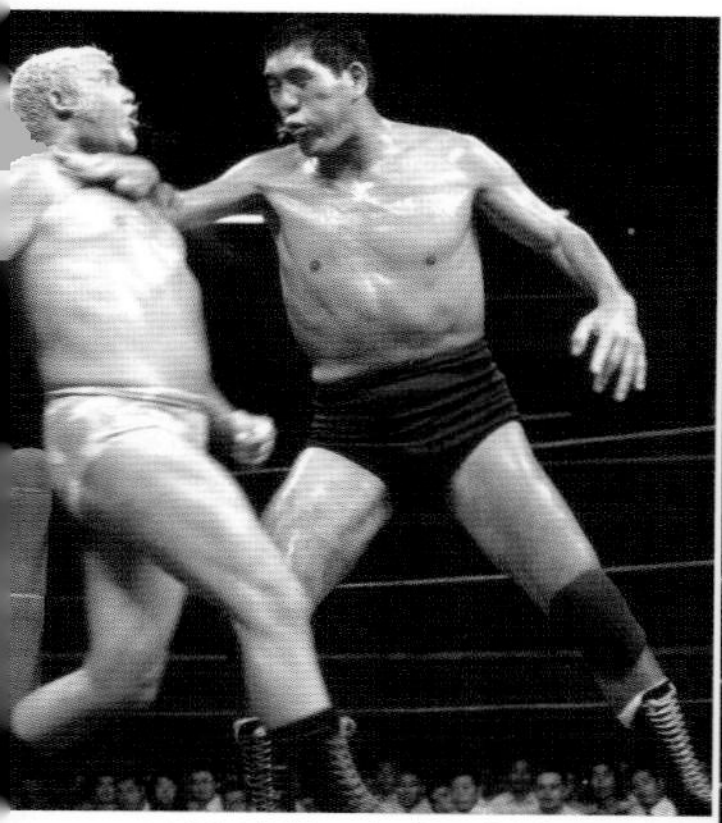

▲NWA世界ヘビー級王座を初戴冠（すぐに転落）したばかりのレイスを73年9・13日大で迎撃（2対1で勝利）。レイスも常連の好敵手だった

▼魔術師オコーナーから2本目に河津落とし、3本目にネックブリーカーで連取し王座を堅守（73年8・21札幌）

▶73年6・14川崎の防衛戦（写真＝2対1で勝利）を皮切りに宿敵ブッチャーとは何度もPWF選手権で激突した

▶鉄の爪エリックと選手権2連戦を敢行。73年12・13大阪（2対1で勝利）、12・14日大（写真。フォール勝ち）ともに王座防衛

◀73年12・13大阪のエリック戦から2代目ベルトに新調された（写真は74年1・23長崎のブリスコ戦。ブリスコ戦以降、王座名から「世界」の2文字を削除）

▼日本プロレス時代にインター王座を奪われた苦い経験のあるキニスキーに2対1で完勝（74年3・15仙台）

◀NWA世界ヘビー級王者ブリスコとダブルタイトル戦で激突。1対1から両者リングアウト引き分けでPWFは防衛するもNWAは奪えず（74年1・23長崎）

▶73年9月に続いて74年1・30日大でドリーと2度目の防衛戦。1対1のまま61分時間切れのあと、異例の5分延長戦に突入するもタイムアップ

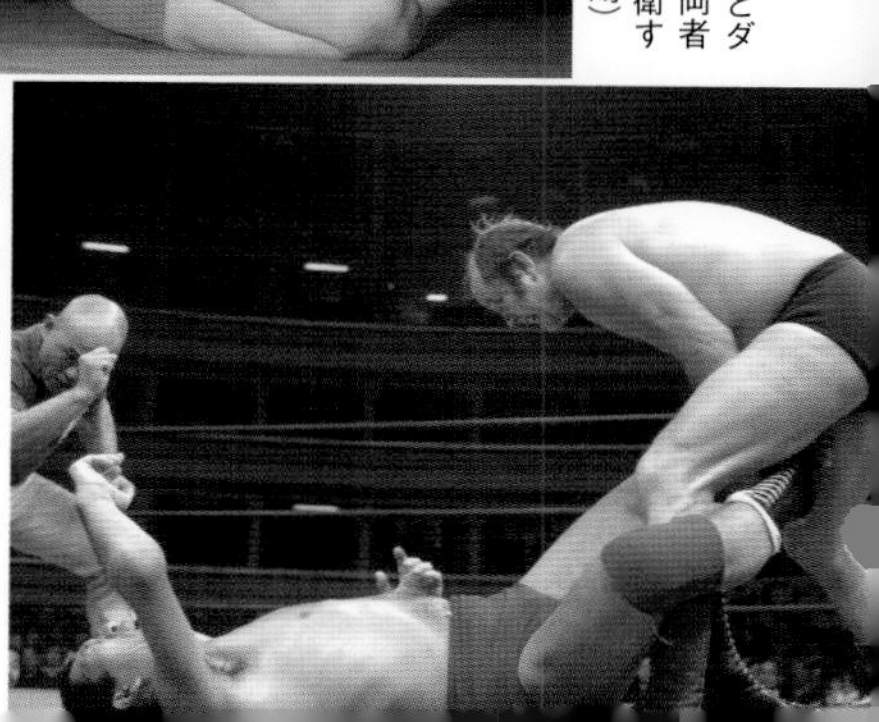

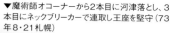

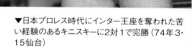

◀悲願のNWA世界ヘビー級王座に就いた馬場は74年12・5日大でダブルタイトル戦を敢行。ブリスコを2対1で破りNWA&PWF2大王座を防衛

◀日本プロレス時代からの大親友モラレス（元WWWF世界ヘビー級王者）を2対1で下し王座防衛するとともにMSG杯を獲得（74年6・13東京）

▼74年8・9蔵前でテリーに2対1で完勝。テリーが馬場のPWFに挑戦したのはこれ一回きり

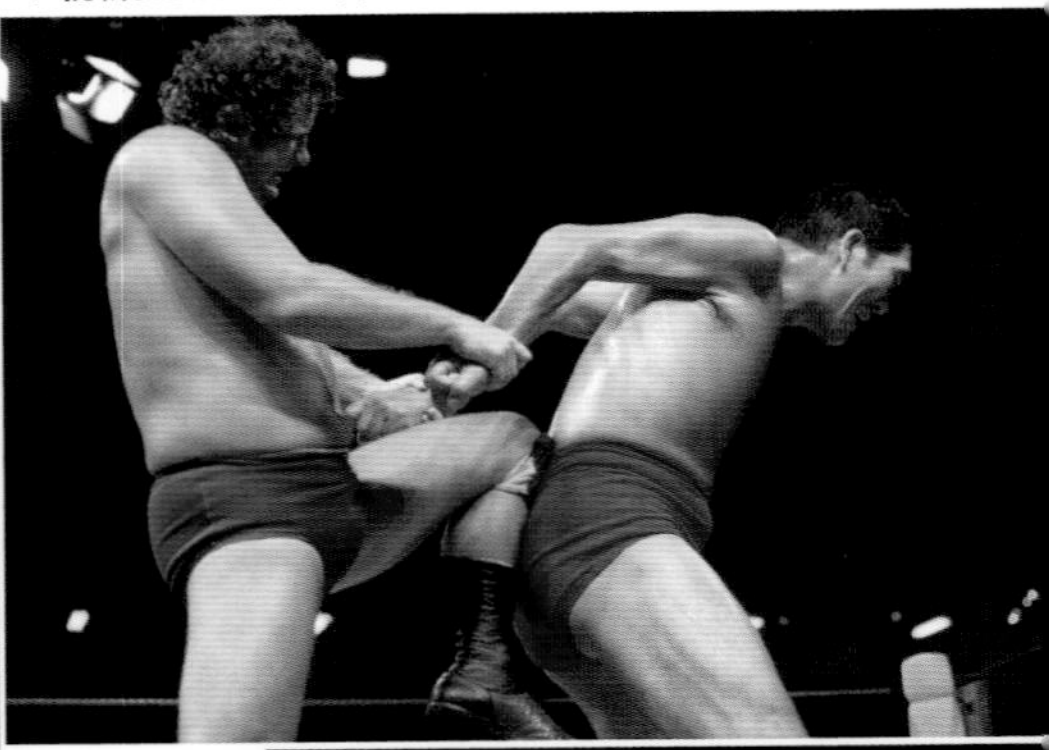

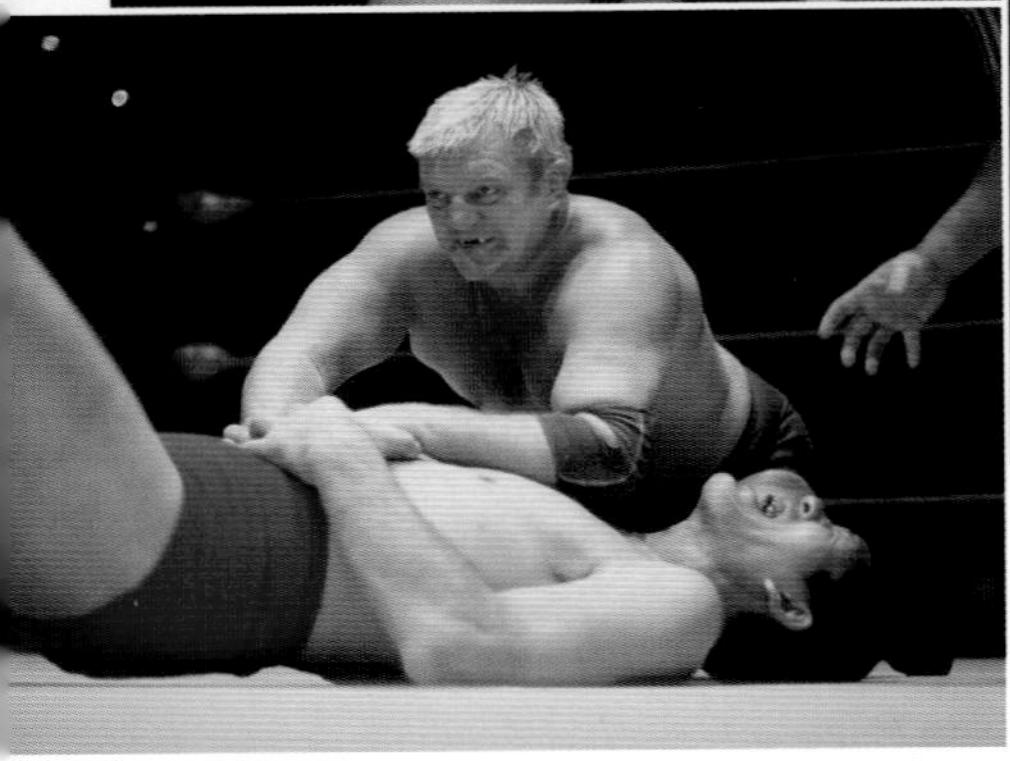

▲75年2月6日、海外で初の防衛戦（米カンザスシティ）。ブルーザーの初挑戦を2対1で退け、国際プロレスのIWA王者 S・小林が打ち立てた連続25回防衛記録に並んだ

▶WWWFヘビー級王者サンマルチノとダブルタイトル戦を行い1対1で引き分け。両者とも王座を守り抜いた（75年5・9日大）

◀アジアヘビー級王者・大木とのダブルタイトルマッチを制し、2冠王に（77年10・29黒磯）。PWF王座38回の防衛に成功

◀元国際のIWA王者で、新日本で猪木と名勝負を残した人間風車ロビンソンを迎撃。3本目、ジャンピング・ネックブリーカーで勝利（76年7・24蔵前）

キラー・トーア・カマタ

第2代

無敵の馬場を初めて王座から引きずり下ろす

▼"流血大王"カマタは全日本初参戦、PWF初挑戦にして馬場から至宝を奪うという離れ業をやってのけた

在位期間　1978年6月1日～6月12日
ベルト戴冠　1978年6月1日＝秋田市立体育館／PWFヘビー級選手権試合（60分1本勝負）／キラー・トーア・カマタ（16分16秒　反則勝ち）ジャイアント馬場　※馬場が39度目の防衛に失敗。カマタが第2代王者となる

馬場の38回という防衛記録にストップをかけたのは、意外にも全日本プロレス初登場だったカマタだった。カマタは1975年から国際プロレスの外国人エースの一人として常連だったが、馬場と吉原功（国際）社長の間で円満トレードが成立。78年6月1日の秋田でカマタの初挑戦を受けた馬場は悪辣な反則攻撃を巧みにかわしたが、最後はレフェリーの静止を振り切る大暴走で不覚の反則負け。5年ぶりに虎の子のPWFベルトを失った。この試合の勝者に、同シリーズに来ていたビル・ロビンソンの挑戦が決まっていたため、馬場はリターンマッチの権限を与えられずにシリーズを終え、ベルトの海外流失を許す屈辱を味わう結果となった。

◀正統派王者の馬場から一転、流血王者が誕生（78年6・1秋田）

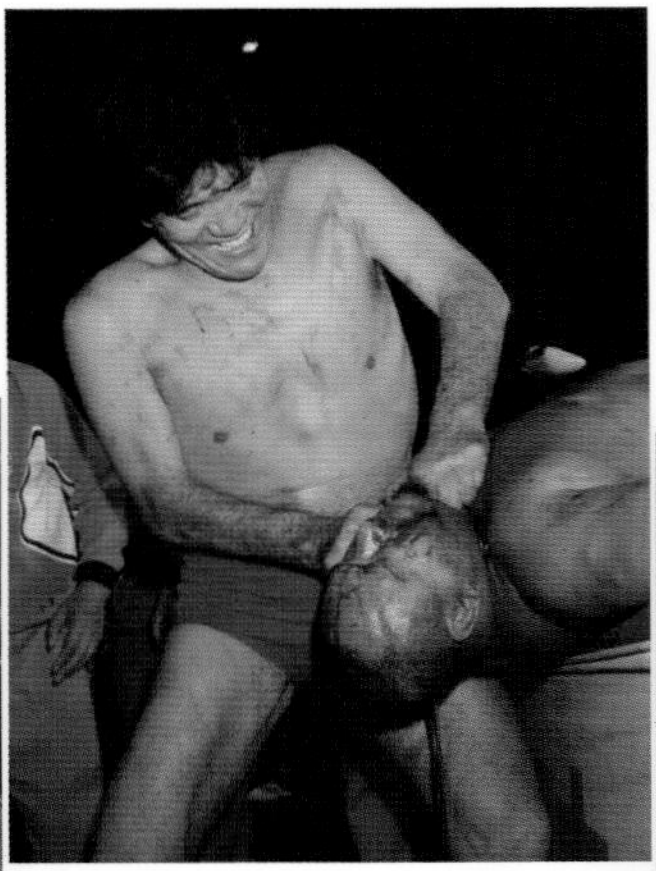

◀逆上した馬場がレフェリーの制止を無視してカマタの首をロープで絞め続けたため反則負け。反則でも王座移動というPWFルールに従いベルトを失った（78年6・1秋田）

▼王座戦では得意のラフファイトのみならず、巨体に似合わぬスピーディーな攻撃で馬場を翻弄（78年6・1秋田）

◀カマタは第2代王者として78年6・12愛知・一宮大会に登場。ロビンソンの挑戦を受けたが、10日天下に終わった

第3代

元・国際の看板王者が全日本の頂点に到達

▼国際プロレスでIWA世界ヘビー級王者に君臨したロビンソンが、全日本マットでも頂点にのぼりつめた（写真は78年6・12一宮、カマタ戦）

在位期間 1978年6月12日～10月18日

ベルト戴冠 1978年6月12日＝愛知・一宮市産業体育館／PWFヘビー級選手権試合（60分1本勝負）／ビル・ロビンソン（21分57秒 体固め）キラー・トーア・カマタ　※カマタが初防衛に失敗。ロビンソンが第3代王者となる

防衛戦の相手 ①キラー・トーア・カマタ

1968年の初来日から10年、国際プロレスで多くのシングル王座を獲得し、76年に全日本の常連となってからも鶴田からUN王座奪取の実績を持つロビンソンにとって、78年6月12日の一宮大会はPWF奪取という千載一遇のチャンスとなった。痛めていた左肩を攻撃され防戦一方となったが、王者カマタが切り札のダイビング・ボディープレスを自爆した瞬間を見逃さず、必殺ワンハンド・バックブリーカーで見事に3カウントを奪い、悲願のベルトを腰に巻いた。一旦本拠地のミネアポリスに戻ったあと秋の陣に再来日。10月9日には久留米でカマタのリターンマッチを垂直落下式パイルドライバーで返り討ちにしたが、長期政権を築くには両膝の負傷が重荷となった。

◀王者ロビンソンは78年10・9久留米でカマタの挑戦を受けて立ったが、3本目に垂直落下式パイルドライバーで返り討ちにした

▲ロビンソンは必殺ワンハンド・バックブリーカーでカマタの巨体を自身の左膝に叩きつけ、PWF初戴冠を成し遂げた（78年6・12一宮）

▼76年、77年に
験があるロビンソン
座を奪ったカマタ
一宮で挑んだ

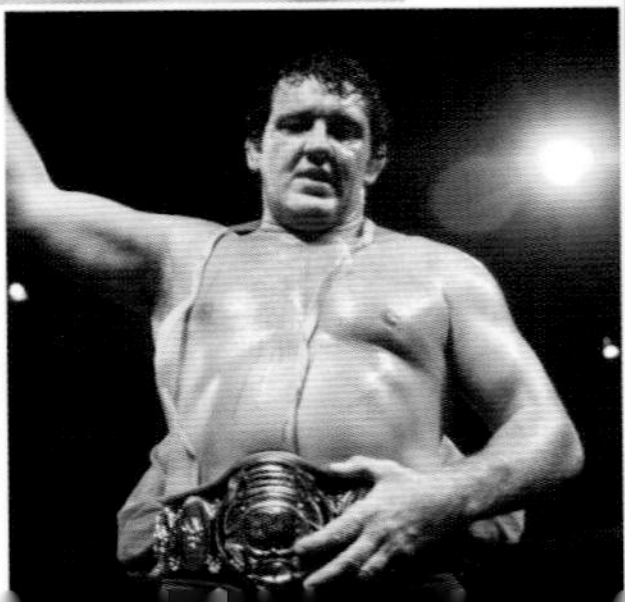

▶カマタに2対1で完勝し初防衛に成功（78年10・9久留米）

第4代 アブドーラ・ザ・ブッチャー

外国人同士の王座争奪戦を制す

▼馬場の元を離れたPWF王座をめぐる外国人選手間の争奪戦を最後に制したのはブッチャー（78年10・18宇都宮）

在位期間 1978年10月18日～1979年2月10日
ベルト戴冠 1978年10月18日＝宇都宮・栃木県体育館／PWFヘビー級選手権試合（60分3本勝負）／アブドーラ・ザ・ブッチャー（2―1）ビル・ロビンソン ①ロビンソン（8分16秒 片エビ固め）ブッチャー ②ブッチャー（6分15秒 カウントアウト）ロビンソン ③ブッチャー（3分8秒 レフェリーストップ）ロビンソン ※ロビンソンが2度目の防衛に失敗。ブッチャーが第4代王者となる
防衛戦の相手 ①ジャイアント馬場

ロビンソンの2度目の防衛戦は1978年10月18日の栃木県体育館で、9日前のカマタ戦で痛めた両膝が癒えないコンディションは、ブッチャー迎撃に大きすぎるハンディとなった。1本目こそ必殺ワンハンド・バックブリーカーで先制したが、2本目に同じ技でブッチャーの巨体を叩きつけた瞬間に左膝を痛め自滅。左足がロープに絡まって宙吊りとなりリングアウト負けに。3本目も立ち上がることができずに、レフェリーストップで無念の敗北を喫した。新王者となったブッチャーは11月7日に東大阪で馬場の挑戦を引き分けで退け、初防衛に成功。年末の最強タッグリーグ戦ではタイトルマッチが実施されなかったため、PWF王者として越年した。

▼ロビンソンは2度目の防衛戦で古傷の左膝を痛めて、3本目に戦闘不能となりレフェリーストップ負け。ベルトはブッチャーの腰へ（78年10・18宇都宮）

▲馬場に6度挑戦して手が届かなかったPWF王座をついにものにした（78年10・18宇都宮）

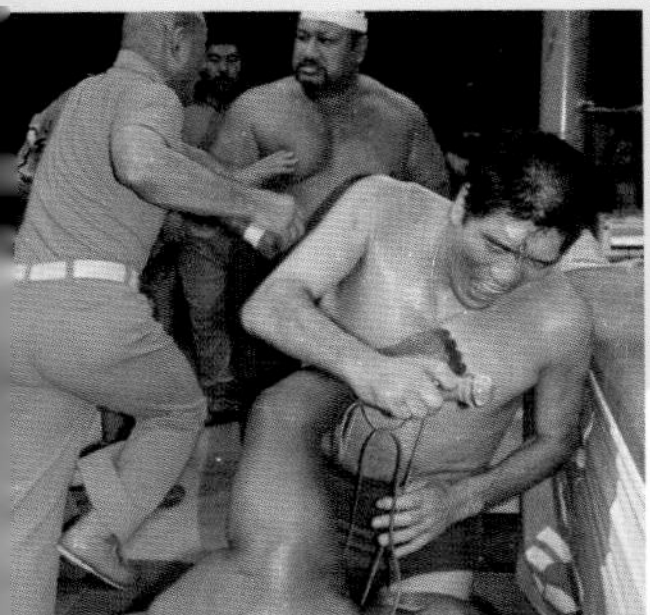

◀初防衛戦の相手は馬場。1対1からの3本目、まんまと場外乱闘に誘い込み、両者リングアウト引き分けで王座防衛（78年11・7東大阪）

◀年が明けた79年2・10シカゴで再び馬場の挑戦を受けるも、3本目に不覚のリングアウト負けを喫し、馬場の王座返り咲きを許した

第5代

ハンセン、ガニア、シン…新たな敵を迎撃

▼新日本から移籍したハンセンの挑戦を3度退けるなど、全日本の御大として意地を見せた（写真は82年4・22東京）

在位期間	1979年2月10日～1982年10月26日
ベルト載冠	1979年2月10日（現地時間）＝アメリカ・イリノイ州シカゴ、インターナショナル・アンフィシアター／PWFヘビー級選手権試合（60分3本勝負）／ジャイアント馬場（2―1）アブドーラ・ザ・ブッチャー　①馬場（8分52秒 体固め）ブッチャー　②ブッチャー（3分6秒 体固め）馬場　③馬場（7分11秒 リングアウト勝ち）ブッチャー　※ブッチャーが2度目の防衛に失敗。馬場が第5代王者となる
防衛戦の相手	①アブドーラ・ザ・ブッチャー②ブルーザー・ブロディ③キラー・トーア・カマタ④スーパー・デストロイヤー・マークII⑤ビル・ロビンソン⑥バーン・ガニア⑦キラー・カール・コックス⑧キラー・トーア・カマタ⑨ブルーザー・ブロディ⑩スタン・ハンセン⑪テリー・ゴーディ⑫スタン・ハンセン⑬タイガー・ジェット・シン⑭タイガー・ジェット・シン⑮スタン・ハンセン

馬場は1978年後半からAWAとの業務提携も活発化させ、ブッチャーとの2度目のリターンマッチを79年2月10日、AWAの準・本拠地シカゴで実現させた。ブッチャーは流血で両眼が塞がれ、セカンドロープから場外に転落したままリングアウト負け。馬場はPWF王座返り咲きに成功し、ここから3年8カ月の王座期間に15回の防衛記録を積み重ねた。40歳を超えていただけに全盛時のスタミナには衰えが目立ったが、それでも老獪な試合運びはヤングパワーの突進を防ぐに十分だった。82年2月4日の東京体育館では、新日本から引き抜いた直後のスタン・ハンセンの挑戦を受けて立ち〝44歳・馬場、まだまだ健在なり〟を満天下にアピールした。

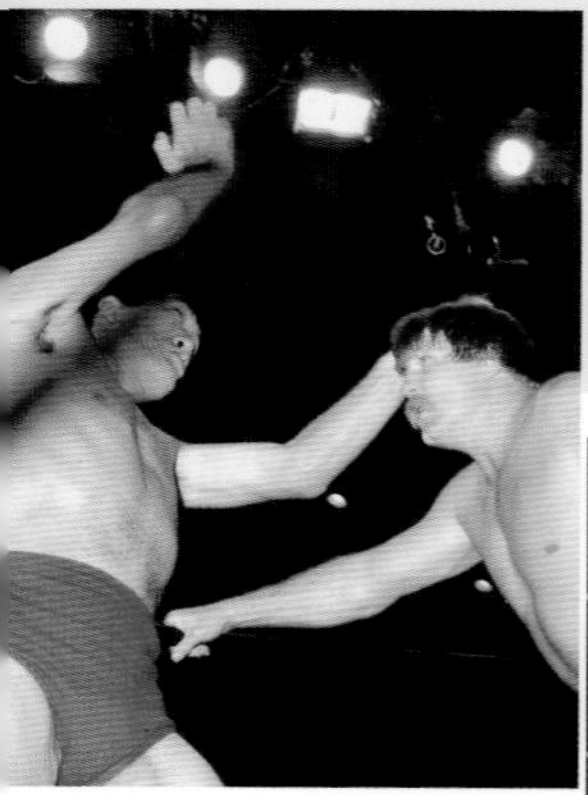

▲新日本から電撃移籍したばかりのハンセンと激突。両者反則決着ながら、白熱の好勝負で「馬場ここにあり」を見せつけた（82年2・4東京）

▲3000試合突破記念試合でAWA世界ヘビー級王者ガニアとダブルタイトル戦。1対1から両者リングアウトで双方が王座防衛（81年1・18後楽園）

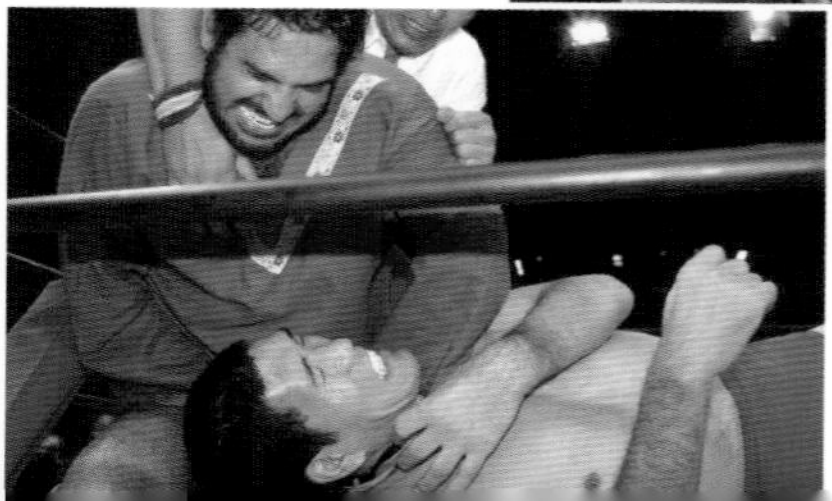

◀81年夏に新日本から移籍したシンを82年6・8蔵前のPWF戦で迎撃（反則勝ち）。PWF戦線に難敵がまた一人加わった

▼80年1・22
ディにコーナー
ダイビング・ボデ
ピンフール勝ち
を決して許さな
明かした

第6代 永遠のライバル馬場を粉砕してPWF初戴冠

1982年10月26日、帯広で馬場のPWF王座に挑戦した段階でレイスは39歳。6度の返り咲きを果たしたNWA世界ヘビー級王座から1年以上遠ざかっており、PWFを足掛かりに再度NWA王座奪取を目指そうと必死になっていた時期だった。大流血戦の末、最後はコーナーポスト最上段からのダイビング・ヘッドバットで馬場を破り、初のPWF戴冠に成功。翌週11月2日には名古屋で馬場のリターンマッチを両者反則で切り抜け、ベルトをアメリカに持ち帰ったが、翌83年2月11日、セントルイスのチェッカードームで馬場のジャンピング・ネックブリーカーによって3カウントを奪われ王座転落。2度目の防衛に失敗して短期政権に終わった。

▼これまでPWF王座、NWA世界王座をめぐって長年熾烈な闘いを続けてきた永遠のライバル馬場からついにPWF王座を強奪（82年10・26帯広）

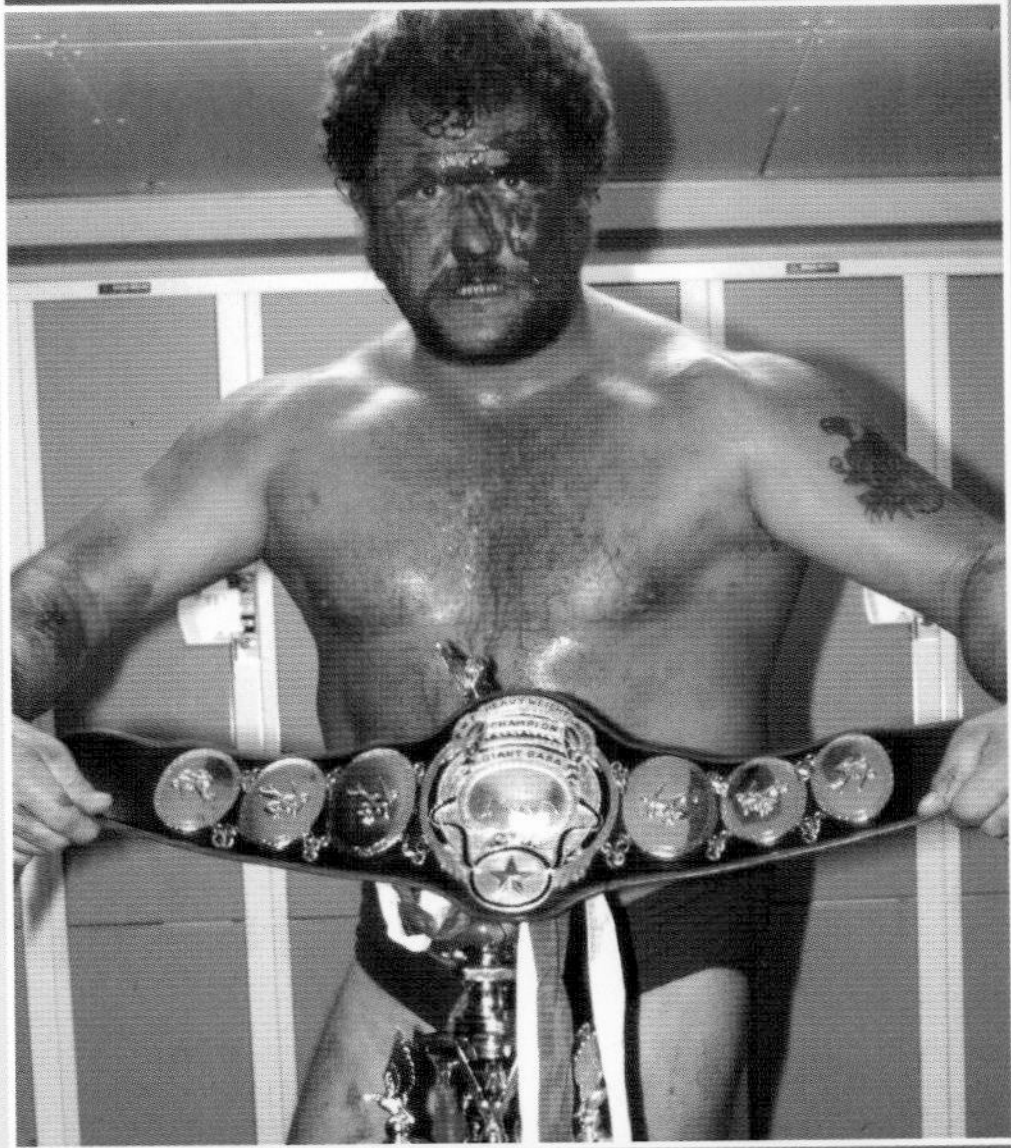

在位期間 1982年10月26日～1983年2月11日

ベルト戴冠 1982年10月26日＝北海道・帯広市総合体育館／PWFヘビー級選手権試合（60分1本勝負）／ハーリー・レイス（12分45秒 体固め）ジャイアント馬場 ※馬場が16度目の防衛に失敗。レイスが第6代王者となる

防衛戦の相手 ①ジャイアント馬場

◀レイスが初防衛に成功したため、ベルトは海外流出（82年11・2名古屋）

▲82年11・2名古屋で馬場のリターンマッチを受けて立った。メイン&サブレフェリーとも失神する荒れた展開となり両者反則に

▼レイスは大流血
ビング・ヘッドバ
フォール勝ち。馬
うのはカマタ戦以
5カ月ぶり（82年 1

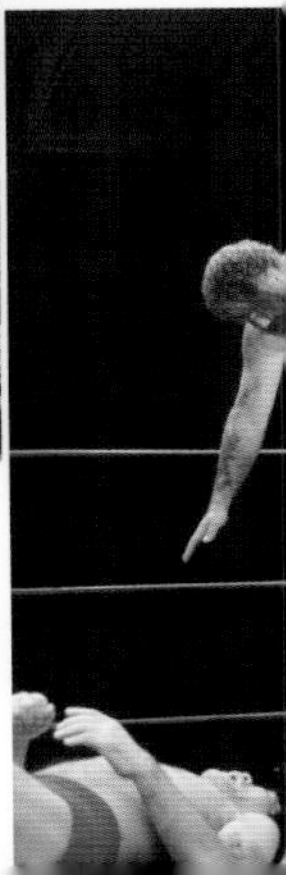

◀馬場は83年2月シリーズを最終戦以外全休し、敵地でのタイトルマッチに懸けた。2・11セントルイスでジャンピング・ネックブリーカーを決めてレイスから王座奪回

第7代 全日本のワンマン・エースの座を降りる

▼テキサス州ダラスにおける巨鯨バンディとの防衛戦で、エリック一家のお膝元〝鉄の爪王国〟を唸らせる王者ぶりを見せた（83年6・17ダラス）

在位期間 1983年2月11日〜9月8日

ベルト戴冠 1983年2月11日（現地時間）＝アメリカ・ミズーリ州セントルイス、チェッカードーム／PWFヘビー級選手権試合（60分1本勝負）／ジャイアント馬場（13分4秒体固め）ハーリー・レイス ※レイスが2度目の防衛に失敗。馬場が第7代王者となる

防衛戦の相手 ①ハーリー・レイス②ブルーザー・ブロディ③キングコング・バンディ④タイガー・ジェット・シン

レイスに勝って3度目のPWF王座についた馬場は、その後レイス、ブロディ、バンディ、シンを相手に3度の防衛に成功（シンとは無効試合だったために防衛回数は増えず）。この中では1983年6月17日、テキサス州ダラスに遠征し、売り出し中だった巨漢キングコング・バンディに完勝した一戦が光り、ダラスを牛耳っていた〝鉄の爪〟フリッツ・フォン・エリックや息子たち（ケビン、デビッド、ケリー）から絶賛された。鶴田がUN王座を返上してブロディからインター奪取を果たした時期なので、PWF王者でありながら、馬場が「全日本のナンバーワン・エース」から一歩退き、鶴田に「その座」を譲った歴史的転換ポイントが、この王座期間に該当する。

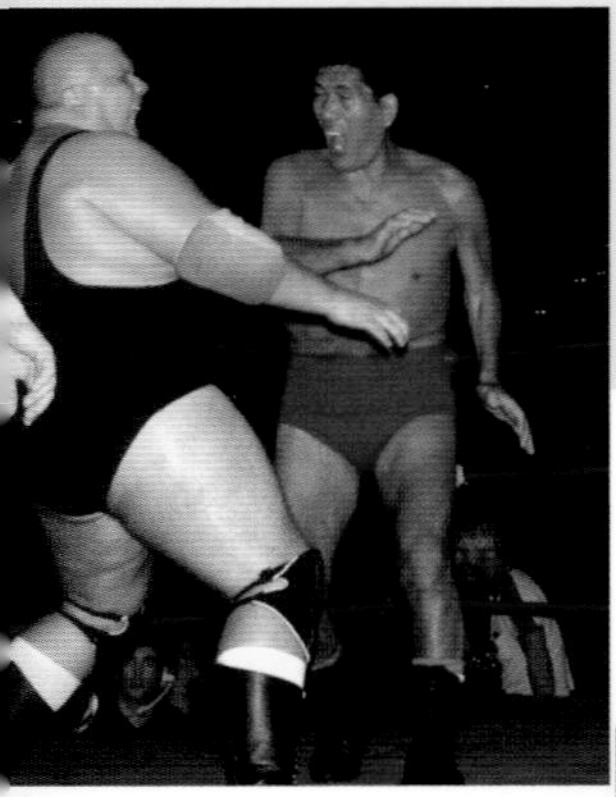

◀テキサス州ダラスに乗り込んでエリック一家の秘蔵っ子バンディと対戦。150kgの巨漢をさばいて、最後は16文キックで料理（83年6・17）

▼ブロディとの防衛戦は、双方が鉄柱攻撃、チェーン攻撃を繰り出す大乱戦となり両者反則裁定に（83年6・8蔵前）

▼83年7・12札幌でシンの挑戦を受けるも、上田馬之助も加勢して場外乱闘が展開され無効試合に（防衛回数にはカウントされず）

▲前王者レイスとのリター
外乱闘が繰り広げられて
トとなり馬場が初防衛に
20東京）

第8代 猪木からNWF、馬場からPWFを奪った唯一の外国人

▼4度目の挑戦で宿敵・馬場からついにPWF王座を奪取して勝利の美酒に酔う（83年9・8千葉）

在位期間 1983年9月8日～1984年7月31日

ベルト戴冠 1983年9月8日＝千葉公園体育館／PWFヘビー級選手権試合（60分1本勝負）／スタン・ハンセン（9分2秒 体固め）ジャイアント馬場 ※馬場が4度目の防衛に失敗。ハンセンが第8代王者となる

防衛戦の相手 ①ジャイアント馬場②ジャイアント馬場③バグジー・マグロー

新日本から衝撃の全日本移籍を果たし、1982年2月から馬場と抗争を繰り広げてきたハンセンは83年9月8日、千葉公園体育館で4たび馬場のPWF王座に挑戦。必殺ウエスタン・ラリアットで馬場から完璧な3カウントを奪取した。この時点で「NWF、PWFの2冠を獲得した最初の外国人レスラー」となり、日本における「ナンバーワン・ガイジン」の地位もゲット。猪木、馬場の2大レジェンドからの看板王座奪取だけに、その偉業は一層の光を放つ。翌84年3月30日、アメリカ南部の実力者バグジー・マグローには利き腕の左を徹底的に痛めつけられるも、意表を突いた右腕でラリアットを決めて3度目の防衛に成功。王者の実力と貫禄を見せつけた。

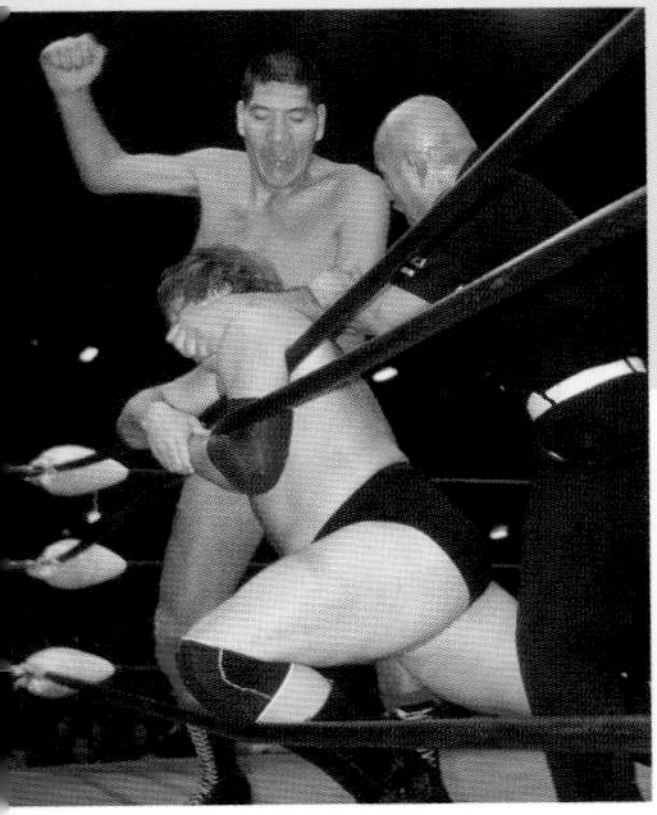

◀ハンセンは84年3・24蔵前で再び馬場の挑戦を受けたが、黄金の左腕を攻められ、馬場が暴走したため反則勝ちで王座防衛

▼マグローに左腕を痛めつけられたハンセンは、初公開の右腕ラリアットで大逆転勝利を飾った（84年3・30茨城・古河）

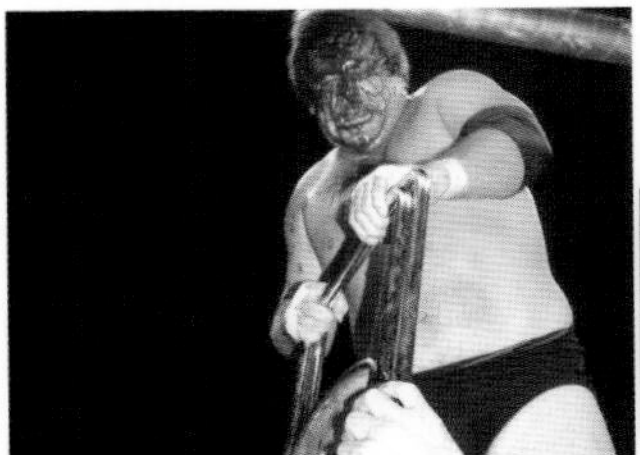

▲リターンマッチでハンセンは馬場の鉄柱攻撃を食らって大流血し逆上。イスを持ち出して乱戦となったため無効試合に（83年10・31会津）

▼ハンセンは
ラリアットでつ
の根を止めべ
年9・8千葉）

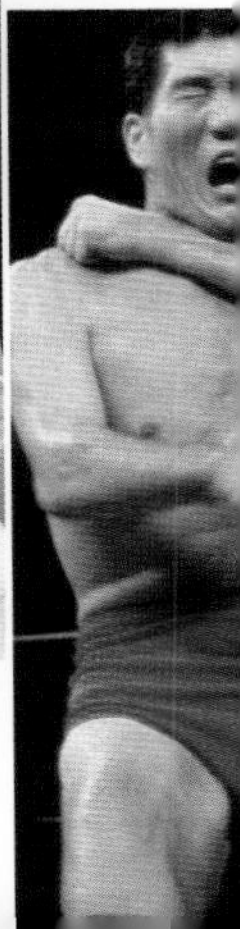

ジャイアント馬場

第9代

通算59回防衛という大金字塔を打ち立てる

▼全日本にとって「最後の蔵前大会」で、ハンセンから王座奪回（84年7・31蔵前）

在位期間 1984年7月31日〜1985年7月30日

ベルト戴冠 1984年7月31日＝東京・蔵前国技館／PWFヘビー級選手権試合（60分1本勝負）／ジャイアント馬場（10分7秒 首固め）スタン・ハンセン ※ハンセンが4度目の防衛に失敗。馬場が第9代王者となる

防衛戦の相手 ①タイガー・ジェット・シン②スタン・ハンセン③ラッシャー木村

1984年7月31日、全日本プロレスとしては最後の蔵前国技館興行となった記念すべき日に、馬場はハンセンに3度目の挑戦。「今回ベルトを奪取できなかったら二度とPWFには挑戦しない」という悲壮な覚悟で挑み、ハンセンのボディースラムを一瞬のタイミングで丸めこんでのスモール・パッケージ（首固め）でフォール勝ち。10カ月ぶりに虎の子の王座を奪回した。このあと馬場は翌85年7月までの王座期間にシン、ハンセン、R・木村の3人を相手に防衛に成功したが、11年前の初防衛から数えると合計59回のPWF王座防衛に成功しており、これは日本のプロレス史上、日本人レスラーのシングル王座防衛回数の最高記録として今でも破られていない。

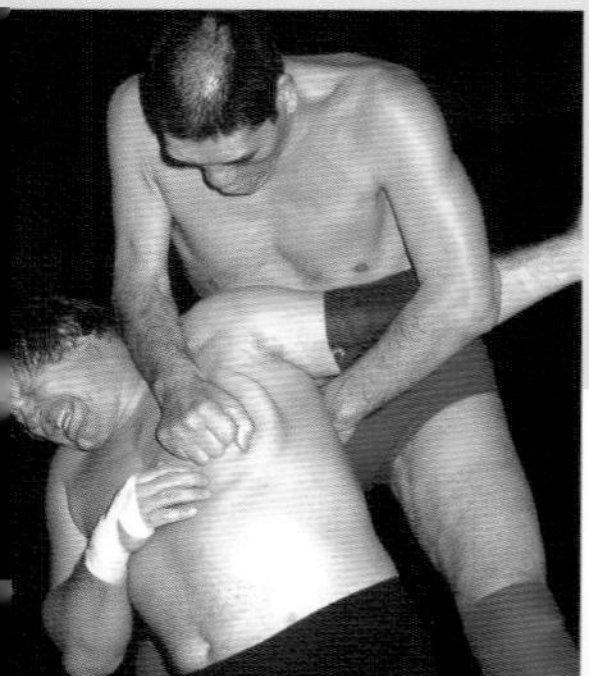

◀85年4・15長崎でハンセンの挑戦を受けたが、執拗な腕攻めを続け、暴走を誘って反則勝ち

◀初防衛戦では天敵のシンからコブラツイストでギブアップを奪う完全勝利（85年2・5東京）

▼馬場はボディースラムにきたハンセンを一瞬の首固めで丸め込んで3カウント奪取。10カ月ぶりにベルトを巻いた（84年7・31蔵前）

◀国際血盟軍のR・木村をジャンピング・ネックブリーカーで仕留めるも、フォール時に木村の足がロープにかかったまま3カウントが数えられるというスッキリしない勝利に（85年6・21武道館）

第10代 PWF&AWA世界ヘビー2冠王として君臨

▼PWF王者ハンセンは85年末にアメリカでAWA世界ヘビー級王者となったため、2冠王として君臨（写真は86年3月27日の来日会見）

在位期間 1985年7月30日～1986年4月5日

ベルト戴冠 1985年7月30日＝福岡スポーツセンター／PWFヘビー級選手権試合（60分1本勝負）／スタン・ハンセン（13分50秒 体固め）ジャイアント馬場　※馬場が4度目の防衛に失敗。ハンセンが第10代王者となる

防衛戦の相手 ①ジャンボ鶴田

1985年7月30日、福岡で馬場に挑戦したハンセンは、トップロープ越しのバックドロップで馬場からフォールを奪い、2度目のPWF王座戴冠。このあとアメリカに戻り、年末の12月、ニュージャージー州でリック・マーテルを破りAWA世界ヘビー級王座も奪取し、2冠王となった。年明けの86年3月には後楽園ホールにおいて、自分が保持する2冠と、鶴田が保持するインターナショナル王座を懸けたトリプル戦が実現し、引き分けで互いの王座を防衛。4月5日には横浜で長州を相手にAWA、PWFの防衛戦を行い、反則負けとなったため、反則でも王座が移動するPWF王座からは転落した（AWA王座は反則ではタイトル移動がないので、王座防衛が成立）。

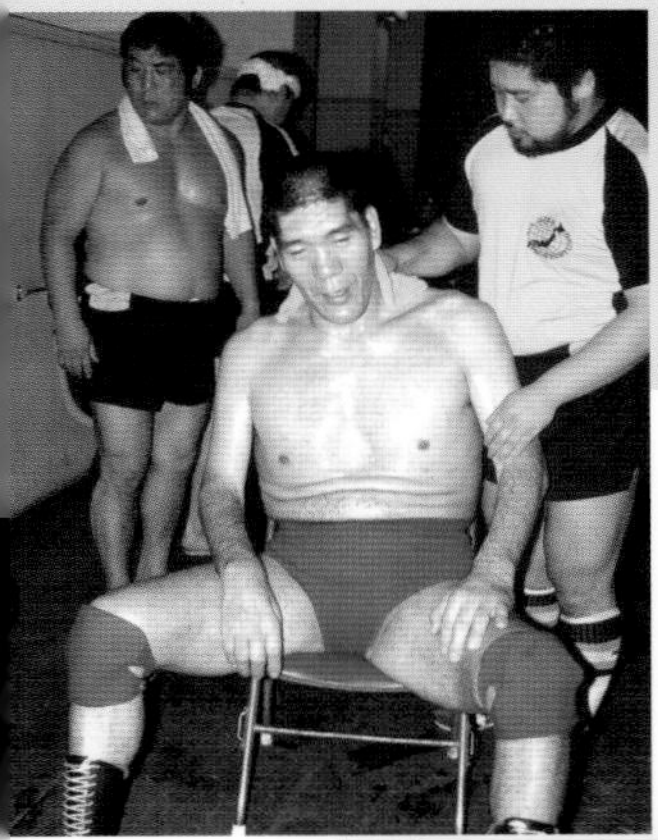

◀85年7・30福岡でハンセンに完敗した馬場。馬場のPWF選手権はこの試合が最後となった

▲馬場に完勝したハンセンはガッツポーズで喜びをあらわにした（85年7・30福岡）

▼85年7・30
ロープ越しのバ
叩きつけ、フォー
のPWF王者に

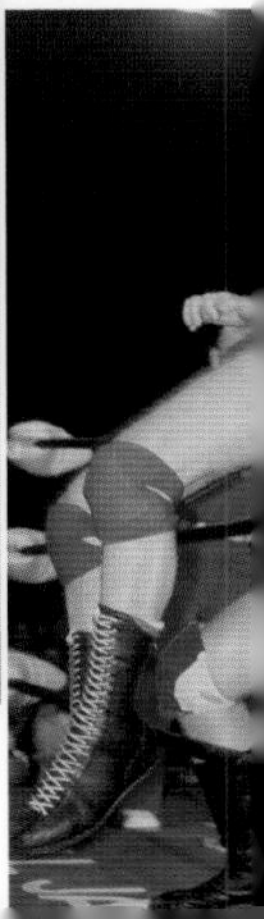

▶86年3・29後楽園でPWF&AWA世界王者ハンセンとインター王者・鶴田の史上初のトリプル選手権が行われ、両者リングアウトで双方が王座防衛

第11代

全日本の頂点にのぼりつめるも新日本にUターン

▼新日本出身の長州はハンセンを破り、全日本の象徴王座を手に入れた

在位期間 1986年4月5日〜1987年3月28日

ベルト戴冠 1986年4月5日＝神奈川・横浜文化体育館／PWFヘビー級&AWA世界ヘビー級ダブル選手権試合（60分1本勝負）／長州力（18分27秒 反則勝ち）スタン・ハンセン　※ハンセンがPWFヘビー級王座2度目の防衛に失敗するが、反則裁定のためAWA世界ヘビー級王座の防衛に成功。長州が第11代PWFヘビー級王者となる

防衛戦の相手 ①スタン・ハンセン②テリー・ゴーディ③スタン・ハンセン④ニキタ・コロフ⑤テリー・ファンク⑥カート・ヘニング

新日本の「革命戦士」がジャパン・プロレス所属として1984年暮れから全日本に参戦。約1年半後の86年4月5日、横浜文化体育館でハンセンに反則勝ちし、全日本の看板タイトルであるPWF王座に初挑戦・初戴冠を果たした。長州は、翌87年1月までの9カ月にハンセン（2度）、テリー・ゴーディ、ニキタ・コロフ、テリー・ファンク、カート・ヘニングの挑戦を退け6度の王座防衛に成功。この中では、86年10月21日の両国でテリーをサソリ固めで撃破した試合が世代交代を印象付けた。87年3月、ジャパン・プロレスと全日本プロレスの業務提携が更新されず、長州が一方的に全日本からの離脱を宣言したことによってPWF王座が剥奪処分となる。

▲87年1・17徳山でヘニングを下し王座防衛した長州は、テレビ生中継中に「藤波と闘いたい」と衝撃発言。結局、新春シリーズ後に全日本を離脱し王座を剥奪された

◀86年5
ゴーディと
サソリ固
ディがイス
れたため反
長州が王

▼長州はP
者ハンセン
センのラリ
リーに誤
に。ルー
王座だけが
年4・5横

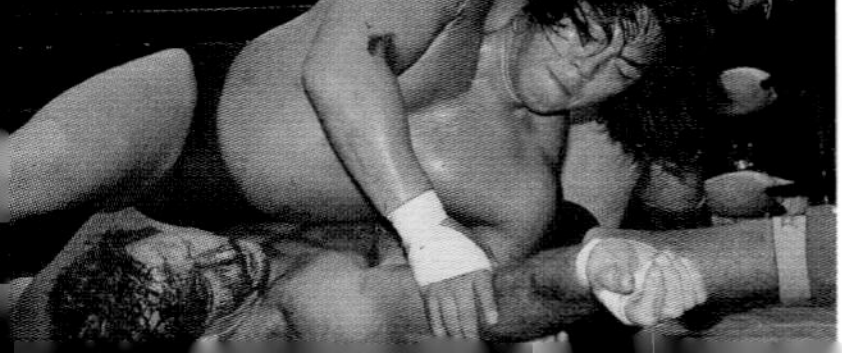

◀テリー・ファンクとの異色の一騎打ちが実現。長州は張り手、ラリアットを叩き込み、サソリ固めで王座を守った（86年10・21両国）

第12代

シングル、タッグ両方の王者として全日本の中心に

長州の王座剥奪を受けて1987年4月のシリーズで王者決定戦三番勝負が行われた結果、最終的には元王者のハンセンが、デビュー半年で大抜擢を受けた輪島大士を首固めでフォール。1年ぶりにPWF王座カムバックに成功した。3度目のPWF王座に就いたハンセンは、翌88年3月までの期間に谷津(2度)、天龍、輪島を相手に4回の王座防衛に成功。この時期のハンセンはテッド・デビアスとのコンビでPWF世界タッグ王座も保持し、シングル、タッグの両方で主役の座をキープした。87年9月11日、広島でUN王者・天龍と史上初のPWF、UNダブルタイトルマッチを敢行。翌88年3月9日、横浜で再度ダブルタイトルマッチを行い天龍に敗れ王座転落した。

▼新王者決定戦で輪島を下したハンセンが3度目の王座に就いた(87年4・24横浜)

在位期間 1987年4月24日～1988年3月9日

ベルト戴冠 1987年4月24日＝神奈川・横浜文化体育館／PWFヘビー級王座決定戦(60分1本勝負)／スタン・ハンセン(12分38秒 首固め)輪島大士 ※ハンセンが第12代王者となる

防衛戦の相手 ①谷津嘉章②谷津嘉章③天龍源一郎④輪島大士

▲2度目の防衛戦で谷津にあと一歩のところまで攻めまくられたが、谷津が暴走したため反則勝ちを拾った(87年8・31武道館)

▲87年4・24横浜の王座決定戦で輪島と再戦。ラリアット相打ちのあと、ハンセンが一瞬の首固めでフォールし、新王者に就いた

◀天龍革命を推し進めるUN王者・天龍と初のPWF& UN統一戦が実現。両者リングアウトでともに王座防衛(87年9・11広島)

▼ハンセンvsド
新王者決定戦に
に権利を譲った
vs輪島の争いに
新潟、両者リング

第13代
PWFとUNを統合し、三冠統一の道を開く

▼UN王者の天龍はハンセンからPWF王座を奪い、初のPWF&UN2冠王となった

在位期間 1988年3月9日～7月27日

ベルト戴冠 1988年3月9日＝神奈川・横浜文化体育館／PWFヘビー級&UNヘビー級ダブル選手権試合（60分1本勝負）／天龍源一郎（14分40秒 首固め）スタン・ハンセン ※ハンセンがPWFヘビー級王座5度目の防衛に失敗。天龍が第13代PWFヘビー級王者になるとともに、UNヘビー級王座7度目の防衛に成功

防衛戦の相手 ①スタン・ハンセン②ブルーザー・ブロディ

1987年6月から阿修羅・原とのコンビで「天龍革命」を起こし、全日本のリングを大いに活性化させていた天龍は、三冠統一に向けて始動した。88年3月9日、横浜文化体育館でPWF王者ハンセンとUN王者・天龍のダブルタイトルマッチが行われ、天龍が首固めでハンセンをフォールして2冠王に輝いた。これは全日本が誇る「インター、PWF、UNの3大王座のうち、二つが統一された初めてのケース」だったので、ここから三冠統一の動きが一挙に具体化した。同年4月15日には大阪でPWF&UN王者・天龍とインター王者ブロディによる「史上初の三冠統一戦」が実現。30分に及ぶ死闘の末に引き分けとなり、ファン待望の統一王者は実現しなかった。

▼88年4・15大阪でPWF& UN王者・天龍とインター王者ブロディの史上初の三冠統一戦が実現。30分の死闘の末、両者リングアウト引き分け

◀PWF& UN王者・天龍は88年3・27武道館でハンセンのリターンマッチを受けて立ち、ハンセン暴走による反則勝ちを拾い2冠防衛

▼防戦一方の天龍は一瞬の首固めでハンセンに辛勝し、初のPWF& UN2冠王となった（88年3・9横浜）

▲88年3・9横浜でPWF
とUN王者・天龍のダブル
4日前に秋田で失神の屈
ンセンは常軌を逸した暴れ

第14代 天国のブロディに捧げる王座戴冠劇

▼10日前に親友のブロディを亡くしたハンセンは天龍からPWF&UN2冠を奪取するや、ひざまずいて「ブロディ、ブロディ」と連呼。天国の友に勝利を捧げた（88年7・27長野）

在位期間 1988年7月27日～1989年4月18日

ベルト戴冠 1988年7月27日＝長野市民体育館／PWFヘビー級& UNヘビー級ダブル選手権試合（60分1本勝負）／スタン・ハンセン（14分33秒 リングアウト勝ち）天龍源一郎　※天龍がPWFヘビー級王座3度目の防衛、UNヘビー級王座11度目の防衛に失敗。ハンセンが第14代PWFヘビー級王者、第27代UNヘビー級王者となる

防衛戦の相手 ①ジャンボ鶴田②天龍源一郎③ジャンボ鶴田

1988年3月の横浜で天龍にPWF王座を奪われ無冠にされたハンセンは、7月27日に長野で2度目のリベンジ戦に挑み、リングアウトで2冠（PWF、UN）の奪取に成功。この試合の10日前、親友ブロディがプエルトリコで刺殺という悲報を受けていただけに、ハンセンの執念は常軌を逸しており、さすがの天龍も気迫に負けた感があった（この試合は、この年のプロレス大賞ベストバウト賞を獲得）。ハンセンは10月17日に広島でインター王者・鶴田と三冠統一戦に臨んだが両者リングアウトで引き分けとなり、2冠王のまま越年。翌89年3月29日には天龍を相手にPWF、UN2冠の防衛戦を行い、ピンフォールで完勝し、鶴田との三冠統一を残すのみとなった。

▼天龍の挑戦を受けるも、パワーボムをリバース・スープレックスで切り返し、そのまま押さえ込んで2冠防衛（89年3・29後楽園）

◀PWF&UN王者ハンセンとインター王者・鶴田の三冠統一戦は両者リングアウトで王座移動なし（88年10・17広島）

▲コーナーにのぼろうとする天龍をラリアットで場外に吹き飛ばしリングアウト勝ちで2冠奪取に成功（88年7・27長野）

▼挑戦者ハンセ
ファイトで2冠王
（88年7・27長

第15代 ハンセンからPWF&UNを奪取し三冠統一

▼ハンセンの持つPWF& UN王座を奪取し、インター王座防衛に成功した鶴田が、晴れて三冠統一ヘビー級王者となった（89年4・18大田区）

在位期間 1989年4月18日

ベルト戴冠 1989年4月18日＝東京・大田区体育館／インターナショナル& PWF& UN三冠ヘビー級王座統一戦（60分1本勝負）／ジャンボ鶴田（17分53秒 片エビ固め）スタン・ハンセン　※ハンセンがPWFヘビー級王座3度目の防衛、UNヘビー級王座3度目の防衛に失敗。鶴田がインターナショナルヘビー級王座3度目の防衛に成功するとともに、第15代PWFヘビー級王者、第28代UNヘビー級王者となる。三冠統一に成功した鶴田が初代三冠ヘビー級王者となる

ハンセン（PWF、UN王者）と鶴田（インター王者）による2度目の三冠統一戦は、1989年4月16日に後楽園ホールで行われた。完全決着を確信する観客の期待とは裏腹に、度重なる場外乱闘を繰り返した挙句に最悪の無効試合宣言。超満員の観衆からは大ブーイングが起きた。試合後にマイクを握り再戦をアピールする鶴田に対して、容赦ない「帰れコール」が起きる始末で、これを問題視した馬場は2日後の18日、大田区体育館で再戦を組んだ。さすがに後がなくなった鶴田はスタートから奮起し、最後はラリアットを空振りしてロープに正面から体当たりしたハンセンを、後方から片エビ固めに仕留めて3カウント奪取。ここに史上初の三冠統一が達成された。

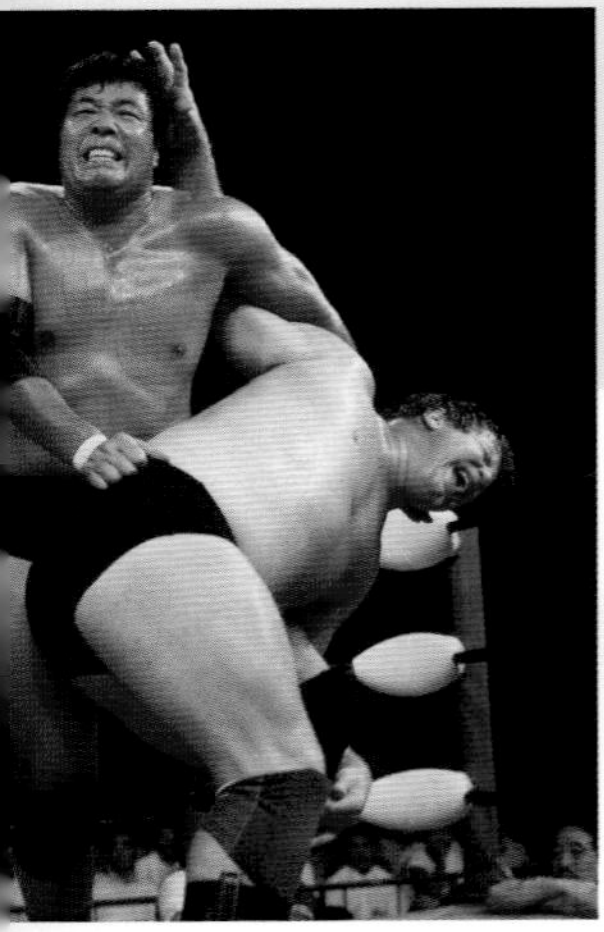

▲ハンセンのラリアットをかわした鶴田が一瞬の片エビ固めでフォール勝ち。3本のベルトを手中にした（89年4・18大田区）

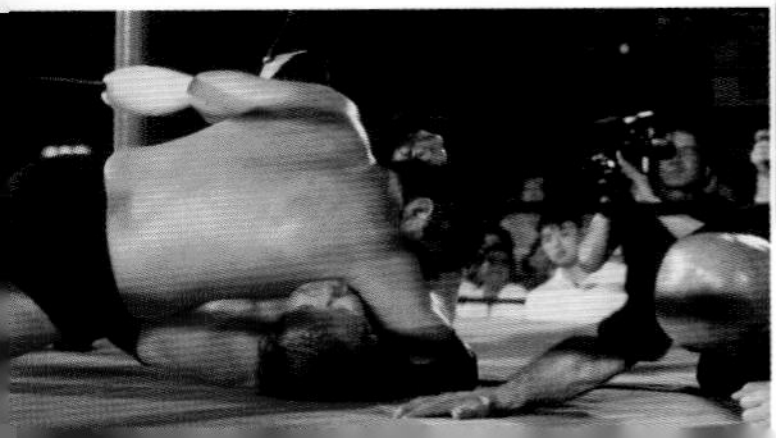

◀4・16後楽園の仕切り直しとばかり、4・18大田区で鶴田とハンセンは真っ向から激突

▲89年4・18大田区で再び鶴田 vsハンセンの三冠統一戦。ハンセンはPWF& UN王者として試合に臨んだ

▼89年4・16後楽園
王者ハンセンとイン
の三冠統一戦が行
乱闘のまま無効試合

IWGPヘビー級王者

初代ベルト

2代目ベルト

3代目ベルト

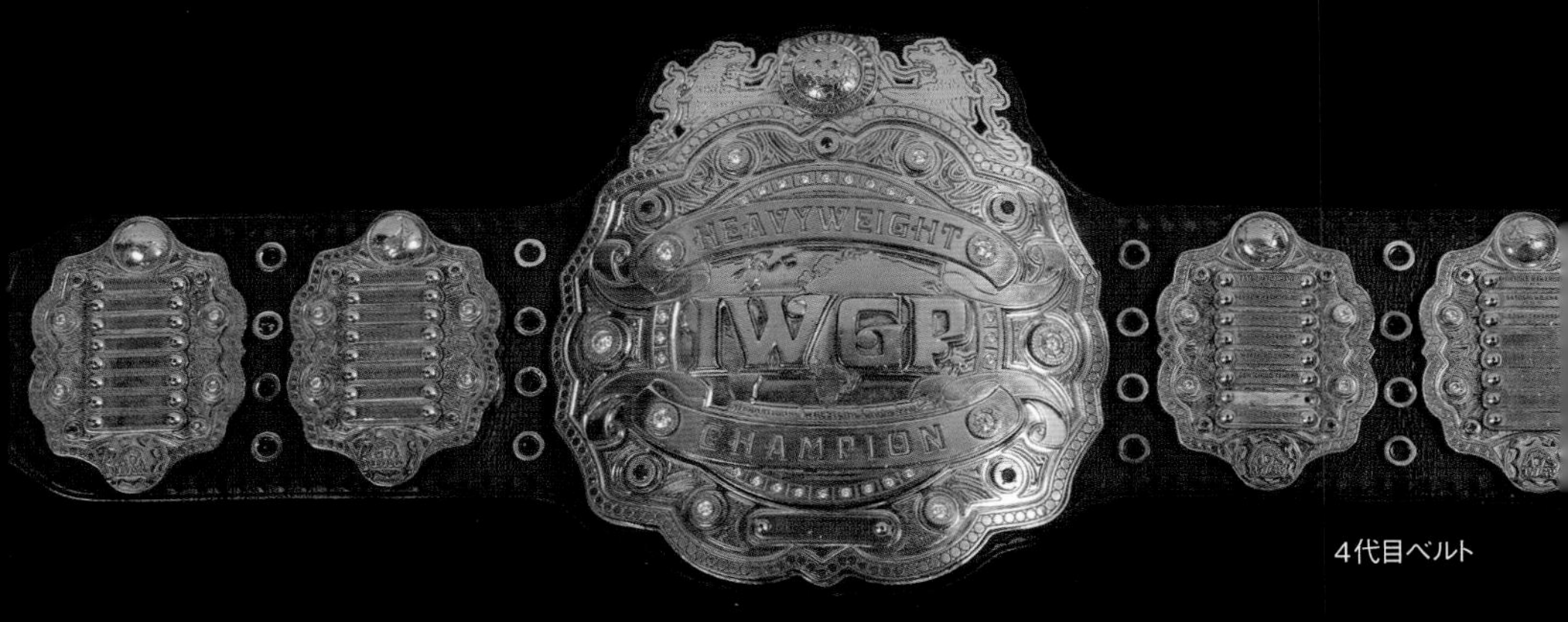

4代目ベルト

「世界統一」に挑む猪木・新日本の執念の賜物

最初の使命は「世界に乱立するベルトの統一」

ＮＷＡ（ナショナル・レスリング・アライアンス）は１９４８年の創設以来、会長サム・マソニック（１９０５〜１９９８年）を中心として30年以上も世界のプロレス界を支配した大組織だった。新日本プロレスの新間寿営業本部長が１９８０年暮れ（12月13日、東京体育館のリング上）に「世界統一」構想（世界中に乱立するベルトを統一し、真の世界一を決める。この時点ではまだ「ＩＷＧＰ」の名称は決まっておらず）を発表した段階では、会長がジム・クロケット・ジュニアに代わっており（マソニックは75年に高齢のため引退）、マソニック会長時代に比較すると支配力（メンバー数）が大幅に低下していた。だがライバル団体のＡＷＡ、ＷＷＦの追随は許しておらず、「ＮＷＡ世界ヘビー級選手権＝プロレス界の最高権威」というステータスだけは、辛うじて維持していた。

新日本は１９７５年８月にＮＷＡに加盟したものの、その後5年以上もＮＷＡ世界ヘビー級王者を派遣されていない。ＮＷＡの幹部、俗に言う「主流派」は全てジャイアント馬場（全日本プロレス）のシンパであり、年に一度、８月に行われる総会の席上で「たまには、猪木にも挑戦させてやろうじゃないか」などという超党派の正論が出たことは一度もなかった。「メンバーなのに王座に挑戦できない」という矛盾を強要されたのは、長いNWA史の中でもアントニオ猪木しかいない。AWAの首領バーン・ガニアでさえ（AWAを創設する前には）6度にわたりルー・テーズのNWA世界王座に挑戦権を与えられている。逆の見方をすれば「さすが反逆の男・猪木」、NWAの「主流派」に「猪木なら、手段を選ばずにベルトを奪ってしまうかもしれない」と警戒させたことの証明とも言えよう。日本のファンからすれば、「NWA王者は馬場の独占でもいい。もはや猪木はNWAベルトを必要としていない」という認識、峻別ができていた時期だったと思うが、参謀で猪木のマネージャーだった新間氏にとっては「NWAの3文字」が邪魔で仕方がなかったのだ。

特に1980年は、「世界」あるいはそれに準じるタイトルマッチが「飽和状態」という感じで国内各団体で開催された1年だった。

新日本（NWFヘビー、WWFヘビー、UWAヘビー）
全日本（NWA世界、AWA世界、PWFヘビー、UNヘビー）
国際（IWA世界、インターナショナルヘビー、AWA世界）

「毎週」とはいわないが、それこそ「月に2～3回」は右記いずれかのタイトル戦が行われており、これにジュニアの選手権（WWFジュニア、NWAインタージュニア、WWU世界ジュニア）とタッグ選手権が加わっていたのだから、平均すると「週に2回」くらいの頻度でタイトルマッチが開催されており、1980年のマスコミ各誌には「タイトルマッチのバーゲンセール」という批判が毎月掲載されていたものだが、まさしくその通りだった。

猪木自身、この年にはNWF、UWA世界、WWFという3種のタイトルマッチを日本、アメリカ、メキシコの3国で「やらされて」いる。1973年にジョニー・パワーズから奪取して以来、代名詞として保持していたNWF王座だけで（興行的には）十分だったのだが、1979年11月30日、徳島でボブ・バックランドに勝ってWWF王座を奪った事が「自己矛盾」の引き金を引いてしまった。「NWFが最高権威じゃなかったのか？　アメリカの3大メジャーがなぜ必要なのか？」という疑問である。猪木の本心は間違いなく「今さら、WWF王座なんか興味ない」だったが、全日本で馬場がNWA世界戦を乱発し、3度もベルトを巻いていたのを無視できずに、対抗上WWF戦をやらざるを得なかった。メキシコで誕生していたUWA世界ヘビー級王座も同様で、宿敵のタイガー・ジェット・シンが王者になったことで王座に挑戦「せざるを得なく」なり、勝ってしまった。一番大事にしているNWFに「世界」が付いていないのに（76年にNWA勧告で〝世界〟を削除）、UWAには〝世界〟が付いているのも矛盾に拍車をかけた。UWAと新日本は蜜月関係にあり、「猪木にベルトを巻いてもらうこと」がUWAの団体権威を向上させるというロジックに（猪木でさえ）抗うことはできなかった。これまた猪木の本心は「UWA王座？　全く興味ない」だったはずだが、辣腕マネージャーの新間氏がプランした「路線」に乗っているのが「最も心地よい」と感じた時期だったかもしれない。

猪木が試合後のリング上で、古舘伊知郎アナウンサーに向けられるマイクに対して「世界統一の夢」というフレーズを頻繁に出してきたのも1980年だったが、「猪木は自分でNWF、WWF、UWAのベルトを巻いておきながら、この先どうやって統一するのだろう？　NWAに挑戦できないのに、他のベルト全部を取っても統一と言えるのか？」という「突っ込み」に対する回答を用意しなければならなくなってくる。結局、その回答が「世界統一」構想だった。

「IWGP」は空前の人気イベントに

新間本部長が緻密に描いたプランに賛同した猪木は、1981年に入ると具体的に始動する。「もはやNWFもWWFもUWAも興味ない。小異を捨てて大同につく。新しく創設する世界統一プランに全てを懸ける」と宣言し、なんと、3月18日の記者会見で虎の子のNWFヘビー級王座の封印を発表した。団体所有の看板タイトルは「カネの成る木」であり、これを封印することは自殺行為以外の何物でもない。世界各地の同業者（プロモーター）から見れば論外、言語道断、自暴自棄の決断としか思えなかっただろうが（馬場も驚愕）、いずれにせよ猪木が「ＮＷＦヘビー級王座の封印」という最大の代償を払ってまで実現しようとする世界統一構想は、その後の世界プロレス界の注目と話題を独占していくことになった。

世界統一構想の名称は「ＩＷＧＰ（インターナショナル・レスリング・グラン・プリ＝命名者は著名なディスクジョッキーで猪木対モハメド・アリ戦など重要試合の通訳として活躍したケン・田島氏）と決定。ＮＷＦ王座封印宣言から間もなくの１９８１年3月30日と31日、「第1回ＩＷＧＰ組織委員会」が開催され、新宿の京王プラザホテルに世界の大物プロモーターが招聘された。具体的にはニューヨークのビンス・マクマホン（・シニア）、ロサンゼルスのマイク・ラベール、ロンドンのマックス・クラブトリー、メキシコ（ＵＷＡ）のフランシスコ・フローレス、トロントのフランク・タニー、ドイツのポール・バーガー、パキスタンのヌスラット・アジムの7人だったが（事務局長は新間本部長）、ここでＩＷＧＰの基本概念が確認されたあと、具体的な予選、決勝に至る運営プランや、世界各地を5ゾーン（アジア・ゾーン、北米ゾーン、中南米ゾーン、欧州ゾーン、中近東ゾーン）に分けて、それぞれ予選を行い、代表レスラー数名を選出。最終的には代表による決勝リーグ戦を開催し、その興行は世界各地を巡業する「持ち回り形式」を採用し、決勝戦はニューヨークＭＳＧで開催することなどが決議された。

新日本のリングでは5月8日開幕の「ＭＳＧシリーズ」から予選が開始され、リーグ戦における日本人同士の対戦は全て「アジア・ゾーン予選」を兼ねる形式が取られた。5月8日の開幕戦（川崎市体育館）には全日本のトップ・ヒールだったアブドーラ・ザ・ブッチャーがリング上に姿を現してＩＷＧＰへの出場を宣言し、一気に注目度が高まったＩＷＧＰはここから異常とも思えるブームを醸成していった。

「ＩＷＧＰ組織委員会」はその後も定期的に開催され、第2回は7月22日から24日までロサンゼルスの

「世界ベルト統一」を掲げる猪木の思いは1983年に一大イベント「IWGP」として結実したが、当の猪木は決勝戦（6・2蔵前国技館）で失神KO負け。優勝者のために用意されたIWGPベルトを初めて腰に巻いたのはハルク・ホーガンだった

「ニュー・オータニ」に新聞、マクマホン、ラベール、フローレスが集合して予選リーグ途中経過を相互確認。第3回は１９８２年3月2日と3日に京王プラザホテルに9名（１９８１年3月の7名に加えてドイツのアルフレッド・ジーグラーとメキシコUWAの重鎮カルロス・マイネス）が集合して、具体的な決勝進出レスラー（候補）と興行最終プランに踏み込んだ議論がかわされた。この段階では１９８２年の11～12月開催を軸に世界サーキットが決定しかけていたが、運悪く主役である猪木のコンディションが急激に悪化（両膝手術、糖尿病による2シリーズ欠場）して治癒期間が必要な時期だったため、その後は延期に次ぐ延期を余儀なくされていった。

ようやく決勝リーグ進出選手と興行日程が最終的に煮詰まったのは年明けの１９８３年で、まず興行日程については日本国内のプロモーターから「海外開催」に強い不満の声が高まったため、全戦（28興行）を日本国内で開催することが2月に決定。5月8日から6月2日の決勝リーグ戦進出者は4月20日に最終決定した（北米ゾーン＝アンドレ・ザ・ジャイアント、ハルク・ホーガン、ビッグ・ジョン・スタッド、中南米ゾーン＝エル・カネック、エンリケ・ベラ、欧州ゾーン＝前田日明、アジア・ゾーン＝アントニオ猪木、キラー・

カーン、ラッシャー木村)。6月2日(蔵前国技館)の決勝進出者は前日の名古屋(6月1日の愛知県体育館)までもつれたが、ここでキラー・カーンに両者リングアウトに持ち込まれたアンドレが、わずか1ポイント差でホーガンに後塵を拝して3位となり、決勝は猪木とホーガンの2人によって争われた。

それまでの対戦で圧倒的に有利な戦績を残していただけに、猪木の勝利は確実と思われたが、結果はエプロンでアックスボンバーを叩きつけられた猪木が場外に転落したまま失神し、21分27秒にKO負け(俗に言う〝舌出し失神事件〟)。延べ3年に及んだIWGPというビッグ・スペクタルはホーガン優勝という「誰も予想できなかった大ハプニング」で幕を閉じた。

「IWGPはタイトル化され、優勝者が初代王者となる」とアナウンスされた1985年の第3回 IWGPでは、猪木がアンドレ・ザ・ジャイアントをエプロン・カウントアウトで下して優勝(6・11東京体育館=写真)。2日後の6・13愛知県体育館で初防衛戦が行われ、ハルク・ホーガンにリングアウト勝ちした猪木が王座防衛に成功した

猪木は3度「初代王者」となった

当初IWGPは「一回限り、世界を股にかけたサーキット」という構想で生まれたので「恒例化」の予定はなかったが、決勝リーグ戦の28興行(1日のオフもない28戦連続興行)が全て満員になったことから継続が決定され、翌1984年も「'84IWGP」というシリーズ名称で「春の本場所」的な年間最大のシングル・リーグ戦として恒例化されていった。

84年は前年優勝者ホーガンがシードされ、決勝で

1986年の第4回 IWGPであらためて「王座決定リーグ戦」が開催され、6・19両国国技館の決勝戦でディック・マードックを撃破した猪木が王座に就いた

ホーガンと対戦する権利を得るためのリーグ戦が行われ、最高得点者となった猪木がホーガンと対戦し、リングアウトで勝って優勝。前年にホーガンに与えられた円形のベルトも猪木の腰に移った。

85年は開幕前の5月9日、京王プラザホテルで行われた前夜祭の席で「ＩＷＧＰ実行委員長」のジャック・タニー氏（フランク・タニーの甥で、のちにＷＷＦ会長にも就任）から「今後、ＩＷＧＰはタイトル化され、決勝戦で優勝したレスラーが初代ＩＷＧＰヘビー級チャンピオンとして認定される」と発表があった。6月11日、東京体育館で行われた猪木対アンドレ・ザ・ジャイアントの決勝戦は猪木がカウントアウトで勝利し、「初代ＩＷＧＰヘビー級選手権者」となった。2日後の6月13日に名古屋・愛知県体育館で、ホーガンを相手に「ＩＷＧＰヘビー級選手権の初防衛戦」が行われ、猪木がリングアウトで勝って初防衛に成功している。

その後、ＩＷＧＰ王座の防衛戦は一度も行われぬまま、86年ＩＷＧＰの開幕日前日、5月15日に猪木はＩＷＧＰ王座を返上。「あらためて初代王者を決めるためのリーグ戦」が行われることになり、6月19日の両国国技館でディック・マードックを破った猪木が（２度目の）「初代・ＩＷＧＰヘビー級王者」となった（２度目の初代、は明らかに矛盾しているが）。このあとも、猪木はＩＷＧＰ王座の防衛戦を一度も行っていない。

１９８７年はＩＷＧＰ開幕前日の５月10日に京王プラザホテルで前夜祭が行われ、坂口征二副社長から「ＩＷＧＰは正式にタイトル化されることになった。猪木さんは本日、王座を返上した。６月12日の両国国技館における決勝戦で勝った者が〝初代ＩＷＧＰヘビー級王者〟として認定され、以降は各シリーズで防衛戦を行っていく」という発表がなされた。この結果、６月12日の決勝戦でマサ斎藤を破った猪木が（３度目の）「初代・ＩＷＧＰヘビー級王者」となり、その後は「かつての（ＩＷＧＰ構想が始まる前の）ＮＷＦヘビー級選手権」のように「毎シリーズ防衛戦が行われる、通常の看板タイトル」として定着した。

昭和末期から平成を通じて新日本の看板タイトルとして威光を放ったＩＷＧＰヘビー級王座は、ＩＷＧＰインターコンチネンタル王座とともに２０２１年３月にその役目を終え、新たにＩＷＧＰ世界ヘビー級王座が創設された。

1987年の第5回IWGPにおいて「三度目の正直」でIWGPが正式タイトル化。6・12両国国技館の「IWGPヘビー級王座決定戦（決勝戦）」でマサ斎藤にフォール勝ちした猪木が初代王者となった。イベントとしてのIWGPはこれをもって終了。以後、IWGPは晴れて新日本の看板タイトルとして選手権が継続的に行われるようになった

アントニオ猪木

初代　IWGP提唱者にして初代王者

「世界統一」を掲げるIWGPイベント初開催から5年目にしてIWGPが正式タイトル化。リーグ戦を勝ち抜き、マサ斎藤を下した猪木が4連覇を果たすと共に初代王者となった（1987年6月）。戴冠と同時に長州力主導の「世代闘争」が勃発し、首を狙われるも、4度の防衛に成功。しかし、88年4月22日に藤波辰巳が自らの髪を切りながら猪木に世代交代を直訴する「飛龍革命」が勃発するや、翌日のランニング中に左足の甲を骨折して5月2日、王座を返上した。8月8日に挑戦者として藤波に挑むも、60分時間切れ引き分け。89年に政界に活躍の場を移したこともあり、藤波戦後はタイトルマッチに絡むことも、ベルトを巻くこともなかった。

▼IWGP第5回大会において、猪木は正式に初代ヘビー級王者に就いた（写真は87年8・2両国、ビガロ戦）

在位期間　1987年6月12日～1988年5月2日

ベルト戴冠　1987年6月12日＝東京・両国国技館／'87IWGP優勝決定戦＝IWGPヘビー級王座決定戦（時間無制限1本勝負）／アントニオ猪木（14分53秒 体固め）マサ斎藤　※猪木が優勝、初代王者となる

防衛戦の相手　①クラッシャー・バンバン・ビガロ②ディック・マードック③スティーブ・ウイリアムス④長州力

◀87年10・25両国大会の大トリを長州vs藤波に譲り、ダブルメイン第1試合でウイリアムスと3度目の防衛戦。ケタ外れのパワーに苦戦し辛うじてリングアウト勝ち

▼初防衛戦ではビガロに珍しくラリアット3連発を発射（87年8・2両国）

▲初代王座決定戦で斎藤のバックドロップを空中で切り返し体を浴びせてフォール勝ち。試合後、長州、藤波、前田日明らに噛みつかれて「世代闘争」が勃発（87年6・12両国）

▼唯一の日本人との防衛戦で長州相手に卍固めでレフェリーストップ勝ち。世代交代を阻止した（88年2・4大阪）

藤波辰巳

第2代

「飛龍革命」をぶちあげ、打倒猪木を目指す

▼飛龍革命をぶちあげた藤波は、ベイダーを下し王座戴冠。しかし、不本意な勝ち方だったため、ベルトを腰に巻かず（88年5・8有明）

在位期間 1988年5月8日〜5月27日

ベルト戴冠 1988年5月8日＝東京・有明コロシアム ／ IWGPヘビー級王座決定戦（時間無制限1本勝負）／ 藤波辰巳（16分2秒 反則勝ち）ビッグバン・ベイダー ※藤波が第2代王者となる

防衛戦の相手 ①長州力

1988年4月22日、藤波は沖縄・奥武山体育館大会の試合後に控室で、自らの髪を切りながら猪木に対して「もう何年続いた!? これが」と詰め寄り、猪木エース体制が続くことへの怒りをあらわにし、世代交代を訴えた。その後、猪木が負傷によりIWGP王座を返上したため、5月8日、藤波と最強外国人ビッグバン・ベイダーとの間で第2代王者決定戦が行われた。試合は藤波が反則勝ちするも、すっきりしない結果に納得がいかず、腰にベルトを巻こうとはしなかった。5月27日に長州力との初防衛戦に臨んだが、試合中にカラ足を踏んで左足首を捻挫するというアクシデントに見舞われ、無効試合裁定に。ベルトはコミッショナー預かりとなった。

▶4・22沖縄・奥武山大会の試合後、自らの髪を切りながら、猪木に新日本のトップ交代を迫った（飛龍革命）

◀長州との初防衛戦に臨むも、ロープに走った際、リングの板の継ぎ目の部分でつまずき、左足首捻挫。無効試合となり王座預かりに（5・27仙台）

▼ベイダーがレフェリーに暴行を加えたため、レフェリーストップで反則勝ち。すっきりしない王座戴冠となった（5・8有明）

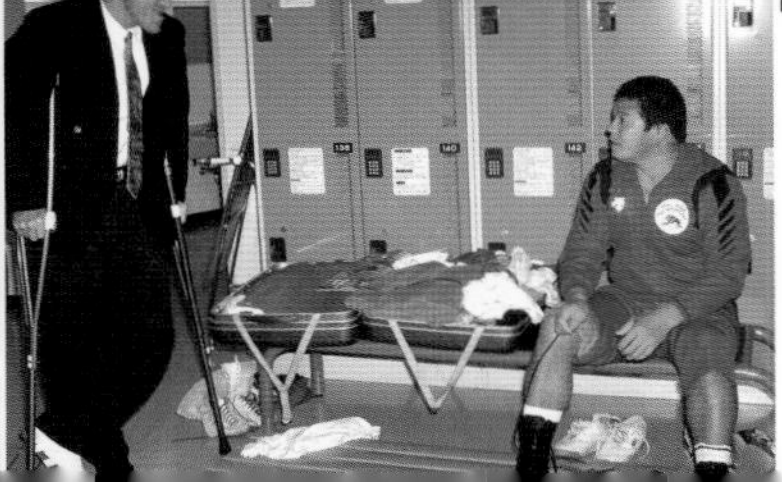

◀ベイダーとの新王者決定戦の試合前、松葉杖をついた前王者の猪木が激励に訪れるも、藤波は無言を貫いた（5・8有明）

第3代

挑戦者・猪木を迎え撃ち至高の名勝負を演じる

▼王者として師・猪木の挑戦を受け、60分時間切れの好勝負を展開。ベルトを守り切った（88年8・8横浜）

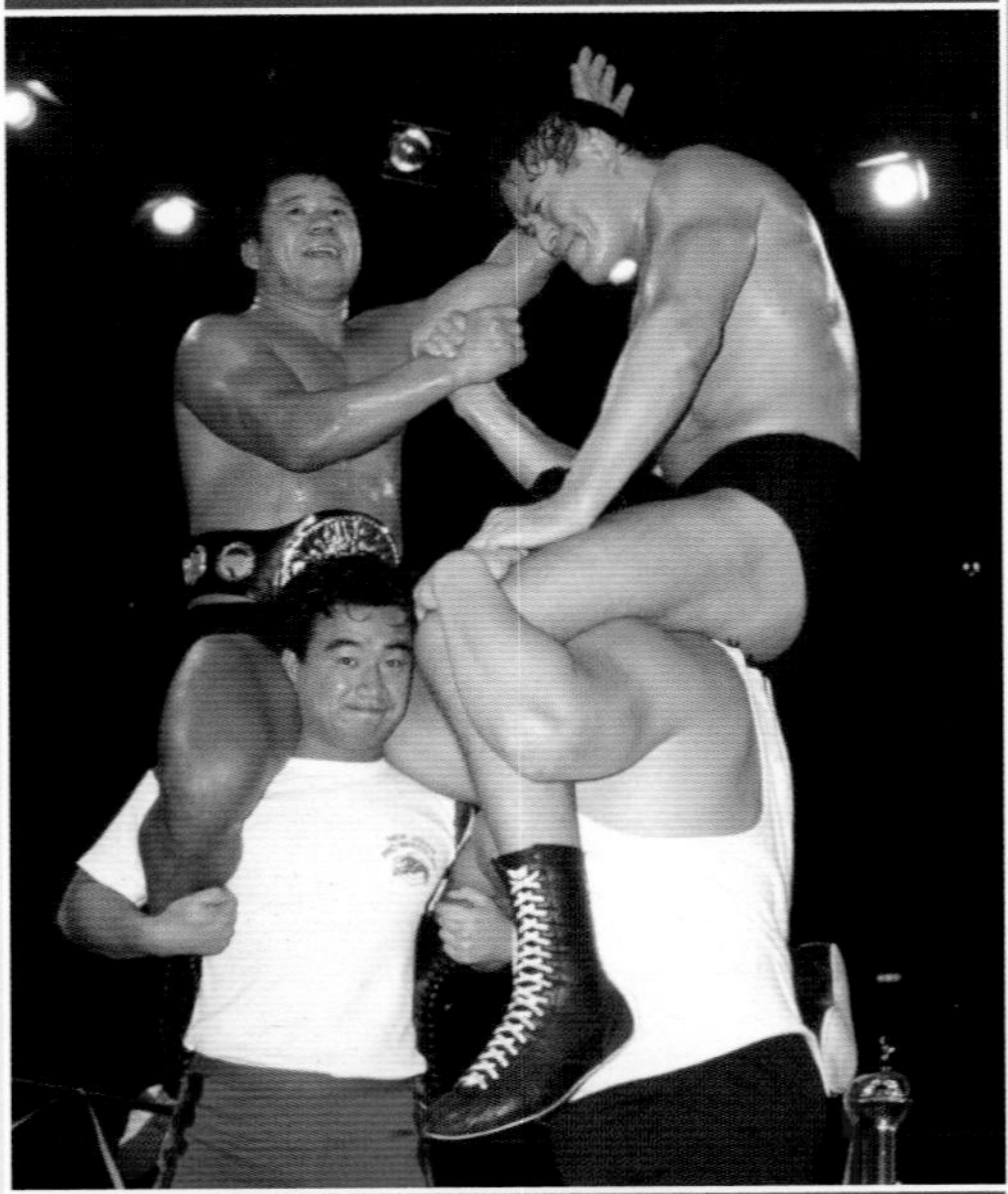

在位期間 1988年6月24日〜1989年4月11日
ベルト戴冠 1988年6月24日＝大阪府立体育会館／IWGPヘビー級王座決定戦（60分1本勝負）／藤波辰巳（18分46秒 首固め）長州力 ※藤波が第3代王者となる
防衛戦の相手 ①ビッグバン・ベイダー②アントニオ猪木③ケリー・フォン・エリック④トミー・レーン⑤クラッシャー・バンバン・ビガロ⑥ビシャス・ウォリアー⑦ジェリー・ローラー

無効試合となった長州と王座決定戦が行われ、藤波が一瞬の丸め込みで王座返り咲き。初防衛戦では、ベイダーにフォール勝ち。1988年8月8日、王者・藤波は挑戦者決定リーグ戦を勝ち上がった猪木を迎え撃った。新日本旗揚げ以来の師弟が繰り広げたストロングスタイル真っ向勝負は、60分時間切れ引き分けに。猪木を倒してベルト防衛とはいかなかったが、藤波自身にとって、新日本ファンにとって、至高のタイトルマッチとなった。12月にはケリー・フォン・エリックを下しIWGP&WCCW世界ヘビー2冠王者に就くなどしたが、翌89年4・24東京ドーム大会で行われる日米ソ3国対抗トーナメントにベルトを懸け権威を高めたいとの意向から王座を返上した。

▲ケリーとのダブル選手権を制しWCCW王座も手中にしたが、出血によるレフェリーストップ勝ちという不本意な勝利に同王座は返上（88年12・9後楽園）

▲因縁のベイダーに逆さ押さえ込みでフォール勝ちして王座防衛。ファンが殺到し、「飛龍革命」を後押し（88年6・26名古屋）

◀新日本初参戦となる前AWA世界ヘビー級王者、南部の帝王ローラーの挑戦を退けた（89年3・16横浜）。この後、王座を返上

▼長州のラリアッ
大流血に追い込ま
瞬の首固めであらた
（88年6・24大阪

第4代

初進出の東京ドームで日米ソ3国の頂点に立つ

▼初進出の東京ドーム大会で王座決定トーナメントを制したベイダーがベルトを獲得（89年4・24ドーム）

1989年4月24日、プロレス界初進出となる記念すべき東京ドーム大会で、藤波が返上したIWGPヘビー級王座の新王者決定トーナメントが開催された。日本・アメリカ・ソ連の3国代表選手が集うなか、1回戦で蝶野正洋、準決勝で藤波を下したベイダーと、1回戦で長州、準決勝でビクトル・ザンギエフを下した橋本真也が決勝で激突。橋本をラリアットで沈めたベイダーが新王者に就いた。新日本最強外国人の名をほしいままにするベイダー時代の始まりかと思われたが、5月25日の初防衛戦でソ連のサルマン・ハシミコフに敗れ王座転落。当時マット界で話題を振りまいていたソ連選手の後塵を拝する結果となってしまった。

在位期間 1989年4月24日～5月25日

ベルト戴冠 1989年4月24日＝東京ドーム／IWGPヘビー級王座決定&闘強導夢杯トーナメント決勝戦（60分1本勝負）／ビッグバン・ベイダー（9分47秒　体固め）橋本真也　※ベイダーが優勝、第4代王者となる

▲トーナメント決勝では、1回戦で長州にフォール勝ちして波に乗る橋本をパワーで圧倒。最後はラリアットで勝負を決めた（89年4・24ドーム）

▲トーナメント準決勝で前王者の藤波もフライング・ボディープレスで撃退（89年4・24ドーム）

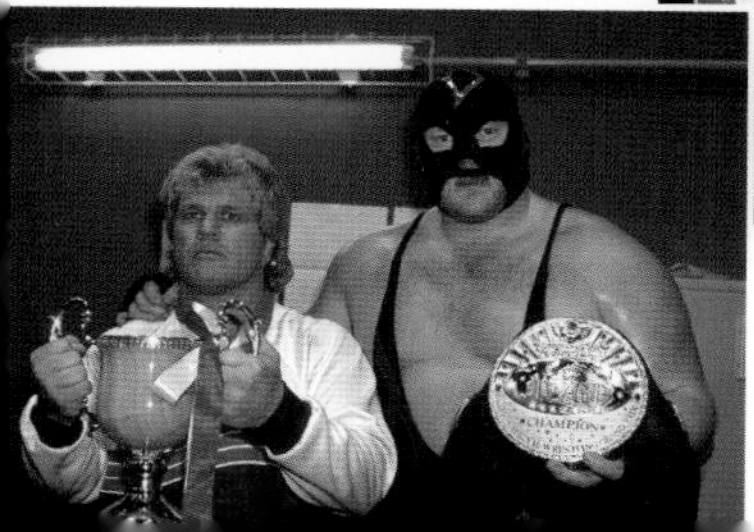

◀日米ソ3国対抗トーナメントを制し、初戴冠に成功したベイダーをアメリカ軍の参謀ブラッド・レイガンズが祝福（89年4・24ドーム）

▼王座決定トーナメン
野をフライング・ボディ
（89年4・24ドーム）

第5代 ソ連「レッドブル軍団」の猛威を見せつける

▼デビュー5戦でのスピード戴冠を果たした（89年5・25大阪城）

在位期間 1989年5月25日～7月12日
ベルト戴冠 1989年5月25日＝大阪城ホール／IWGPヘビー級選手権試合（60分1本勝負）／サルマン・ハシミコフ（8分45秒 片エビ固め）ビッグバン・ベイダー ※ベイダーが初防衛に失敗。ハシミコフが第5代王者となる

1989年2月、新日本とソビエト連邦（現ロシア）国家スポーツ委員会がプロレス参戦に関する調印を締結。〝プロ化〟に伴い、ソ連の選手たちは「レッドブル軍団」として新日本に参戦し、大将格のサルマン・ハシミコフは4・24東京ドームのデビュー戦でクラッシャー・バンバン・ビガロをわずか2分半足らずで下すという衝撃。5・25大阪城大会では当初、スティーブ・ウイリアムスとのシングルが組まれていたが、ウイリアムスの欠場に伴い、ビッグバン・ベイダーが保持する最高峰王座に挑戦した。ベイダーの巨体をぶん投げ、必殺の水車落としで叩きつけ、初挑戦で見事にベルト奪取を果たした。レッドブル軍団の勢いと猛威を見せつける戴冠劇となった。

◀▶170kgのベイダーの巨体をフロント・スープレックスでぶん投げ、必殺の水車落としで勝利した（89年5・25大阪城）

◀レッドブル軍団が王座戴冠を成し遂げたハシミコフを胴上げで祝福（89年5・25大阪城）

第6代

猪木、藤波が不在のなかで覚悟の王座初戴冠

アントニオ猪木が1989年7月の参院選出馬に伴い事実上、リング上の一線から退く意向を示したなか、新日本は藤波辰巳、長州力の2人がトップとして前面に立っていくことになった。しかし、藤波が一連のビッグバン・ベイダーとの闘いの中で腰痛を患い、長期欠場に入ってしまう。長州は日本人陣営の〝最後の砦〟として勢いに乗るサルマン・ハシミコフとのタイトルマッチに臨み、場内のファンも大きな「長州」コールで後押し。ハシミコフのパワーに苦しめられながらも、背後、正面からのラリアット2連発で仕留めて、王座初戴冠を果たした。猪木、藤波が不在の中で、リング上の頂点として君臨し、名実ともに新日本マットをけん引していく立場となった。

▼王者のハシミコフのベルトを入れた手荷物が届かなかったため、勝者の長州はベルトを手にすることができず、トロフィーを掲げた（89年7・12大阪）

在位期間 1989年7月12日〜8月10日

ベルト戴冠 1989年7月12日＝大阪府立体育会館／IWGPヘビー級選手権試合（60分1本勝負）／長州力（7分40秒　体固め）サルマン・ハシミコフ　※ハシミコフが初防衛に失敗。長州が第6代王者となる

▲ハシミコフを下した翌日、飯塚孝之（高史）をパートナーにIWGPタッグ王座を獲得し、2冠となった（89年7・13両国）

◀▲試合後、ハシミコフを気遣った。ベルトがないため、トロフィーに挟まった認定書が新王者を証明（89年7・12大阪）

▼ラリアット2連発でハシミコフを撃破（8

第7代 ビッグバン・ベイダー

全日本のハンセンと2度にわたる壮絶バウト

▼"黒船"のように襲来したレッドブル軍団の猛威のなか、外国人選手トップとしての実力を示した（89年9・21横浜）

在位期間 1989年8月10日～1990年8月19日

ベルト戴冠 1989年8月10日＝東京・両国国技館／IWGPヘビー級選手権試合（60分1本勝負）／ビッグバン・ベイダー（10分4秒　回転エビ固め）長州力　※長州が初防衛に失敗。ベイダーが第7代王者となる

防衛戦の相手 ①クラッシャー・バンバン・ビガロ②橋本真也③スタン・ハンセン④スタン・ハンセン

サルマン・ハシミコフに敗れての王座陥落から約3カ月、ビッグバン・ベイダーが意表を突く丸め込みで王座返り咲き。試合後、結果に納得がいかないファンがリング上にモノを投げ込むほどの予想外の結末だった。ベイダーはIWGP王座史上初となる2日連続の防衛戦を敢行してベルトを守ると、3度目の防衛戦では、全日本のエース外国人選手のスタン・ハンセンと対戦。新日本1990年2・10東京ドーム大会で実現したドリームマッチは壮絶なブルファイトとなり、ベイダーは右目を大きく腫らしながらも、両者リングアウトで防衛に成功。4カ月後の6・12福岡大会での再戦もドームに劣らぬド迫力バウトを展開し、両者反則の痛み分けでベルトを死守した。

◀全日本のトップ外国人のハンセンとのドリームマッチ。ベイダーの右目が大きく腫れ上がるなどの荒々しい攻防の末、両者リングアウトとなった（90年2・10東京ドーム）

◀初防衛戦のビガロとの一戦では、アントニオ猪木がレフェリーを務めた（89年9・20大阪城）

▼まさかの回転エビ固めで長州から王座奪取（89年8・10両国）

◀ハンセンとの2戦目は、初戦に劣らぬド迫力バウト。両者反則ながら、内容が詰まった一戦となった（90年6・12福岡）

第8代

1年越しの王座奪回で、勢いに乗る橋本を粉砕

1990年6・26両国大会の試合後、「いままでは若い連中に譲ってきたが、今度は俺が奪回に乗り出す」と宣言した長州力が、1年越しに場所も同じ両国でベルト奪回に臨んだ。ナンバーワン外国人の座に君臨し、難攻不落と思われていたビッグバン・ベイダーからラリアット連発で3カウントを奪った。1年ぶりにベルトを手にすると、11・1日本武道館の初防衛戦では橋本真也を迎撃。9・14広島でベイダー、9・30横浜でクラッシャー・バンバン・ビガロをシングルで下して勢いに乗る橋本の猛攻を受け止めると、こん身のラリアットで勝利。武藤敬司、蝶野正洋を含めた闘魂三銃士が台頭してくるなか、〝まだまだシングルでは超えさせない〟と意地を見せた。

▼1年ぶりに王座奪還の長州がベルトを手に歓喜のガッツポーズ（90年8・19両国）

在位期間 1990年8月19日〜 12月26日

ベルト戴冠 1990年8月19日＝東京・両国国技館／IWGPヘビー級選手権試合（60分1本勝負）／長州力（11分51秒　片エビ固め）ビッグバン・ベイダー　※ベイダーが5度目の防衛に失敗。長州が第8代王者となる

防衛戦の相手 ①橋本真也

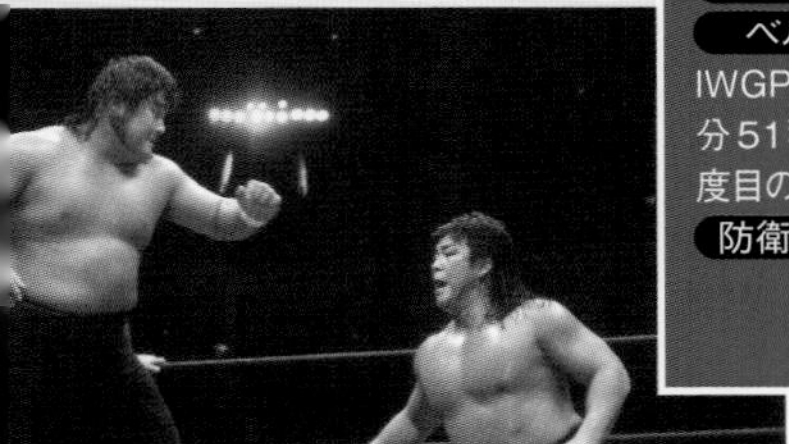

▲◀新日本にとって10年ぶりの開催となった日本武道館大会のメインで、橋本を相手に初防衛戦。重い攻めを受け切ってラリアットで勝利すると、試合後には橋本の闘いぶりを称えた（90年11・1日本武道館）

▶▼ベイダーが痛めていた右目をめがけてパンチを放った長州。ラリアット連発でなぎ倒した（90年8・19両国）

第9代 長期欠場を乗り越えて、歓喜の復活劇

▼腰痛による長期欠場を乗り越えての王座戴冠だった（90年12・26浜松）

在位期間	1990年12月26日～1991年1月17日
ベルト戴冠	1990年12月26日＝静岡・浜松アリーナ／IWGPヘビー級選手権試合（60分1本勝負）／藤波辰爾（18分46秒　回転足折り固め）長州力　※長州が2度目の防衛に失敗。藤波が第9代王者となる

1990年9月に腰痛による長期欠場から復帰した藤波辰爾が、88年6月以来、約2年半ぶりとなる長州力との〝名勝負数え唄〟で王座取りに臨む。過去の両者のシングルは本流に身を置く藤波に対して長州が噛みついていくという構図だったが、このときは王者として新日本のトップに君臨する長州に藤波が挑んでいくという、これまでになかったシチュエーション。実際、試合でも復帰間もない藤波は長州の猛攻にさらされ追い込まれていく。それでも〝ネバーギブアップ〟の精神で反撃に転じ、最後は回転足折り固めで劇的な勝利。歓喜の復活劇で、約1年9カ月ぶりの王座奪取を果たしたライバルに対して長州は「藤波マジックだな」と感服したような言葉を残した。

◀対戦相手の長州、そしてアントニオ猪木、坂口征二という2大巨頭も藤波を祝福（90年12・26浜松）

▲◀長州の猛攻にさらされながらも、卍固めなどで逆襲に転じると、回転足折り固めで3カウント（90年12・26浜松）

▼89年6・22佐
グバン・ベイダーと
腰に大ダメージ。こ
への引き金となった

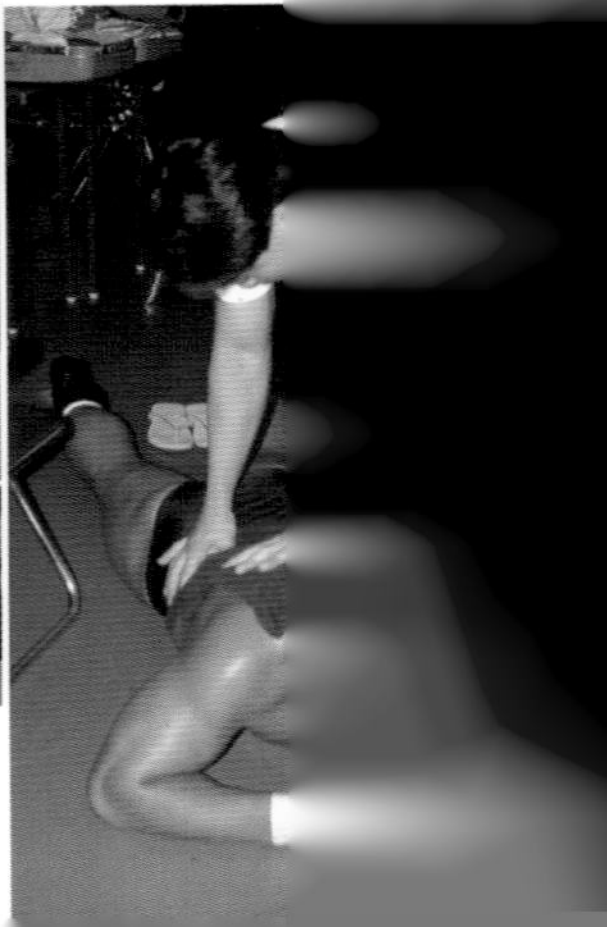

ビッグバン・ベイダー

第10代

因縁の藤波を下して、シングル2冠王に君臨

▼藤波からIWGP王座を奪取し、保持していたヨーロッパのCWA世界ヘビー級ベルトと合わせて2冠を誇示（91年1・17横浜）

在位期間　1991年1月17日～3月4日
ベルト戴冠　1991年1月17日＝神奈川・横浜文化体育館／ IWGPヘビー級選手権試合（60分1本勝負）／ビッグバン・ベイダー（12分57秒　体固め）藤波辰爾　※藤波が初防衛に失敗。ベイダーが第10代王者となる

藤波辰爾が初防衛戦で迎え撃ったのは、腰の負傷の原因となった因縁の相手であるビッグバン・ベイダー。やはり腰を痛めつけられる苦しい展開となったものの、終盤にベイダーを流血に追い込むなど、荒々しいファイトで反撃。しかし、回転エビ固め、スモールパッケージホールドといった丸め込みをしのがれると、強烈なラリアット2連発を食らって敗北。歓喜の復活劇からわずか22日での王座陥落となったが、試合後に場内からは奮闘を称えるように「ドラゴン」コールが起こった。一方のベイダーは約5カ月ぶり3度目の王座戴冠を果たしてトップ外国人の座をキープするとともに、ヨーロッパのCWA世界ヘビー級王座と合わせてシングル2冠王となった。

▶▲藤波のウィークポイントである腰を攻め、最後は豪快なラリアット連発で王座奪取（91年1・17横浜）

▼藤波の荒っぽい攻めで流血に見舞われた（91年1・17横浜）

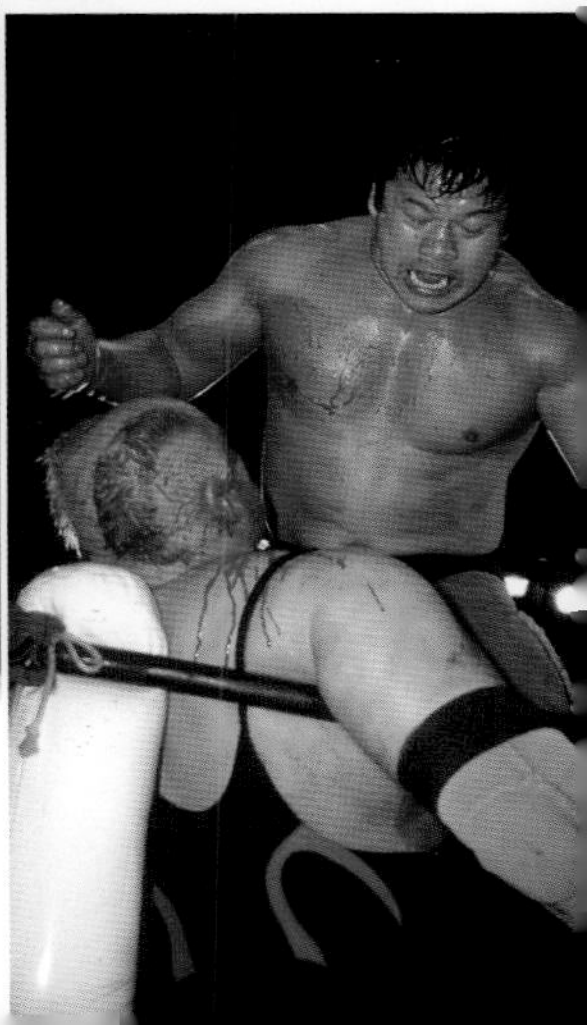

◀2冠王者となり、控室では仲間の外国人レスラーから手洗い祝福を受けた（91年1・17横浜）

第11代 NWA王座との2冠は、無効裁定で幻となる

▼フレアーを下して栄光のNWA世界ヘビー級ベルトを腰に巻き、IWGPとの2冠になったが…（91年3・21東京ドーム）

在位期間	1991年3月4日～1992年1月4日
ベルト戴冠	1991年3月4日＝広島サンプラザホール／IWGPヘビー級選手権試合（60分1本勝負）／藤波辰爾（13分14秒　片エビ固め）ビッグバン・ベイダー　※ベイダーが初防衛に失敗。藤波が第11代王者となる
防衛戦の相手	①リック・フレアー②蝶野正洋③蝶野正洋

22日天下に終わった前王者の藤波辰爾が王座奪還に挑み、ビッグバン・ベイダーのカバーを切り返しての押さえ込みで、3カウント。45日ぶりの王者返り咲きを果たすと、初防衛戦ではNWA世界ヘビー級王者のリック・フレアーとのダブルタイトル戦が実現した。アメリカWCW勢が大挙出場した東京ドーム大会のメインイベント。藤波はグラウンド・コブラツイスト・ホールドで3カウントを奪って、日本人2人目のNWA王座奪取！……と思いきや、WCW側から「サブレフェリーが最後のカウントを入れた」「オーバー・ザ・トップロープの反則を犯した」というクレームが付き、王座奪取は無効に。IWGP王座の防衛には成功したが、無念の結末となった。

◀91年11・5武道館で蝶野に足取り式ドラゴンスリーパーで勝利。18クラブ王者・長州とのダブル選手権（92年1・4ドーム）実現へ

▲◀フレアーの老練な攻めに手こずりながらも、グラウンド・コブラツイスト・ホールドで3カウント（91年3・21東京ドーム）

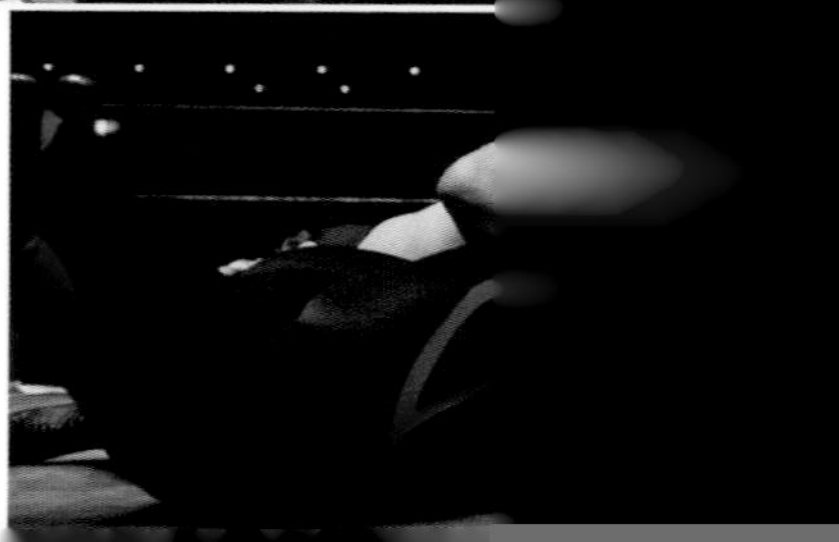

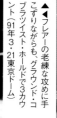

第12代

「名勝負数え唄」制して、2冠王者に輝く

▼グレーテスト18クラブ王座との2冠に輝いた（92年1・4東京ドーム）

在位期間　1992年1月4日〜8月16日

ベルト戴冠　1992年1月4日＝東京ドーム／IWGPヘビー級&グレーテスト18クラブ認定王座ダブル選手権試合（60分1本勝負）／長州力（12分11秒　体固め）藤波辰爾　※藤波がIWGPヘビー級王座4度目の防衛に失敗。長州がグレーテスト18クラブ王座2度目の防衛に成功するとともに、第12代IWGPヘビー級王者となる

防衛戦の相手　①スコット・ノートン②武藤敬司③蝶野正洋④スーパー・ストロング・マシン

グレーテスト18クラブ王者の長州力が藤波辰爾とのダブルタイトルマッチに臨む。往年の「名勝負数え唄」を彷彿とさせる攻防を見られたなか、長州はラリアット3連発で藤波を下して2冠王者に輝いた。初防衛戦ではスコット・ノートンを相手に計11発のラリアットを叩き込んで勝利。初防衛から16日後には2度目の防衛戦が行われ、闘魂三銃士の武藤敬司を迎撃。心身ともに充実一途の武藤を相手に押される場面もあったものの、ラリアットで粉砕。続いても同じ三銃士の蝶野正洋と対戦し、何発も放たれたケンカキックを受け止めると、最後はラリアットの連発で退ける。半年で4度の防衛に成功したものの、この王者時代が最後のIWGP戴冠となった。

◀蝶野を相手にケンカキックを浴びせた（92年6・26日本武道館）

◀マシンとして唯一の王座挑戦は、対長州だった（92年7・31札幌）

◀側転エルボー
をラリアットで迎
リアット連発で
年5・17大阪城

▼ライバル藤波
え唄。"掟破りの
ど往年の攻防も
ラリアットで粉砕
4東京ドーム）

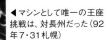

第13代 グレート・ムタ

最高峰でも変幻自在、NWAとの2冠も達成

▼IWGPも独自の色に染めて、1年間ベルトを守った（92年9・23横浜）

在位期間	1992年8月16日～1993年9月20日
ベルト戴冠	1992年8月16日＝福岡国際センター／IWGPヘビー級&グレーテスト18クラブ認定王座ダブル選手権試合（60分1本勝負）／グレート・ムタ（11分26秒 片エビ固め）長州力 ※長州がIWGPヘビー級王座5度目の防衛、グレーテスト18クラブ王座3度目の防衛に失敗。ムタが第13代IWGPヘビー級王者になるとともに、第2代グレーテスト18クラブ王者となる
防衛戦の相手	①橋本真也②スコット・ノートン③スティング④蝶野正洋⑤ザ・グレート・カブキ

1992年5月に当時の王者の長州力に挑戦した試合後、「武藤もムタもいっしょだろ」との挑発を受けた武藤敬司が、3カ月後に〝化身〟グレート・ムタで王座取りに挑む。最高峰王座を争う場でもムタはみずからの流儀を貫き、長州に毒霧を浴びせ、ムーンサルト・プレスで下して勝利すると、試合後にも消火器の白煙をぶちまけるなど、大暴れを見せた。同期の橋本真也、WCWでのライバルだったスティングとの防衛戦を制し、蝶野正洋とはNWA世界ヘビー級王座とのダブルタイトルマッチで対戦。かつて届かなかったNWA王座との2冠に輝いた。また、ムタの〝父親〟ザ・グレート・カブキとの異色のタイトルマッチも実現。1年間に渡り、ベルトを守り抜いた。

◀蝶野が保持していたNWA世界ヘビー級王座とのダブルタイトルマッチを制して、かつてアメリカマットで何度挑戦しても届かなかった、NWAのベルトも獲得した（93年1・4東京ドーム）

▲アメリカマットでライバル関係にあったスティングも防衛戦で迎撃（92年11・22両国）

▼長州を下して王座奪取を果たすと、試合後も消火器をぶちまけるなど大暴れ（92年8・16福岡）

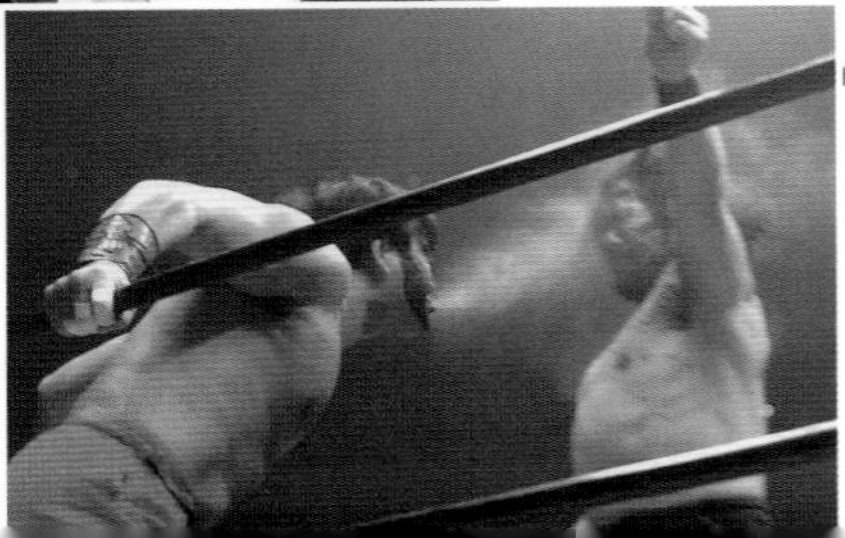

◀〝パパ〟カブキとも異色の王座戦。互いに毒霧を見舞い合うなど大荒れの展開の末、反則決着で防衛（93年6・15日本武道館）

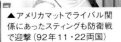

第14代 初戴冠で、同世代のライバルを次々に撃破

▼5度目の挑戦でついに初戴冠。ベルトの"重み"を示すように、引き締まった表情を見せた（93年9・20名古屋）

在位期間 1993年9月20日～1994年4月4日

ベルト戴冠 1993年9月20日＝名古屋・愛知県体育館／IWGPヘビー級選手権試合（60分1本勝負）／橋本真也（20分30秒　片エビ固め）グレート・ムタ　※ムタが6度目の防衛に失敗。橋本が第14代王者となる

防衛戦の相手 ①武藤敬司②パワー・ウォリアー③蝶野正洋④スコット・ノートン

1992年9月にグレート・ムタに敗れた橋本真也が1年ぶりに王座挑戦。1年前の敗戦後、WARから新日本マットに乗り込んできた天龍源一郎の首を狙い、一連の抗争のなかで逞しさを増した橋本は、ムタの狂乱ファイトにも惑わされずに対抗。豪快なジャンピングDDTで3カウントを奪い、5度目の挑戦で悲願の初戴冠を成し遂げた。93年末に今度は素顔の武藤を下して初防衛に成功すると、わずか3日後にはパワー・ウォリアー（佐々木健介）を粉砕。94年1・4東京ドームでは蝶野正洋を退け、同世代のライバルたちを次々に撃破した。当時の外国人トップのスコット・ノートンも執念の延髄斬り7連発などで下し、次世代のなかで抜きん出た存在となった。

◀初防衛戦 で
バルである武藤
12・10名古屋

▼1年前に敗
下しての王座奪
年9・20名古屋

◀最強外国人として君臨していたノートンの牙城を、執念の延髄斬り連発で退けた（94年3・21名古屋）

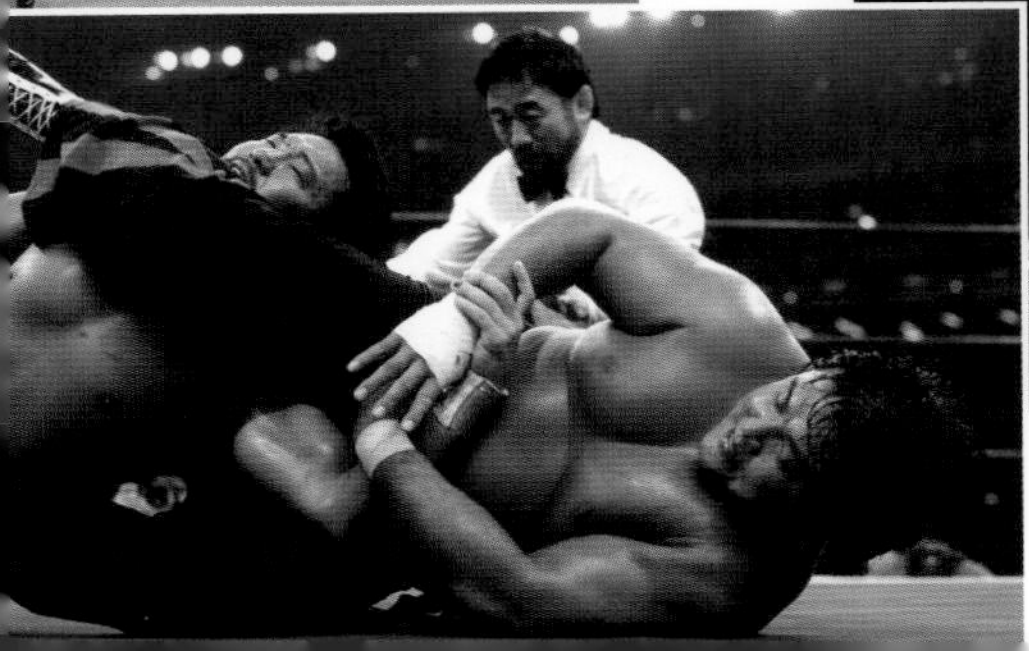

◀ドームでは蝶野を下し、三銃士の2人を相手に防衛に成功（94年1・4東京ドーム）

第15代

世代闘争勃発のなか、大逆転の橋本撃破

▼勢いに乗る橋本を下して、約2年ぶり5度目の王座戴冠（94年4・4広島）

在位期間　1994年4月4日～5月1日
ベルト戴冠　1994年4月4日＝広島グリーンアリーナ／IWGPヘビー級選手権試合（60分1本勝負）／藤波辰爾（14分55秒　グラウンド・コブラツイスト・ホールド）橋本真也　※橋本が5度目の防衛に失敗。藤波が第15代王者となる

橋本真也が王者として新日本マットをけん引するなか、長州力、藤波辰爾らの上世代との世代闘争が勃発。約2年3カ月ぶりにIWGP戦に出陣してきた藤波に対して橋本は、「あの頃の藤波さんはどこに行ったんだ!?」などと語り、飛龍革命がとん挫し、煮え切らぬ態度を取り続ける姿勢を糾弾。厳しい姿勢は試合でも表れ、重爆キックで藤波を圧倒した。しかし、橋本の蹴りを受け続け、何度もマットに這いつくばりながらも、藤波は最後の一手は許さなかった。ジャンピングDDT狙いで組みついてきた橋本に大逆転のグラウンド・コブラツイスト・ホールドを決めて3カウント。まさかの敗戦に怒りをぶちまける橋本を、藤波は「詰めが甘い！」と一喝した。

◀ボコボコにされながらも、起死回生のグラウンド・コブラツイスト・ホールドで逆転の3カウント（94年4・4広島）

◀怒り爆発の橋本に向かって藤波は「オレの首を蹴り取ってみろ！」と言い放った（94年4・4広島）

◀▲藤波は橋本に蹴
ボコにされた（94年4・

第16代

世代闘争にケリをつけ、敵なしのV9達成

▼2度目の戴冠で、IWGP王者としての"強さ"を完全に印象づけた（95年1・4東京ドーム）

在位期間 1994年5月1日～ 1995年5月3日

ベルト戴冠 1994年5月1日＝福岡ドーム／ IWGPヘビー級選手権試合（60分1本勝負）／橋本真也（6分4秒体固め）藤波辰爾　※藤波が初防衛に失敗。橋本が第16代王者となる

防衛戦の相手 ①藤原喜明②長州力③パワー・ウォリアー④蝶野正洋⑤馳浩⑥佐々木健介⑦天山広吉⑧スコット・ノートン⑨ロード・スティーブン・リーガル

藤波辰爾にまさかの敗北を喫した橋本真也が再戦を要求し、「10分以内に決着をつける」と宣言。実際、橋本はベルトを落とした1994年4月の一戦と同様に藤波を蹴りまくり、そして同じ轍は踏まないとばかりに、ジャンピングDDTで息の根を止めた。試合時間6分余りの"公約達成"で、27日ぶりに王座奪還を果たした。以後、藤原喜明、長州力と上世代を連破して世代闘争に一つのケリをつけると、続いて同世代との闘いに移行していく。蝶野正洋、馳浩と撃破すると95年1・4東京ドームのメインでは佐々木健介を下して敵なしの状態を作り上げた。凱旋直後の新世代である天山広吉、さらに外国人選手も下し、当時の記録となる9度の防衛に成功した。

◀凱旋直後の天山も叩き潰した（95年2・4札幌）

◀テクニシャンのリーガルを倒して、V9を達成した（95年4・16広島）

◀2度目の防衛戦で長州
した首攻めから、最後は
ルボードロップを突き刺し
6・15日本武道館）

▼10分以内の決着を宣
のリマッチ。6分4秒で
奪還（94年5・1福岡ド

第17代 Uインター・髙田との世紀の一戦を制する

▼スランプ期間を乗り越えて、素顔としての初戴冠を成し遂げた（95年5・3福岡ドーム）

1995年初頭、極度のスランプ状態に陥り、2カ月間、戦列から離れていた武藤敬司が、背水の王座挑戦。勝利への執念を見せつけるようにムーンサルト・プレス2連発で3カウント。橋本真也のV10を阻止し、素顔での初戴冠を果たした。IWGPヘビー級王者として初の『G1 CLIMAX』制覇も成し遂げてバク進ロードを突き進むと、95年10・9東京ドームでのUWFインターナショナルとの全面対抗戦では、メインの大将戦で相手側のエース、髙田延彦とのタイトルマッチに臨む。双方の団体の威信も懸けた異様な雰囲気のなか、足4の字固めでギブアップ勝ちを挙げて防衛に成功。世紀の一戦を制して、IWGP王座の価値を一段と高めることに成功した。

在位期間 1995年5月3日～1996年1月4日

ベルト戴冠 1995年5月3日＝福岡ドーム／IWGPヘビー級選手権試合（60分1本勝負）／武藤敬司（21分13秒 体固め）橋本真也 ※橋本が10度目の防衛に失敗。武藤が第17代王者となる

防衛戦の相手 ①天山広吉②ホーク・ウォリアー③平田淳嗣④髙田延彦⑤越中詩郎

◀IWGPヘビー級王者として初めて『G1』も制覇した（95年8・15両国）

下からの突き上げを食い止めた（95年6・14日本武道館）

◀UWFインターナショナルとの全面対抗戦の大将戦で、髙田との頂上対決。ドラゴンスクリューからの足4の字固めで歴史的一戦を制し、ベルトを死守した（95年10・9東京ドーム）

第18代 武藤にリベンジ成功で、初の他団体王者となる

▼初めて他団体の選手として至宝を腰に巻いた（写真は96年4・29東京ドーム）

在位期間　1996年1月4日〜4月29日

ベルト戴冠　1996年1月4日＝東京ドーム／IWGPヘビー級選手権試合（60分1本勝負）／髙田延彦（17分57秒　腕ひしぎ十字固め）武藤敬司　※武藤が6度目の防衛に失敗。髙田が第18代王者となる

防衛戦の相手　①越中詩郎

1995年10・9東京ドームで武藤敬司に屈辱的な敗戦を喫した髙田延彦は、ヒザのケガで約2カ月、戦列から離れた。そして、再起と雪辱を懸けて武藤との再戦に臨んだ。前回、ギブアップ負けを喫した足4の字固めは冷静にヒールホールドで切り返して、悪夢の再現は許さず。キックの連打でリズムを作ると、最後はグラウンドに持ち込んで腕ひしぎ十字固めでギブアップを奪って、リベンジに成功。他団体の選手として初めて王座奪取を果たして、歴史に名を刻んだ。初防衛戦はUWFインターナショナルのリングで行われて、かつて新日本のジュニアヘビー級戦線でしのぎを削り合った越中詩郎を迎撃。見事に勝利を収め、ホームリングでの威厳を保った。

▲かつて新日本ジュニアでしのぎを削り合った越中を下して、ホームリングで防衛に成功（97年3・1日本武道館）

▼UWFインター 97年3・1日本武道館大会でも防衛戦を敢行。新日本の坂口征二社長（当時）が、他団体で認定宣言を読み上げた

第19代 橋本真也

高田を退け、他団体流出の至宝を奪還

初めて他団体に流出したIWGPヘビー級王座を奪還するべく立ち上がったのは、当時の同王座の最多防衛記録を保持していた、〝強さの象徴〟橋本真也だった。橋本は、背中に「闘魂伝承」と記されたガウンを着用してリングに上がった。絶対に負けられぬ思いが乗り移ったように、橋本は高田延彦のテクニックを重戦車のごとく突進力で凌駕。チョップ連打から垂直落下式DDT、そして最後は三角絞めでギブアップを奪い、再び新日本の頂点に立つと、握手を求めてきた高田の両手をしっかりと握って、敬意を表した。防衛ロードでは、のちに抗争を繰り広げることになる小川直也も退けるなど、7度の防衛に成功。この王者時代が、最後のIWGP戴冠となった。

▼他団体に渡っていた至宝を奪還し、1年以上の防衛ロードを築いた（97年5・3大阪ドーム）

在位期間 1996年4月29日～1997年8月31日
ベルト戴冠 1996年4月29日＝東京ドーム／IWGPヘビー級選手権試合（60分1本勝負）／橋本真也（12分33秒　三角絞め）高田延彦　※高田が2度目の防衛に失敗。橋本が第19代王者となる
防衛戦の相手 ①小島聡②リック・フレアー③長州力④山崎一夫⑤小川直也⑥武藤敬司⑦天山広吉

◀97年3月27日に京王プラザホテルで開かれた新日本創立25周年記念パーティーの席上、IWGP2代目ベルトが授与された

▲97年1・4東京ドームでは長州を迎え撃ち、ラリアットをケサ斬りチョップで迎撃し、垂直落下式DDTで仕留めた

◀のちにライバル関係となる小川も防衛戦で迎え撃った（97年5・3大阪ドーム）

▼UWFインターナショナ田との大一番を制して、した（96年4・29東京ド

佐々木健介

第20代

宿願の初戴冠で、「グランドスラム」を達成

▼『G1』制覇、IWGPタッグ王座に続いてのシングル王座戴冠で、グランドスラムを達成（97年8・31横浜）

在位期間 1997年8月31日～1998年4月4日

ベルト戴冠 1997年8月31日＝神奈川・横浜アリーナ／IWGPヘビー級選手権試合（60分1本勝負）／佐々木健介（16分54秒　体固め）橋本真也　※橋本が8度目の防衛に失敗。健介が第20代王者となる

防衛戦の相手 ①蝶野正洋②武藤敬司③西村修

1997年の『G1 CLIMAX』で優勝を果たした佐々木健介が、勢いのままに王座挑戦。過去、橋本真也が王者時代、パワー・ウォリアーも含めて3度挑戦し、いずれも真っ向勝負の末に敗北。なかなか超えられなかった橋本の壁を打ち破るべく、健介はやはり正面突破を試みて、相手の得意技の垂直落下式DDTを阻止すると、ラリアット連発。最後はノーザンライトボムで3カウントを奪い、宿敵を倒して王座初戴冠を果たした。当時、山崎一夫とのコンビでIWGPタッグ王座も保持していたため、G1優勝と合わせて史上初のグランドスラム達成者となった。防衛戦を含めてかつての闘魂三銃士を3タテし、新日本のトップとして堂々と君臨した。

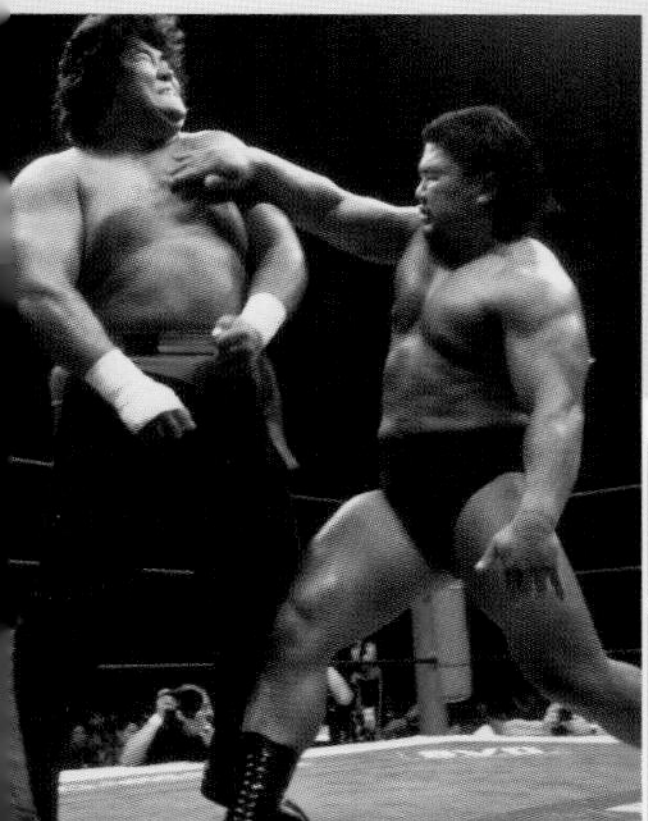

▲勢いのままに橋本を撃破して、一気に頂点に立った（97年8・31横浜）

▲G1制覇から1週間後、山崎一夫とのコンビでIWGPタッグを奪取（97年8・10ナゴヤドーム）

▼決勝で天山広吉を下して、97年『G1』で初優勝（97年8・3両国）

◀初防衛戦で蝶野、そして98年1・4東京ドームでは武藤を下して、三銃士を3タテ

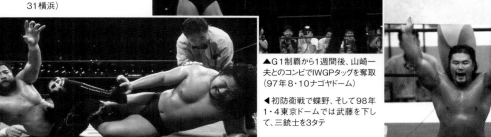

第21代

師匠・猪木の引退に花添える、奇跡の返り咲き

▼師匠・猪木の引退試合の日に奇跡の王座返り咲きを果たした（98年4・4東京ドーム）

在位期間	1998年4月4日〜8月8日
ベルト戴冠	1998年4月4日＝東京ドーム／ IWGPヘビー級選手権試合（60分1本勝負）／藤波辰爾（21分18秒　ジャーマン・スープレックス・ホールド）佐々木健介　※健介が4度目の防衛に失敗。藤波が第21代王者となる
防衛戦の相手	①橋本真也②天山広吉

アントニオ猪木の引退試合が行われた1998年4・4東京ドーム大会で、一番弟子の藤波が王座に挑戦。相手は永遠のライバル・長州力の愛弟子にあたる佐々木健介とあり、形を変えた〝名勝負数え唄〟という趣もあった。藤波は懐かしい『ドラゴン・スープレックス』の旋律に乗って入場。場内のムードが最高潮に達するなか、藤波は健介のパワーを受け止めつつ、みずからのリズムで試合を構築。そして、「腰が砕けてもいい」という覚悟を持ち、長らく〝封印〟状態にあったジャーマン・スープレックス・ホールドで3カウント。感動、感慨、興奮、追憶…さまざまな感情を揺さぶられた観客は大熱狂。師匠の引退に花を添える、奇跡の王座返り咲きとなった。

▼◀やや当たりは渋
延髄斬りも放った。
マン・スープレックス
（98年4・4東京ドー

◀初防衛戦では橋本をスリーパーホールドで下した（98年6・5日本武道館）

▲天山を卍固めで下して2度目の防衛。「負ける気がしない」と自信をみなぎらせた（98年7・14札幌）

蝶野正洋

第22代

〝昭和〟を追いやり、黒のカリスマが頂点へ

▼反体制ユニットのnWoジャパンを率いる黒の総帥として初戴冠を果たした（98年8・8大阪ドーム）

在位期間 1998年8月8日〜9月21日

ベルト戴冠 1998年8月8日＝大阪ドーム／IWGPヘビー級選手権試合（60分1本勝負）／蝶野正洋（19分53秒 STF）藤波辰爾 ※藤波が3度目の防衛に失敗。蝶野が第22代王者となる

過去7度、IWGP王座に挑戦しながらもベルトには届かなかった蝶野正洋が、大ブームを巻き起こし、新日本マットを席巻していたnWoジャパンのリーダーとして、藤波辰爾にチャレンジ。〝昭和のプロレス〟をまとう藤波と、〝平成プロレス〟をけん引する蝶野という分かりやすい対比もあるなか、ファンの声援も二分。しかし、絶大な支持を受けて時流に乗る蝶野が〝昭和〟を追いやり、8度目の挑戦でついに王座初戴冠を果たした。黒のカリスマが真のトップに立ち、アントニオ猪木なき新しい新日本を完全に確立したという意味で、大きなターニングポイントとなる一戦になったものの、首の負傷の悪化により、防衛戦を行うことなく無念の王座返上となった。

▼◀藤波との一戦はじっくりとした闘いに。最後はSTFでギブアップを奪った（98年8・8大阪ドーム）

◀蝶野は王者として98年9月シリーズに出場。同門のノートンとの防衛戦を控えて前哨戦も闘ったが（98年9・10大宮）、シリーズ中にケイ椎の負傷が悪化し、タイトルマッチ前に王座を返上した

▼nWoジャパンはプロレス界以外にも〝メンバー〟を抱え、競輪選手も祝福の輪に参加（98年8・8大阪ドーム）

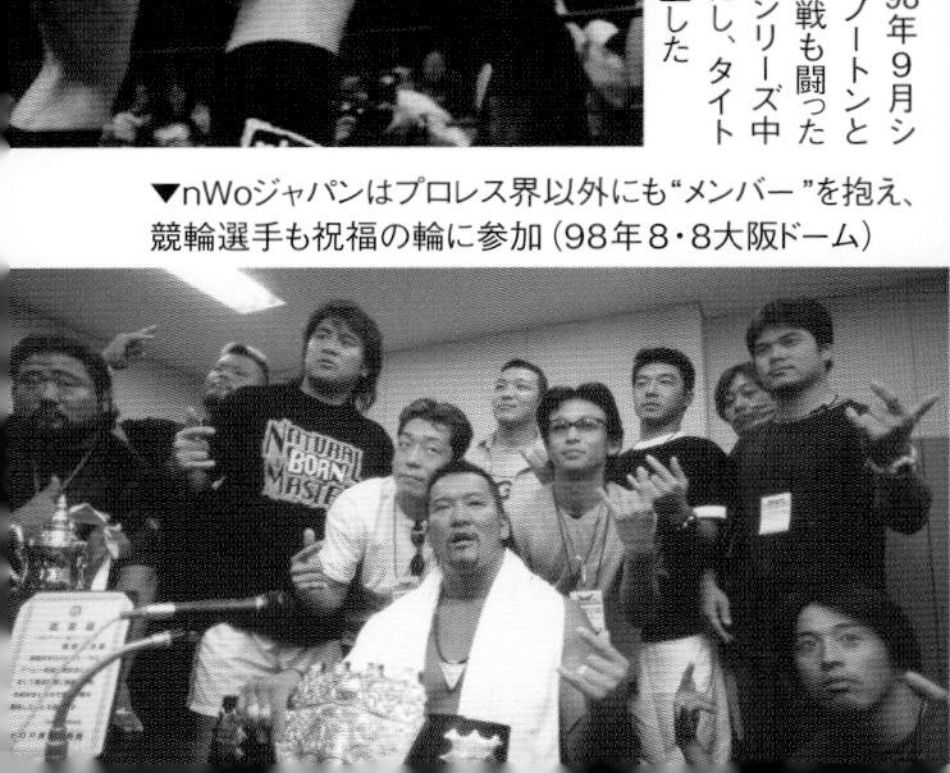

第23代 スコット・ノートン

7年ぶりの外国人王者として、海外でも防衛戦

▼約7年半ぶり、3人目の外国人王者となった（98年9・23横浜）

当初、蝶野正洋の初防衛戦の相手として決まっていたスコット・ノートンだが、大会2日前に蝶野の首の負傷悪化による王座返上が発表され、急きょ凱旋間もない永田裕志との王座決定戦に臨むことになった。永田の打撃、サブミッションをしのいだノートンが投げっぱなしパワーボムで粉砕して、第10代王者のビッグバン・ベイダー以来、約7年半ぶりの外国人王者が誕生。初来日から8年、長らくナンバーワン外国人と言われていた超竜は、初防衛戦で橋本真也をリングアウトで退けると、その後はアメリカで1週間で2度のタイトル戦を敢行。1988年12月以来、約10年ぶりの海外での防衛戦でもベルトを守り抜き、外国人王者としての自身の〝色〟を発揮した。

在位期間 1998年9月23日～1999年1月4日

ベルト戴冠 1998年9月23日＝神奈川・横浜アリーナ／IWGPヘビー級王座決定戦（60分1本勝負）／スコット・ノートン（11分11秒　体固め）永田裕志　※ノートンが第23代王者となる

防衛戦の相手 ①橋本真也②ヴァン・ハマー③ローディ④中西学

◀海外のWCWマットでも2度の防衛戦を敢行した（写真は98年11・2フロリダ、ハマー戦）

◀初防衛戦では橋本と激突。場外でラリアットを放った際、橋本が鉄柱に頭部を痛打。ダウンしたままリングに戻れず、リングアウト決着となった（98年10・30広島）

▼凱旋間もない永田との王座決定戦を制してベルトを奪取（98年9・23横浜）

◀中西との防衛戦は8分足らずの勝負タイムながら、真っ向からパワーがぶつかり合うド迫力の闘いとなった（98年12・4大阪）

第24代 騒乱のリングで、〝正道のプロレス〟を貫く

▼UFOとの対抗戦、大仁田厚の参戦など、飛び道具的な話題も多い中、武藤は“プロレスの砦”を守った（99年4・10東京ドーム）

在位期間　1999年1月4日〜12月10日

ベルト戴冠　1999年1月4日＝東京ドーム／IWGPヘビー級選手権試合（60分1本勝負）／武藤敬司（19分1秒、足4の字固め）スコット・ノートン　※ノートンが5度目の防衛に失敗。武藤が第24代王者となる

防衛戦の相手　①佐々木健介②ドン・フライ③天龍源一郎④小島聡⑤中西学

nWoの総帥・蝶野正洋が欠場中のなか、取って代わるようにユニットの中心としての存在感を見せていた武藤敬司が、同門のスコット・ノートンが保持する王座に挑戦。タイトル戦の舞台となった1999年1・4東京ドーム大会は、大仁田厚の参戦、新日本とUFOの対抗戦と刺激な話題も多く、橋本真也と小川直也の一戦ではリング上が大混乱。そんな騒乱の大会のメインでのタイトルマッチで、武藤は〝正道のプロレス〟で勝負。徹底した足攻めでジワジワとノートンを痛めつけ、足4の字固めでギブアップ勝ち。〝プロレスの砦〟たる試合内容でしっかりとメインを締め、3年ぶりの王座奪回とともに「俺たちがプロレスを守っていく」と力強く宣言した。

◀99年5・3福岡での天龍との一戦は、同年の『プロレス大賞』でベストバウトを受賞する大熱戦となった

▶99年4・10東京ドームでは元UFCファイターのフライとの防衛戦。この〝難題〟もクリアし、またしてもドーム大会を締めた

◀99年10・11東京ドームでの中西との防衛戦はメインでは組まれず。しかし、さすがの試合内容を残して、ベルトを守った

第25代 最年長戴冠で、両メジャー王座完全制覇

▼49歳10カ月、史上最年長王者に輝いた（99年12・10大阪）

在位期間	1999年12月10日～2000年1月4日
ベルト戴冠	1999年12月10日＝大阪府立体育会館

／IWGPヘビー級選手権試合（60分1本勝負）／天龍源一郎（26分32秒　片エビ固め）武藤敬司　※武藤が6度目の防衛に失敗。天龍が第25代王者となる

1999年5・3福岡大会で武藤敬司が保持していた王座に挑戦した天龍源一郎は、大熱戦の末に敗北。しかし、同一戦はのちに同年の『プロレス大賞』でベストバウトに選出されるほどの好勝負となった。そんな〝ミスタープロレス〟同士による、2度目のタイトルマッチ。前回の一戦で敗れている天龍はいつも以上にアグレッシブに攻めまくり、武藤の勝負を懸けたムーンサルト・プレスもしのぐと、スパイダージャーマンからのノーザンライトボムで見事にリベンジ。両者の闘いは再び〝極上のプロレス〟と呼ぶべき激闘となった。天龍は史上最高齢49歳でのIWGP王座戴冠で、新日本と全日本の最高峰シングル&タッグ王座を完全制覇する快挙を達成した。

◀リング上ではベルトを手に持っていたが、バックステージでは腰にあてがうようにしてコメントを出した（99年12・10大阪）

◀大勢の天龍ファンによる幟がはためくなか、花道を引き揚げた（99年12・10大阪）

▼◀得意のスパイダ
繰り出した天龍。最後
トボムで決めた（99年

第26代

天龍との真っ向勝負を制して至宝奪還

▼天龍から至宝奪還に成功し、2度目の戴冠を果たした（00年1・4東京ドーム）

在位期間 2000年1月4日〜10月11日

ベルト戴冠 2000年1月4日＝東京ドーム／IWGPヘビー級選手権試合（60分1本勝負）／佐々木健介（14分43秒　体固め）天龍源一郎　※天龍が初防衛に失敗。健介が第26代王者となる

防衛戦の相手 ①ドン・フライ②小島聡③グレート・ムタ④中西学⑤飯塚高史

天龍源一郎に渡った至宝の奪還に立ち上がったのは佐々木健介だった。両者は1999年10・11東京ドーム大会でもシングルマッチを闘い、天龍が相手のお株を奪うノーザンライトボムを決めて勝利。自身の得意技を叩き込まれての敗戦は、健介にとって大きな屈辱となった。迎えた王座戦で健介は天龍と真っ向からの意地の張り合いを展開。グーパンチにはグーパンチを返し、ノーザンライトボムは倍返しの2連発で見舞って王座奪還に成功した。防衛戦ではパワー・ウォリアーとしてグレート・ムタを迎撃するなどしたが、2000年10・9東京ドームでの全日本との対抗戦で、ノンタイトルながら川田利明に敗北。大一番に負けた責任から、ベルトを返上した。

▼◀ムタとの防衛戦では、妻の北斗晶も従えてパワー・ウォリアーとして登場。お株を奪う毒霧も決めた（00年5・5福岡ドーム）

◀00年10・9東京ドームで全日本との対抗戦が実現。ノンタイトルながら川田との一戦に敗れると、ケジメのベルト返上

◀天龍戦では雪崩式フランケンシュタイナーなど、なりふり構わぬ攻めも見せた（00年1・4東京ドーム）

第27代

因縁の川田を破って、感涙の王座返り咲き

▼全日本・川田との頂上対決を制してベルトを再び腰に巻いた健介は感極まったような表情を浮かべた（01年1・4東京ドーム）

2000年10・9東京ドームで川田利明とのノンタイトルのシングルに敗れた佐々木健介が王座を返上したことに伴い、01年1・4東京ドームで新王者決定トーナメントを開催。決勝まで勝ち上がった健介は因縁の川田をノーザンライトボムで粉砕して、感涙の王座返り咲き。セミファイナルの橋本真也vs長州力が両者レフェリーストップの不完全燃焼の一戦となり、モヤモヤの溜まっていた観客のフラストレーションを吹き飛ばすような闘いで、21世紀最初のドーム大会を締めた。初防衛戦では海外から凱旋し、ヘビー級に転向した大谷晋二郎を迎え撃つ。ZERO-ONE（当時）移籍もささやかれていた後輩を下し、混迷の新日本でどっしりとした強さを見せた。

在位期間　2001年1月4日〜3月17日

ベルト戴冠　2001年1月4日＝東京ドーム／第27代IWGPヘビー級王座決定戦（時間無制限1本勝負）／佐々木健介（10分30秒　体固め）川田利明　※健介が王座争奪トーナメントを制し、第27代王者となる

防衛戦の相手　①大谷晋二郎

◀初防衛戦ではヘビー級転向の大谷を返り討ちにした（01年2・18両国）

▲▶川田との意地の張り合いを制して、ドーム大会のメインを締めた（01年1・4東京ドーム）

▶ノートンに敗れて王座陥落した健介は01年3・20代々木のリング上で、4・9大阪ドームでのシングルが決定していた藤田和之に対して「正直、すまなかった、ベルト」と謝罪

スコット・ノートン

第28代

危機感を募らせていた超竜が2度目の戴冠

▼2度目の王座戴冠を果たした（01年3・17名古屋）

在位期間 2001年3月17日〜4月9日
ベルト戴冠 2001年3月17日＝名古屋・愛知県体育館／IWGPヘビー級選手権試合（60分1本勝負）／スコット・ノートン（11分49秒 体固め）佐々木健介 ※健介が2度目の防衛に失敗。ノートンが第28代王者となる

佐々木健介への挑戦が決まったスコット・ノートンは、同一戦に至るまでのシリーズでも絶好調。ともに来日したスコット・ホールを猛烈に意識し、さらに欠場中の蝶野正洋不在のTEAM2000の状況に危機感を募らせ、前哨戦から勢いを見せつけてきた。迎えたタイトルマッチでも、古傷の左ワキ腹の痛みを抱えていた健介を圧倒し、最後はフライング・ラリアットを叩き込んで勝利。約2年ぶり2度目の最高峰王座戴冠を果たした。IWGPタッグ王座を保持していた天山広吉&小島聡とともに、TEAM2000がシングル&タッグ王座を独占した。一方の健介は4・9大阪ドームでの藤田和之とのシングルが決定していたなかで、無念の陥落となった。

▶◀ノートンは圧倒的なパワーで健介を押し切った（01年3・17名古屋）

◀蝶野不在のTEAM2000メンバーから祝福を受けた（01年3・17名古屋）

▼健介は珍しくトペまで放ってノートンに迫った（01年3・17名古屋）

第29代

総合格闘技を経て、古巣で一気に頂点へ

▼総合格闘技での経験、実績を生かして古巣マットに帰還した藤田が王座奪取（01年4・9大阪ドーム）

在位期間 2001年4月9日～2002年1月4日

ベルト戴冠 2001年4月9日＝大阪ドーム／IWGPヘビー級選手権試合（60分1本勝負）／藤田和之（6分43秒 スリーパーホールド）スコット・ノートン ※ノートンが初防衛に失敗。藤田が第29代王者となる

防衛戦の相手 ①永田裕志②ドン・フライ

総合格闘技イベント『PRIDE』に参戦するため、2000年1月に新日本を退団した藤田和之が、師匠・アントニオ猪木の指令で古巣マット参戦を決意。当初、4・9大阪ドーム大会では佐々木健介とのシングルが決まっていたが、猪木の強権発動によりスコット・ノートンとのタイトルマッチに変更となった。藤田は猪木から手渡された初代IWGPヘビー級のベルトを持参して登場。試合でもノートンを圧倒し、スリーパーホールドで一蹴して2つのIWGPベルトを手にした藤田は「いまの新日本じゃ誰も相手にならない」と豪語して、2度の防衛に成功。しかし、01年12月、練習中に右足アキレス腱を断裂し、02年1・4東京ドームのリング上で返上した。

▲元UFCファイターのフライとも防衛戦を闘い、総合格闘技の下地を持つ2人が場外戦を見せた（01年7・20札幌ドーム）

◀ノートンをス
リーパーホー
ベルトを手に
9大阪ドーム

▼初防衛戦
プンフィンガ
用し、さなが
雰囲気となっ
日本武道館）

◀01年末の練習中にアキレス腱断裂の重傷を負い、02年1・4東京ドームに来場して、無念のベルト返上

第30代 大みそかに時の人となり、勢いのままに王座戴冠

▼総合格闘技での経験を経て、ホームリングで一気に頂点に駆け上がった（写真は02年3・21東京体育館）

在位期間 2002年2月16日～4月5日

ベルト戴冠 2002年2月16日＝東京・両国国技館／IWGPヘビー級王座決定戦（60分1本勝負）／安田忠夫（15分15秒　フロント・スリーパー）永田裕志　※安田が王座決定トーナメントを制し、第30代王者となる

防衛戦の相手 ①天山広吉

藤田和之の王座返上に伴い、IWGPヘビー級王座決定トーナメントの開催が決定。2001年12・31に開催された格闘技イベントで、K-1ファイターのジェロム・レ・バンナに勝利して一躍、時の人となった安田忠夫もエントリーし、02年2・1札幌での1回戦ではジャイアント・シルバに勝利。2・16両国の準決勝では蝶野正洋、そして決勝では永田裕志を下して、王座初戴冠。武藤敬司、小島聡らの退団で大きく揺れるなか、新体制へと歩み出した新日本のトップに立った。初防衛戦では約3年8カ月ぶりの王座挑戦となった天山広吉を迎え撃ち、相手の意気込みを受け止めた上で、最後は王座奪取時と同じくフロント・スリーパーを決めて防衛に成功した。

▲初防衛戦では、天山からフロント・スリーパーを決められる場面もあったものの、きっちりと同じ技でお返しをして勝利（02年3・21東京体育館）

▼トーナメント決勝では永田と対戦。エルボーにパンチで応酬し、フロント・スリーパーで勝利した（02年2・16両国）

▲7人参加の王座決定トーナメント準決勝で蝶野を肩固めで下した（02年2・16両国）

▶01年大みそかにさいたまスーパーアリーナで開催された格闘技イベントに出場。総合格闘技ルールでK－1ファイターのジェロム・レ・バンナから大金星を挙げ、娘さんを肩車して喜びを爆発。一躍、時の人となった

第31代

多彩な防衛ロードで、新記録V10達成

2002年2・16両国での王座決定トーナメント決勝では安田忠夫に不覚を取った永田裕志が、リベンジを期して挑戦。ギブアップ勝ちでついに初戴冠を果たすも、試合後に高山善廣からの宣戦布告を受けて、早速5・2東京ドームで初防衛戦を敢行した。その後も永田は防衛を重ね、蝶野正洋とはIWGP王座戦では88年8・8横浜でのアントニオ猪木vs藤波辰爾以来となる、60分フルタイムドローで王座死守。プロレス初戦のジョシュ・バーネットを東京ドーム大会のメインで迎撃するという〝難題〟も見事にクリアし、盟友・中西学との一戦では蝶野戦に続いて60分フルタイム。そして、03年4・23広島で安田を下して、連続防衛10度の新記録を樹立した。

▼デビュー10年での初戴冠。1年以上かけて、"永田時代"を作り上げた（02年4・5東京武道館）

在位期間 2002年4月5日～2003年5月2日
ベルト戴冠 2002年4月5日＝東京武道館／IWGPヘビー級選手権試合（60分1本勝負）／永田裕志（15分1秒 ナガタロックII）安田忠夫 ※安田が2度目の防衛に失敗。永田が第31代王者となる
防衛戦の相手 ①高山善廣②佐々木健介③バス・ルッテン④藤田和之⑤蝶野正洋⑥村上和成⑦ジョシュ・バーネット⑧西村修⑨中西学⑩安田忠夫

◀ベルトを奪った相手である安田を撃破して、当時の新記録のV10を達成した（03年4・23広島）

◀初防衛戦
重厚な一戦
5・2東京ドー

▼2カ月前の
は敗れている
て、王座奪
後、高山の
宣戦布告さ
5東京武道館

◀王者期間に60分フルタイム防衛を2度、記録。同期の中西とも闘い抜いた（03年3・9名古屋）

髙山善廣

第32代

外敵2冠王者に君臨し、初の金網王座戦も敢行

▼NWFヘビー級王座とのダブルタイトルマッチを制して、2冠王者となった（03年5・2東京ドーム）

在位期間 2003年5月2日～11月3日

ベルト戴冠 2003年5月2日＝東京ドーム／IWGPヘビー級& NWFヘビー級ダブル選手権試合（60分1本勝負）髙山善廣（18分17秒　片エビ固め）永田裕志　※永田がIWGPヘビー級王座11度目の防衛に失敗。髙山がNWFヘビー級王座を防衛するとともに、第32代IWGPヘビー級王者となる

防衛戦の相手 ①天山広吉②蝶野正洋③蝶野正洋

2003年1・4東京ドームで、復活したNWFヘビー級王座を戴冠した髙山善廣が、同年5・2東京ドームで永田裕志との2冠戦に臨んだ。強烈なニーリフトからのエベレスト・ジャーマンで永田を下して、1年前のドーム大会での借りを返した髙山はNWFのベルトを腰に巻き、初戴冠のIWGPベルトは手に持ったまま花道を下がった。初防衛戦では天山広吉を退けたが、2度目の防衛戦の蝶野正洋との闘いでは流血に見舞われ、両者KO決着。結果に納得がいかない髙山は「次は完全決着ルールだ」と語り、8・28大阪で再び蝶野と激突。新日本史上初の金網マッチでのタイトル戦となり、髙山はスリーパーホールドで完全KOに追い込んで、遺恨を清算した。

◀両者KOに納得がいかない髙山からの「完全決着」の舞台として、金網マッチで3度目の防衛戦。蝶野にKO勝ちを収めた（03年8・28大阪）

▲初防衛戦では天山を下した（03年6・10大阪）

▼1年前の東京ドーム大会で敗れている永田を下して、ベルトを奪取（03年5・2東京ドーム）

◀蝶野との2度目の防衛戦は壮絶な闘いとなり、ケンカキックを打ち合い、髙山がジャーマンを決めるも、ともに立ち上がれずに両者KO決着（03年7・21札幌）

天山広吉

第33代

通算7度目の挑戦で、ついに頂点に辿り着く

▼デビューから12年で悲願の王座取りを果たし、感極まった表情で腕を突き上げた（03年11・3横浜）

在位期間 2003年11月3日～12月9日

ベルト戴冠 2003年11月3日＝神奈川・横浜アリーナ／IWGPヘビー級選手権試合（60分1本勝負）／天山広吉（27分26秒　体固め）髙山善廣　※髙山が4度目の防衛に失敗。天山が第33代王者となる

2003年の『G1 CLIMAX』で初優勝を達成した天山広吉は当初、10・13東京ドームで髙山善廣との王座戦に臨むはずだった。しかし、ドーム大会のカード変更により一戦は延期となり、11・3横浜大会での新日本軍vs真・猪木軍三番勝負の一つとしてスライドされた。天山は髙山の左ヒザを徹底的に攻めた。実際、髙山の得意技であるエベレスト・ジャーマンはヒザのダメージからいつもの高さを欠き、天山の攻めは功を奏した。そして勝機を引き寄せると、ムーンサルト・プレスで3カウント奪取。新日本に至宝を取り戻した天山は、通算7度目の挑戦でついにIWGP王者の称号を手にした。髙山はみずから新王者の腰にベルトを巻いて、素直に祝福した。

◀03年10・13東京ドームで行われた新日本軍と真・猪木軍のイリミネーションマッチで髙山と遭遇。意識し合ってもみ合うなか、ボブ・サップのタックルで2人とも場外転落で失格となった

◀▶ムーンサルト・プレスで勝利。髙山はみずから天山の腰にベルトを巻いた（03年11・3横浜）

▶髙山のエベレスト・ジャーマンが決まるも、足攻めで踏ん張りが効かず、やや形が崩れた（03年11・3横浜）

第34代 デビュー1年4カ月、史上最年少で王座戴冠

▼デビュー1年4カ月、"選ばれし神の子"とも称された中邑が頂点に立った（03年12・9大阪）

在位期間 2003年12月9日～2004年2月5日

ベルト戴冠 2003年12月9日＝大阪府立体育会館／IWGPヘビー級選手権試合（60分1本勝負）／中邑真輔（12分8秒　腕ひしぎ十字固め）天山広吉　※天山が初防衛に失敗。中邑が第34代王者となる

防衛戦の相手 ①髙山善廣

2002年8月のデビュー時から"超新星"として大きな期待を懸けられ、総合格闘技にも積極的に出陣するなど従来の若手とは異なる形で頭角を現した中邑真輔が天山広吉に挑戦。試合では防戦の展開が続くも、一瞬の隙を突いての三角絞めから腕ひしぎ十字固めにつないでギブアップ勝ち。デビューから1年4カ月、23歳9カ月の史上最年少での王座戴冠を果たした。王者として03年の大みそかの格闘技イベントに出陣し、04年1・4東京ドームでは髙山善廣が保持するNWFヘビー級王座との統一戦。大みそかの一戦でのダメージも色濃いなかギブアップ勝ちを奪い、NWF王座は即座に返上。負傷によるシリーズ欠場に伴い、IWGP王座も返上した。

▼腕十字
ギブアップ
カ月での王
単に破らね
史上最年
（03年12

▲IWGP王者として、03年大みそかの格闘技イベントに出場し、アレクセイ・イグナショフとの総合格闘技戦に臨むも、不本意なKO負けの裁定。後日、試合記録は無効試合に変更された

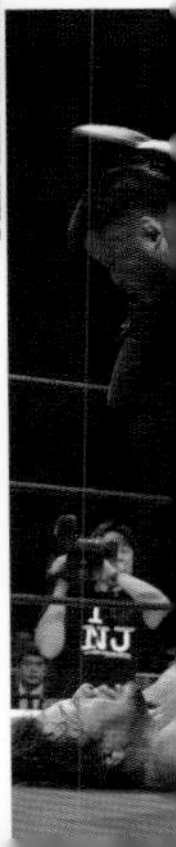

▶▲大みそかの傷跡も痛々しいなか、04年1・4東京ドームで髙山が保持していたNWFヘビー級王座との統一戦。アームロックで勝利して2本のベルトを獲得し、NWF王座は再封印した

第35代

トーナメント制し、血みどろの王座奪還

▼1日3試合を闘い抜いて、ベルトを取り戻した（04年2・15両国）

在位期間 2004年2月15日～3月12日

ベルト戴冠 2004年2月15日＝東京・両国国技館／IWGPヘビー級王者決定戦（60分1本勝負）／天山広吉（13分1秒　片エビ固め）天龍源一郎　※天山が王者決定トーナメントを制し、第35代王者となる

防衛戦の相手 ①鈴木みのる

中邑真輔のベルト返上に伴い、8選手参加による新王者決定1DAYトーナメントを開催。天山広吉は佐々木健介との1回戦を大流血の末に制すると、永田裕志との準決勝でも出血は止まらずに、血みどろのまま天龍源一郎との決勝戦にコマを進めた。ともに3試合目ではあるが、チョップ、パンチ、頭突きを打ち込み合う、壮絶な一戦。天龍の大技にも必死に食らいついた天山はヤングライオン時代からの必殺技であるダイビング・ヘッドバットで勝利。2003年12月に初防衛戦で中邑にベルトを奪われた屈辱を経て、再びベルトを手にした天山はリング上で感激の涙を流した。そして、04年2・29名古屋では鈴木を下して、前回は果たせなかった初防衛に成功した。

◀1回戦で負った傷口からの出血が止まらぬなか、準決勝ではムーンサルト・プレスで永田を撃破（04年2・15両国）

▼04年2月の札幌大会で天山に鼻骨を骨折させられた鈴木が初防衛戦で挑戦。怒りをぶつけてくる鈴木を返り討ちにした（04年2・29名古屋）

▶決勝では天龍と対戦。大流血のなか、ダイビング・ヘッドバットで勝利して、執念でベルトを引き寄せた（04年2・15両国）

第36代

〝ファミリーの力〟で、4度目の戴冠劇

▼WJ移籍を経て04年からフリーとして活動し、古巣マットに参戦した健介が4度目の王座戴冠を果たした（04年3・12代々木）

在位期間 2004年3月12日～3月28日

ベルト戴冠 2004年3月12日＝東京・国立代々木競技場第二体育館／IWGPヘビー級選手権試合（60分1本勝負）／佐々木健介（15分45秒　片エビ固め）天山広吉
※天山が2度目の防衛に失敗。健介が第36代王者となる

2004年2月の新王者決定トーナメントで天山広吉に敗れている佐々木健介が王座挑戦。フリーの外敵としてさまざまな団体で暴れ回り、健介ファミリーとして注目も集めつつあったなか、天山とパワフルな攻防を展開。天山に攻め込まれると、場内からは期せずして「健介」コールが起こるという、新日本に出戻って以降は見られなかった現象も起こった。ファンからの後押しも受けた健介は、天山のダイビング・ヘッドバットをヒザで迎撃すると、ノーザンライトボム。最後は日本では初公開となるボルケーノ・イラプションを決めて天山を粉砕。3年ぶり4度目の王座戴冠を果たすと「IWGPはこの闘いなんだ。俺がこの体で新日本を食ってやる」と宣言した。

▶◀健介は場外戦での凶器攻撃など、直線的だけではない幅の広いスタイルで天山をいたぶり、日本初公開のボルケーノ・イラプションで勝利した（04年3・12代々木）

▼健介がフリーになるにあたって、夫人の北斗晶はマネジャー&プロデューサーとしてリング内外で大活躍。試合によってはセコンドで威嚇する場面も見られた

▶健介がベルトを奪取すると、K-1、総合格闘技で活躍していたボブ・サップが挑戦表明。当時の新日本の混沌ぶりを表すような場面だった（04年3・12代々木）

第37代 ビースト旋風で戴冠も、戦意喪失で王座返上

▼K－1、総合格闘技、そしてプロレスとマット界を縦横無尽に駆け回っていたサップがIWGPを手にした（04年3・28両国）

在位期間	2004年3月28日～6月2日
ベルト戴冠	2004年3月28日＝東京・両国国技館／IWGPヘビー級選手権試合（60分1本勝負）／ボブ・サップ（8分24秒　体固め）佐々木健介　※健介が初防衛に失敗。サップが第37代王者となる
防衛戦の相手	①中邑真輔

K－1を主戦場に活躍し、格闘技界で人気選手となっていたボブ・サップが王座に挑戦。新日本では魔界倶楽部の刺客として参戦し、王座戦の直前には総合格闘技戦で勝利を収め、弾みをつけてタイトルマッチに臨んだ。試合では佐々木健介の鉄柱攻撃、プランチャ、はたまたベルト殴打と〝プロレスの洗礼〟を受けまくったが、最後はビーストボムで叩きつけて3カウント。試合後、サップの周囲をK－1勢が囲んで祝福。K－1 vs 新日本の構図のなか、5・3東京ドームでは中邑を下して初防衛に成功した。しかし、5月下旬の総合格闘技戦で藤田和之にふがいない敗北を喫すると、〝戦意喪失〟で棚橋弘至とのタイトルマッチをキャンセル、みずから王座返上を申し出た。

▲初防衛戦では、総合格闘技にもチャレンジしていた中邑を迎撃（04年5・3東京ドーム）

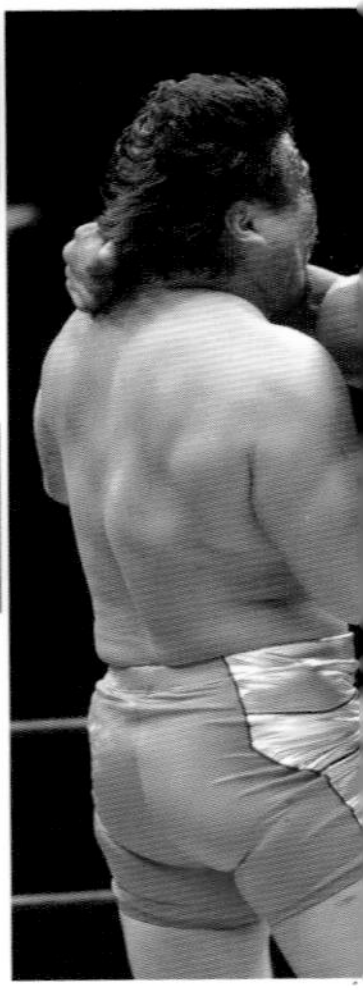

▶▲健介のなりふり構わぬ攻めをしのいで、王座戴冠。試合後にはK－1勢からの祝福を受けた（04年3・28両国）

▼04年5・22さいたまスーパーアリーナで開催されたK－1の総合格闘技イベントにIWGP王者として出場も、藤田和之の蹴撃の前に成す術なく、2分余りで敗れた

第38代

ビーストの尻ぬぐいも、圧倒的な強さを誇示

▼猪木から授けられた初代ベルトを腰に巻いた藤田は、不敵な笑みとともに2代目ベルトを掲げた（04年6・5大阪）

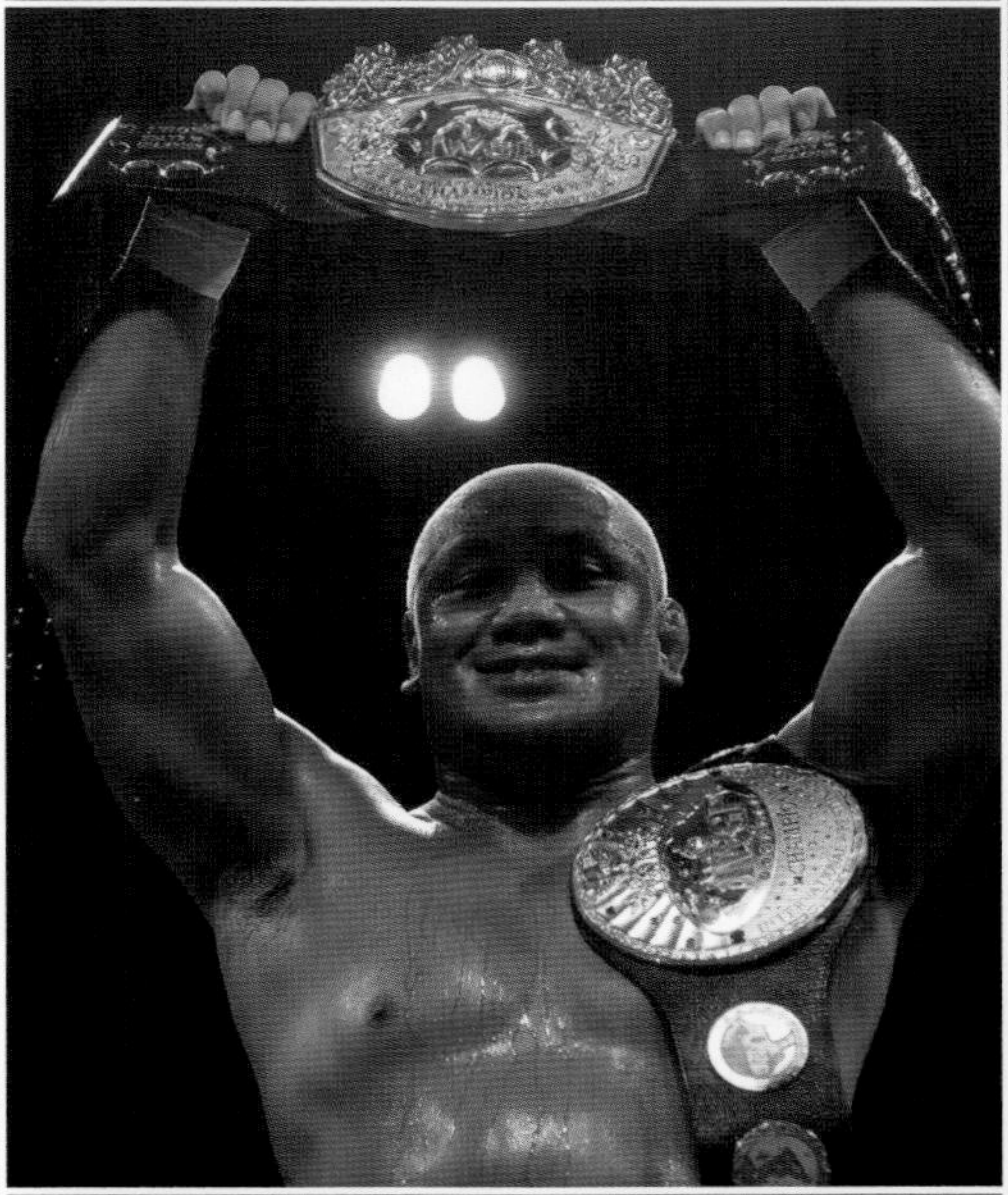

在位期間 2004年6月5日～10月9日
ベルト戴冠 2004年6月5日＝大阪府立体育会館／IWGPヘビー級王座決定戦（60分1本勝負）／藤田和之（11分45秒　KO勝ち）棚橋弘至　※藤田が第38代王者となる
防衛戦の相手 ①柴田勝頼

当初、棚橋弘至の挑戦を受けるはずだったボブ・サップが大会3日前に急きょベルトを返上。大会の前月に総合格闘技戦でサップに勝利した藤田和之（猪木事務所所属）と棚橋による新王者決定戦が行われた。棚橋は開始早々にプランチャを見舞い、藤田の厳しい攻めにも食らいついていった。藤田も舌を巻くほどの粘りを見せたが、最後は戦慄の顔面キック3連発でKO負けを喫した。勝者の藤田は約2年5カ月ぶり2度目の王座戴冠となったが、アントニオ猪木から授けられた初代IWGPベルトを腰に巻き、手渡された2代目ベルトをリング中央に置いたまま、一礼をして控室に引き揚げた。初防衛戦では柴田を迎撃し、顔面蹴りでKO勝ちした。

▲初防衛戦では柴田の顔面を痛烈に蹴り上げて、戦慄のKO勝ち（04年7・19札幌）

▼棚橋との王座決
2度目の戴冠（04年

▲◀藤田は2代目ベルトを置き去りにしたままリングから下り、初代ベルトを肩にかけて高山善廣、鈴木みのると喜びを分かち合った（04年6・5大阪）

第39代 後味の悪すぎる、前代未聞の結末で戴冠

▼不完全燃焼での王座戴冠に、勝者の健介は浮かぬ顔でベルトを腰に巻くことなく、手に持ったままだった（04年10・9両国）

在位期間 2004年10月9日～12月12日
ベルト戴冠 2004年10月9日＝東京・両国国技館／IWGPヘビー級選手権試合（60分1本勝負）／佐々木健介（2分29秒　体固め）藤田和之　※藤田が2度目の防衛に失敗。健介が第39代王者となる
防衛戦の相手 ①棚橋弘至②鈴木みのる

圧倒的な強さを見せ続ける藤田和之に対して、外敵軍の一人として猛威を振るっていた佐々木健介の挑戦が決定。しかし、カード発表後に王者の藤田が、自身の知らないところで話を進められたとして「やるつもりはない」とタイトル戦を拒否。当然、健介は怒りをにじませ、戦前から不穏な空気が漂った。迎えた一戦も、まさかの展開となった。藤田がグラウンドで健介にスリーパーホールドを決めて絞め上げていると、藤田の両肩がマットについていたためレフェリーが3カウント。技をかけている方がフォール負けという前代未聞の結末に、健介のマネジャーの北斗晶が怒り狂い、トロフィーを破壊するなどして場は騒然。後味の悪すぎるタイトルマッチとなった。

◀棚橋との初防衛戦は、藤田との不本意な一戦の内容を払拭するような熱戦となった（04年11・3両国）

▼2度目の防衛戦では因縁深い鈴木を迎撃。試合後には鈴木が健介に水をかけてやるなど、因縁が清算されたような光景が見られた（04年11・13大阪ドーム）

▲◀グラウンド
決めた藤田の
いていたため、
カウントを入れ
然。バックステ
マネジャーの北
もう！ ナメんじゃ
した（04年10

第40代

G1連覇を経て、ようやくホームに至宝奪還

▼自身3度目の王座戴冠となった（04年12・12名古屋）

在位期間　2004年12月12日～2005年2月20日
ベルト戴冠　2004年12月12日＝名古屋・愛知県体育館　IWGPヘビー級選手権試合（60分1本勝負）／天山広吉（31分38秒　片エビ固め）佐々木健介　※健介が3度目の防衛に失敗。天山が第40代王者となる

2003&04年の『G1 CLIMAX』連覇を達成した天山広吉は、年末の佐々木健介とのタイトルマッチを控えて、全日本12・5両国大会で川田利明が保持していた三冠ヘビー級王座に挑戦するも敗北。さらに決戦前日には小島聡とシングルを闘い、30分フルタイムドローと結果が残せていないなか、ベルト取りに臨んだ。試合では健介のパワーあふれる攻めを受け止めると、カウンターのニールキックからムーンサルト・プレスにつないで3カウント奪取。04年3月に天山が陥落以降、常に外敵の手にわたっていた至宝をようやく新日本に奪還。混迷が続く新日本マットの舵取りを託された天山は、「このベルトは新日本の宝、俺の時代を作る」と力強く宣言した。

▲▼ライバルの小島も見守るなかで健介を下して王座奪取。健介、ボブ・サップ、藤田和之と外敵の手に渡っていたベルトを新日本に取り戻し、本隊勢が祝福した（04年12・12名古屋）

▼タイトルマッチ前日には全日本の小島とのスペシャルシングルに臨み、30分引き分けに終わった（04年12・11大阪）

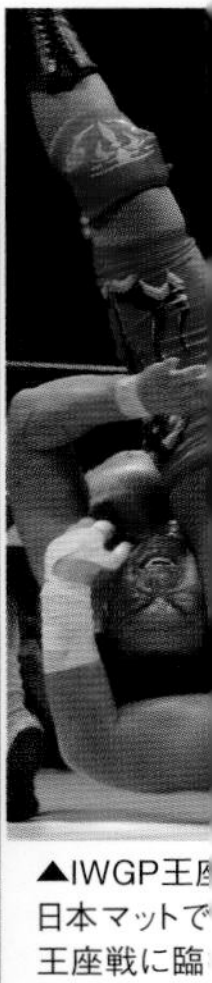

▲IWGP王座
日本マットで
王座戦に臨
した（04年1

第41代

残り15秒でKO勝ち、史上初の三冠との同時戴冠

▼02年に全日本へ移籍し05年に三冠ヘビー級王座到達。IWGP王座も獲得し史上初の"4冠王者"となった（05年2・20両国）

2005年1月17日、新日本は2・20両国大会でのIWGPヘビー級王座と三冠ヘビー級王座の史上初のダブルタイトルマッチを発表。IWGP王者・天山広吉と対峙したのは、全日本2・16代々木大会で川田利明を下して三冠王座を奪取した小島聡。かつて新日本で"テンコジタッグ"として活躍した両雄が、IWGP&三冠という両団体の看板を背負って激突した。一進一退の試合に異変が生じたのは、開始45分頃。明らかに天山の動きが落ち、55分過ぎから完全にダウン。フルタイムまで残り15秒というところで、KO負けが宣告された。勝者の小島は史上初のIWGP&三冠の同時戴冠を達成。初防衛戦の中邑真輔戦では60分フルタイムを闘い抜き、ベルトを守った。

在位期間 2005年2月20日～5月14日

ベルト戴冠 2005年2月20日＝東京・両国国技館
IWGPヘビー級&三冠ヘビー級ダブル選手権試合（60分1本勝負）／小島聡（59分45秒　KO勝ち）天山広吉　※天山がIWGPヘビー級王座の初防衛に失敗。小島が三冠ヘビー級王座の初防衛に成功するとともに、第41代IWGPヘビー級王者となる

防衛戦の相手 ①中邑真輔

◀▼初防衛戦の中邑との闘いはシ烈なものとなり、60分フルタイムの引き分けに終わった（05年3・26両国）

▼◀史上初のI
ダブル王座戦は、
15秒、59分45
O決着。小島が
放り投げるなどす
展した（05年2・

第42代

ボクシング特訓の成果みせ、屈辱の3カ月に終止符

▼小島を下して王座を取り戻した天山が、勝ち誇るように腕を突き上げた（05年5・14東京ドーム）

在位期間 2005年5月14日〜7月18日
ベルト戴冠 2005年5月14日＝東京ドーム／IWGPヘビー級選手権試合（60分1本勝負）／天山広吉（19分34秒　片エビ固め）小島聡　※小島が2度目の防衛に失敗。天山が第42代王者となる
防衛戦の相手 ①スコット・ノートン

60分フルタイム目前の残り15秒で小島聡にKO負けを喫して王座から陥落した天山広吉が、リベンジマッチに臨む。天山は2005年3・26両国大会のIWGP次期挑戦者決定トーナメントにエントリーし、中西学、蝶野正洋を連破して小島への挑戦権を獲得。5・14東京ドームの小島戦に向けてボクシング特訓に励むなど奪回へのなりふり構わぬ姿勢を見せ、当日のセコンドには新日本の本隊勢が総動員で付いて後押し。小島の自信に満ちた安定感のある闘いぶりに苦しめられるも、ラリアット狙いはボクシング特訓の成果を見せるようなボディーブローで迎撃。最後は原型TTDで3カウントを奪い、王座陥落からの長くツラい3カ月に終止符を打った。

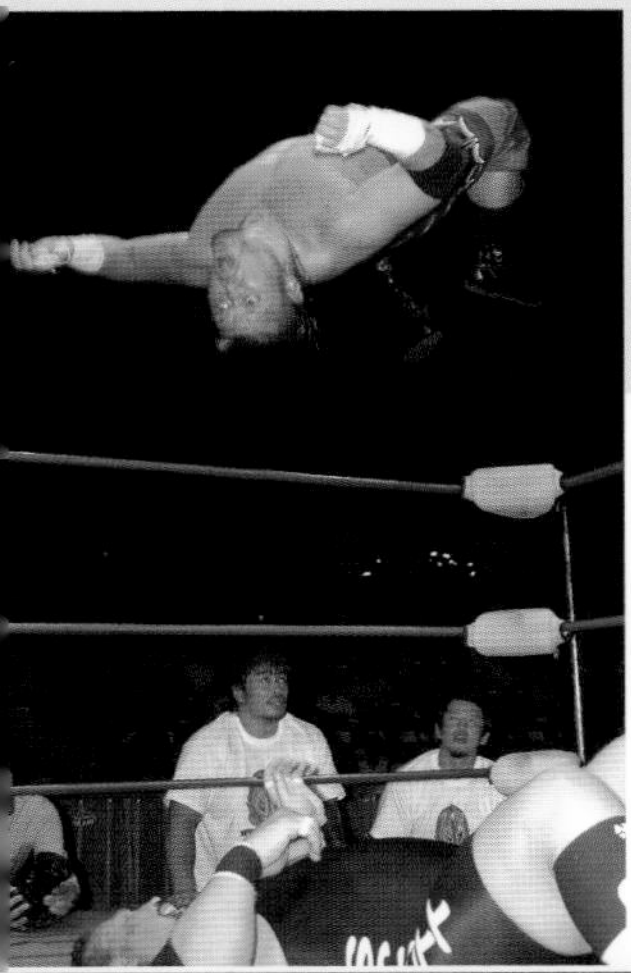

◀▼05年6月に行われたイタリア遠征でノートンと初防衛戦。試合後にはアントニオ猪木とともに、「ダァー!」（05年6・4ミラノ）

▼◀まさかのKO負けか
オリジナルTTDで葬った
東京ドーム）

第43代 橋本さん死去から1週間、2代目ベルトを〝主〟に返す

▼3代目のIWGPベルトを最初に手にしたのは藤田だった（05年10・8東京ドーム）

在位期間　2005年7月18日〜10月8日

ベルト戴冠　2005年7月18日＝北海道・月寒グリーンドーム／IWGPヘビー級選手権試合（60分1本勝負）／藤田和之（13分59秒　片エビ固め）天山広吉　※天山が2度目の防衛に失敗。藤田が第43代王者となる

2005年5・2東京ドーム大会で天山広吉が王座を奪取した直後、リングに上がった藤田和之は「テメエらの闘魂には魂が抜けてるんだ。いつでも相手になってやる」と挑発。これを受けて天山は、王者みずから挑戦者に藤田を指名し、タイトルマッチが決定した。タイトル戦の1週間前に天山、藤田ともに付き人経験のある橋本真也さんが死去。本部席で橋本さんの遺影が見守るなか、王者の天山が猛攻。藤田はそれをしのぐと大技ラッシュをかけて、パワーボムからのヒザ蹴り2連発で勝利した。王座返り咲きの藤田は、ベルトを受け取ると本部席の橋本さんの遺影の前に置いて一礼。橋本さんが王者時代に新造されたゆかりある2代目ベルトを、〝主〟の元に返した。

◀当時、永田裕志、中西学らのレスリング出身者で結成していた『チームJAPAN』メンバーと、試合後にホテルまでランニングするのが恒例になっていた（05年7・18札幌）

▶▼天山を下して王座奪取を果たすと、大会1週間前に急逝した橋本真也さんの遺影の前に、2代目IWGPベルトを置いて深々と一礼（05年7・18札幌）

▼05年9月30日に行われた、サイモン・ケリー猪木社長（当時）の就任披露パーティーの席上で、新たに作られた3代目IWGPベルトが授与された

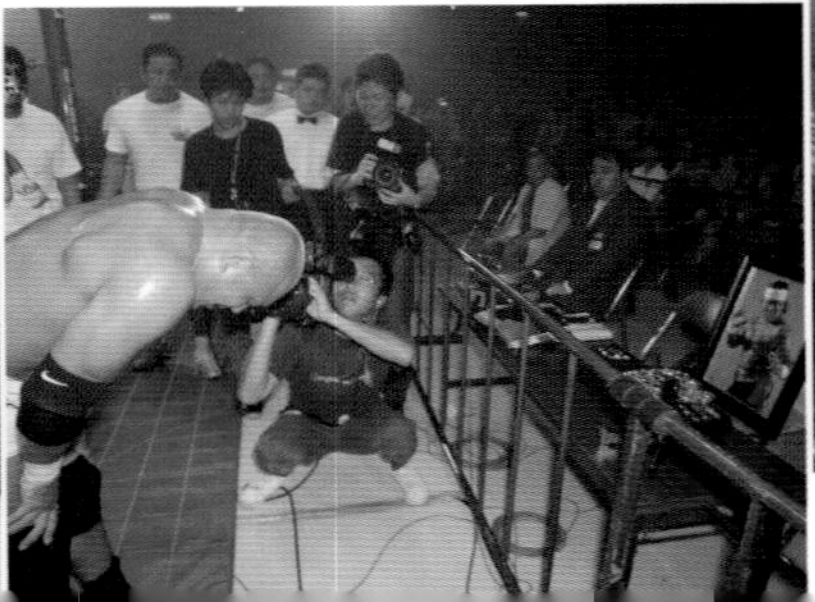

第44代 旋風起こすも、来日トラブルで王座剥奪

▼圧倒的なフィジカルを武器に、王者として君臨した（06年3・19両国）

在位期間 2005年10月8日～2006年7月15日

ベルト戴冠 2005年10月8日＝東京ドーム／IWGPヘビー級選手権試合3WAY戦（60分1本勝負）／ブロック・レスナー（8分8秒 片エビ固め）藤田和之、蝶野正洋 ※藤田が初防衛に失敗。蝶野を下したレスナーが第44代王者となる

防衛戦の相手 ①中邑真輔②曙③ジャイアント・バーナード

2005年9月13日、10・8東京ドーム大会へのブロック・レスナー参戦が発表された。元WWEの大物は早速、IWGP王座への挑戦を要求すると、同年の『G1 CLIMAX』で優勝した蝶野正洋も挑戦権を譲らず。すると王者の藤田和之が「2人まとめて上がって来い。3WAYで決着つければ文句ない」と語り、IWGP史上初の同形式での一戦が決まった。挑戦者同士でも決着がつけば王座移動のルールで、レスナーが必殺のバーディクトを決めて蝶野から勝利し、王座奪取を果たした。その後、レスナーは3度の防衛を重ねたが、06年7・17札幌大会で予定されていた棚橋弘至との王座戦の2日前に突然、来日をキャンセル。団体の判断で王座は剥奪された。

◀史上初の3W
戦を制して、王
10・8東京ドーム

◀曙との防衛戦ではベルト殴打も見せた（06年3・19両国）

▶当初、06年1・4東京ドームでは藤田和之との防衛戦が決まっていたが、藤田の出場キャンセルにより、挑戦者は中邑に変更。バーディクトで完勝を収めた

◀06年7月の札幌大会への来日をキャンセルし、王座を剥奪されるも、07年6・29両国でのIGF旗揚げ戦でカート・アングルとの一戦に敗れると、3代目IWGPベルトを譲渡した

第45代 混乱のなか涙の初戴冠で、初めて「愛」を叫ぶ

▼ゴタゴタを乗り越えて、悲願の初戴冠を達成した（06年7・17札幌）

在位期間 2006年7月17日～2007年4月13日

ベルト戴冠 2006年7月17日＝北海道・月寒グリーンドーム／IWGPヘビー級王者決定トーナメント決勝戦（60分1本勝負）／棚橋弘至（17分44秒　片エビ固め）ジャイアント・バーナード　※棚橋が第45代王者となる

防衛戦の相手 ①天山広吉②中邑真輔③太陽ケア④金本浩二

ブロック・レスナーの大会2日前の来日キャンセル→王座剥奪により、急きょ新王者決定トーナメントの開催が決定。元々、レスナーに挑戦予定だった棚橋弘至は1回戦シードで、準決勝で永田裕志を下すと、決勝戦でジャイアント・バーナードと激突。苦戦を強いられながらも、レスナー欠場を吹き飛ばすような激闘の末、スリングブレイドで勝利。デビューから7年でついに初戴冠を成し遂げた。ファンからの応援メッセージが書かれた新日本フラッグを背負い、涙を流してベルトを掲げた棚橋は「今日来てくれたファンの皆さん、愛してます。そして、やっぱり俺は新日本を愛してます！」と叫び、大きく揺れ動く団体の立て直し、信頼回復への覚悟を示した。

▲全日本との対抗戦の形で開催された07年1・4東京ドームでは、太陽ケアを退けて防衛に成功

▶▲バーナードを退けて波乱の大会を締め、バックステージではファンからのメッセージが書き込まれたフラッグを背負った（06年7・17札幌）

◀ジュニアのカリスマとして躍進を見せていた金本と、階級超越の激闘を展開（07年2・18両国）

第46代

4年ぶりの王座奪還に「新日本」コールが響き渡る

▼ファンの熱烈な後押しを受けて王座に返り咲いた（07年4・13大阪）

在位期間　2007年4月13日～10月8日

ベルト戴冠　2007年4月13日＝大阪府立体育会館／IWGPヘビー級選手権試合（60分1本勝負）／永田裕志（23分24秒　バックドロップ・ホールド）棚橋弘至　※棚橋が5度目の防衛に失敗。永田が第46代王者となる

防衛戦の相手　①越中詩郎②真壁刀義

春の最強戦士決定トーナメント『NEW JAPAN CUP』を制した永田裕志が、棚橋弘至が保持する王座への挑戦権を獲得。2002～03年にかけて9度の連続防衛記録を樹立し、"ミスターIWGP"と呼ばれながら、王座陥落後は4年間、挑戦のチャンスがなかった永田を、ファンも熱烈に支持。多くの応援ボードが掲げられるなか、棚橋と大熱戦を展開。外敵勢が幅を利かせ、さまざまな混乱に見舞われることも多かった王座戦線で、新日本一筋の2人はこれぞIWGPという魂のぶつかり合いを見せ、最後はファンの後押しも受けた永田が激勝。4年ぶりの王座奪還にファンも大興奮となり、会場に「新日本」コールが響き渡るハッピーエンドとなった。

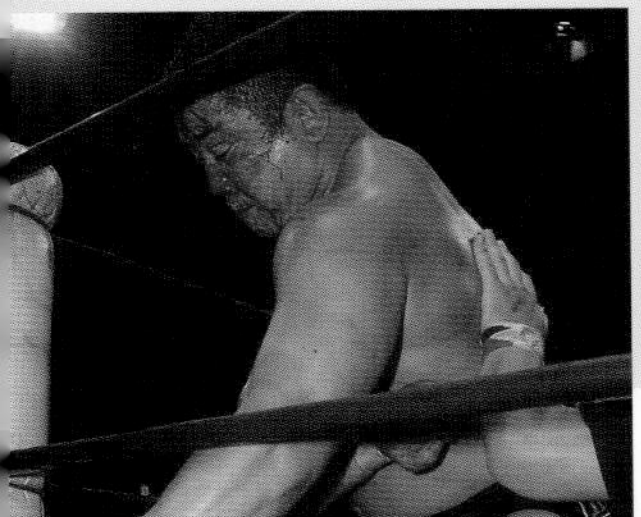

▶▼当時、テレビ番組をきっかけに人気に火がついていた越中を迎撃。聖地を揺るがす大熱戦となった（07年5・2後楽園）

▲真壁との防衛戦も後楽園で行われ、相手を流血に追い込むキラーファイトを見せて勝利（07年7・6後楽園）

▶『NEW JAPAN CUP』優勝からの勢いのままに、棚橋を下した（07年4・13大阪）

第47代

「真の頂点」を決める闘い制して、返り咲き

▼黒のショートタイツ姿で臨んだ永田との一戦を制して、王座返り咲き（07年10・8両国）

在位期間 2007年10月8日～2008年1月4日
ベルト戴冠 2007年10月8日＝東京・両国国技館／IWGPヘビー級選手権試合（60分1本勝負）／棚橋弘至（31分5秒 片エビ固め）永田裕志 ※永田が3度目の防衛に失敗。棚橋が第47代王者となる
防衛戦の相手 ①後藤洋央紀

2007年の『G1 CLIMAX』で初優勝を飾った棚橋弘至が、永田裕志との王座戦に臨む。棚橋と永田はこの年、4月のIWGP王座戦、そして8月のG1決勝戦と2度、ビッグマッチのメインを務めた。ともに試合内容の評価も高く、永田は「最高の闘い」が義務づけられた一戦ととらえ、一方の棚橋も「真の頂点」を決める闘いと位置づけた。はたして、両者の闘いはまたしても大激闘となり、猛烈な意地の張り合いは30分を超えた。ハイフライフローで永田を振り切り、半年ぶりに王座に返り咲いた棚橋は「スゲー強いチャンピオンになります」と宣言。初防衛戦では凱旋間もない後藤洋央紀を大熱戦の末に下して、王者としての安定感を見せつけた。

◀▼凱旋2カ月半の後藤との王座戦。後藤の力を引き出した上で防衛に成功し、厳しい観客動員のなかで、しっかりと試合内容で見せた（07年11・11両国）

▲永田との王座戦、これぞ新日本とも言うべき重厚な闘いとなった（07年10・8両国）

▶07年『G1 CLIMAX』初制覇を成し遂げた（07年8・12両国）

第48代

4年ぶり戴冠で、2本のベルトを統一

2007年12・9名古屋大会で真壁刀義との次期挑戦者決定戦を制した中邑真輔が、棚橋弘至の持つ王座に挑戦。デビューから瞬く間にチャンピオンまで駆け上がった中邑ではあるが、初戴冠以降は期待を受けながらも、なかなか殻を破れない状況が続いた。宿命のライバルの棚橋が王者として確固たる存在感を築くなか、中邑はトップに返り咲くための強い思いを持って挑み、4年ぶりに王座奪取。初防衛戦ではブロック・レスナーから3代目IWGPベルトを譲り受けていたカート・アングルとのベルト統一戦に勝利し、06年7月から続いていたベルト問題にも終止符を打ち、2代目ベルトは返還（3代目は封印）。08年3月から4代目の新ベルトを腰に巻いた。

▼"2代目"ベルト保持者として、外部に流出していた"3代目"ベルトを取り戻した（08年2・17両国）

在位期間 2008年1月4日～4月27日

ベルト戴冠 2008年1月4日＝東京ドーム／IWGPヘビー級選手権試合（60分1本勝負）／中邑真輔（23分8秒 エビ固め）棚橋弘至 ※棚橋が2度目の防衛に失敗。中邑が第48代王者となる

防衛戦の相手 ①カート・アングル②棚橋弘至

▲ベルトを奪った相手でもある棚橋とは、聖地での防衛戦で再び退けた（08年3・30後楽園）

◀08年3・9名古屋大会の試合前に、4代目ベルトが授与された

▶▼当時、TNA所属で、ブロック・レスナーから譲り受ける形で3代目ベルトを保持していたアングルを撃破。試合後には称えられた（08年2・17両国）

第49代 ホームも敵地も盛り上げた、ジーニアス王者

▼02年に全日本に移籍した武藤が古巣の新日本でIWGP奪取。敵地でありながら大歓声が降り注ぐなか勝ち誇った（08年4・27大阪）

新日本の進行形トップとして防衛ロードを走っていた中邑真輔に、全日本の武藤敬司が待ったをかけた。敵地の新日本でありながら武藤には入場の段階から大歓声が飛び、それは試合中も変わらなかった。得意の足攻めで中邑を追い詰め、武藤一色の歓声の中、ムーンサルト・プレスで3カウントを奪うと、観客の興奮も最高潮。8年4カ月ぶりの王座返り咲きを果たした武藤は「新日本も全日本も潤うようなチャンピオンを目指す」と語り、実際2度目の後藤洋央紀との防衛戦は全日本マットで敢行。全日本にベルトが流出したという雰囲気は希薄で、武藤はホームリングはもちろん、敵地の新日本マットもしっかりと盛り上げて、王者としての責務を全うした。

在位期間 2008年4月27日～2009年1月4日

ベルト戴冠 2008年4月27日＝大阪府立体育会館／IWGPヘビー級選手権試合（60分1本勝負）／武藤敬司（22分34秒　体固め）中邑真輔　※中邑が3度目の防衛に失敗。武藤が第49代王者となる

防衛戦の相手 ①中西学②後藤洋央紀③真壁刀義④中邑真輔

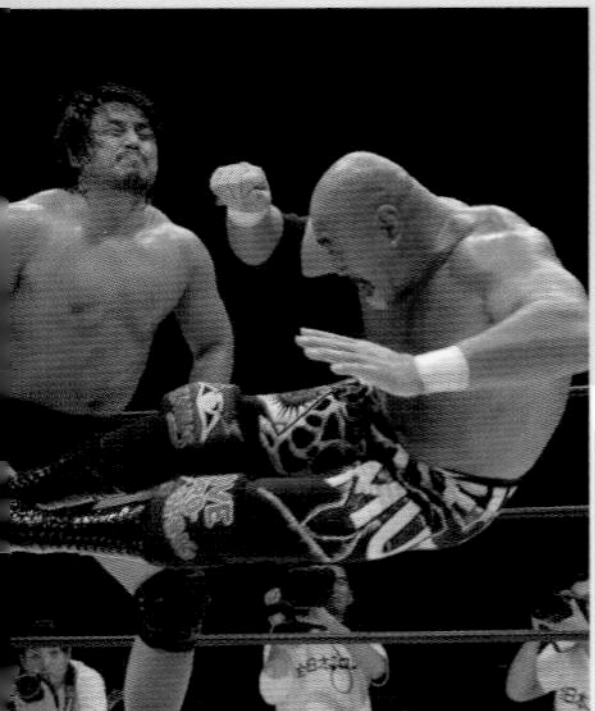

▲ホームリングの全日本マットで、08年『G1』覇者の後藤を下した（08年8・31両国）

▲初防衛戦では野人パワーに苦しめられながらも、中西を退けた（08年7・21札幌）

◀流血させられる展開も、真壁を振り切った（08年9・21神戸）

▼ムーンサル
邑を沈めて、3
冠（08年4・2

第50代 「タスキ」を受け取り、新時代到来を宣言

▼武藤を下して、至宝を新日本に取り戻した（09年1・4東京ドーム）

在位期間	2009年1月4日〜5月6日
ベルト戴冠	2009年1月4日＝東京ドーム／IWGPヘビー級選手権試合（60分1本勝負）／棚橋弘至（30分22秒　片エビ固め）武藤敬司　※武藤が5度目の防衛に失敗。棚橋が第50代王者となる
防衛戦の相手	①中邑真輔②カート・アングル③後藤洋央紀

武藤敬司からの王座奪還を巡って棚橋弘至に白羽の矢が立つも、当初は挑戦を拒否。しかし、菅林直樹社長（当時）が遠征地のアメリカまで説得にやって来る熱意を感じ取り、団体の「緊急事態」に挑戦を決意した。奪還に燃える棚橋は武藤のヒザに集中砲火。実際、試合途中に武藤はトップロープ上でバランスを崩して落下するなど、ヒザ攻めは功を奏した。ムーンサルト・プレスをかわすと、気迫を込めたハイフライフロー2連発で武藤からのシングル初勝利と同時にベルト奪還に成功した。武藤から「タスキは渡した」との言葉を贈られた棚橋は、「2009年、プロレスの夜明けになると思います！」と新日本の中心として、マット界の新時代到来を宣言した。

▼◀強敵のアングルとの一戦でも培ってきたテクニックで対抗。安定感のある試合運びで退けた（09年4・5両国）

▲みずから指名した中邑を相手に初防衛に成功（09年2・15両国）

▼ハイフライ
武藤からは「タ
託した」との言
実ともに新日
としての歩みを
（09年1・4東

第51代 苦節17年、野人がサプライズの初戴冠

▼感動に包まれた場内で、ベルトを腰に巻いた中西が歓喜のポーズ（09年5・6後楽園）

在位期間	2009年5月6日〜6月20日
ベルト戴冠	2009年5月6日＝東京・後楽園ホール／IWGPヘビー級選手権試合（60分1本勝負）／中西学（21分42秒　ジャーマン・スープレックス・ホールド）棚橋弘至

※棚橋が4度目の防衛に失敗。中西が第51代王者となる

2009年5・3福岡大会で後藤洋央紀を下して王座防衛に成功した棚橋弘至は、試合後に5・6後楽園ホールでのシングルマッチが発表されていた中西学を挑戦者に指名。大会の目玉だったミスティコの来日が中止となり、ファンへのお詫びも込めて王者みずから希望したことで、異例の大会3日前にタイトルマッチが決定した。野人パワーを全開とした中西が怒とうの攻めを見せ、大☆中西ジャーマンからトドメのジャーマン・スープレックスにつないで勝利。デビュー17年、6度目の挑戦で初戴冠を果たした野人に観客は大声援を送り、テレビ解説を務めていた山本小鉄さんも涙を流した。期待され続けてきた中西の苦節の道のりを思い返し、誰もが祝福していた。

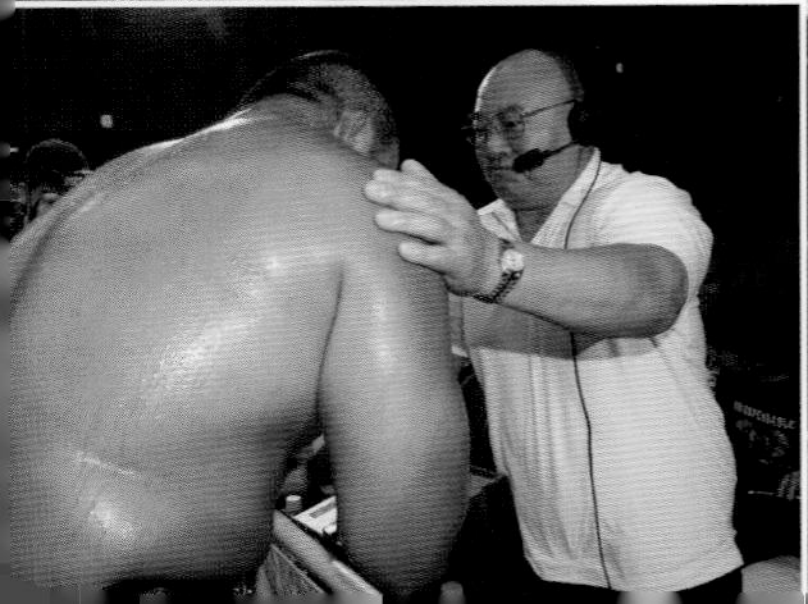

◀▼若手時代から苦楽をともにしてきた永田も祝福。解説席の山本小鉄さんは感涙とともに、中西を称えた（09年5・6後楽園）

▶▼野人殺法全開で、ジャーマン・スープレックスで3カウント。聖地が大爆発した（09年5・6後楽園）

第52代

45日ぶりの返り咲きで、NOAHを迎撃

中西学にベルトを奪われた棚橋弘至がすぐに奪回に立ち上がる。前回の一戦では中西に声援が集中し、「みんなが描いている未来と俺が描こうとしている未来と違うのかな」という気持ちになったが、一方で「過去の歴史、先輩のキャリアとかに止まっていられない」とあらためて時計の針を進めるべく強い使命感を持って挑んだ。はたして、ハイフライフロー2連発でリベンジに成功し、45日ぶりに再びベルトを腰に巻いた。試合後にはNOAHの杉浦貴からのアピールを受けて、防衛戦が決定。「侵攻を食い止めるのが俺の役目」との言葉通り、ハイフライフローで下して、ベルトを守った。2009年の『G1 CLIMAX』で右眼眼窩底を骨折し、王座は返上となった。

▼1カ月半で王座に返り咲き、"もう離さない"とばかりにベルトを抱き寄せた（09年6・20大阪）

在位期間 2009年6月20日～8月17日
ベルト戴冠 2009年6月20日＝大阪府立体育会館／IWGPヘビー級選手権試合（60分1本勝負）／棚橋弘至（31分18秒　片エビ固め）中西学　※中西が初防衛に失敗。棚橋が第52代王者となる
防衛戦の相手 ①杉浦貴

◀▶NOAH・杉浦の猛攻を食らいながらも、怒とうの反撃を見せて、初めてIWGP王座を戴冠した思い出の地・札幌で防衛に成功（09年7・20札幌）

◀▼同じ轍は踏
に、中西のパワ
ような闘いぶり
成功（09年6・

第53代 「猪木」の名を叫び、イデオロギー闘争も制する

棚橋弘至が2009年の『G1 CLIMAX』で右眼眼窩底骨折の重傷を負い、欠場に伴い王座を返上。同年のG1覇者の真壁刀義と準優勝者の中邑真輔による王座決定戦が組まれた。G1決勝から約1カ月後の再戦は、中邑がボマイェで勝利し、1年5カ月ぶりに王座獲得。そして、試合後にマイクを手にすると「イノキー!」と叫び、「旧IWGP王座を取り返す」と爆弾発言。「俺のやり方で新時代を切り開く」と宣言した。2度目の防衛戦では、前王者の棚橋と対戦。棚橋は中邑の猪木発言に不快感を示し「ストロングスタイルの呪い」と表現。〝イデオロギー闘争〟の様相も呈した一戦を制した中邑は、半年間で6度の防衛を重ねて、盤石ぶりを見せた。

▼真壁との決定戦を制して、3度目の王座戴冠（09年9・27神戸）

在位期間 2009年9月27日～2010年5月3日

ベルト戴冠 2009年9月27日＝兵庫・神戸ワールド記念ホール／IWGPヘビー級王座決定戦（60分1本勝負）／中邑真輔（20分57秒 エビ固め）真壁刀義 ※中邑が第53代王者となる

防衛戦の相手 ①大谷晋二郎②棚橋弘至③永田裕志④高山善廣⑤中西学⑥後藤洋央紀

◀かつてドームのメインでベルトを争った高山を、再びドームのメインで下した（10年1・4東京ドーム）

▲猪木発言に端を発し、棚橋との一戦は〝イデオロギー闘争〟となった（09年11・8両国）

▼王座を奪取する
にして「イノキー!」
IGFの総師アント
前を口にしたこと
を呼んだ（09年9

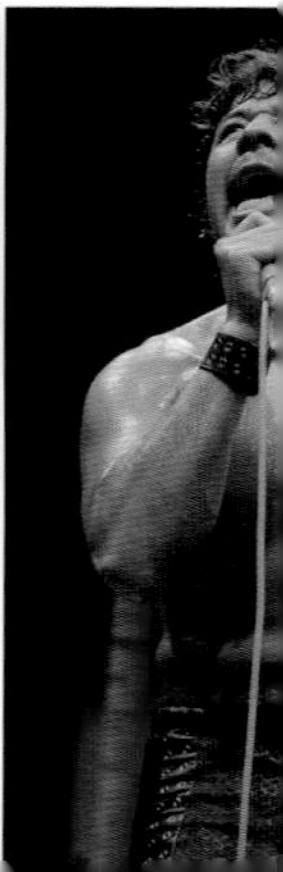

▼初防衛戦ではZERO1の大谷を下した（09年10・12両国）

第54代

「雑草」から成り上がり、感無量の初戴冠

▼コツコツと歩み続け、13年半にして最高峰王座に辿り着いた（10年5・3福岡）

在位期間 2010年5月3日〜10月11日

ベルト戴冠 2010年5月3日＝福岡国際センター ／ IWGPヘビー級選手権試合（60分1本勝負）／真壁刀義（18分18秒　片エビ固め）中邑真輔　※中邑が7度目の防衛に失敗。真壁が第54代王者となる

防衛戦の相手 ①潮崎豪②中邑真輔③田中将斗

2009年の『G1 CLIMAX』初優勝後、人気、実力を高めてきた真壁刀義が、満を持して中邑真輔に挑む。試合途中、中邑が左肩を痛めるアクシデントもあったなか、真壁がキングキング・ニードロップを突き刺して勝利。デビューから約13年、みずから「雑草」と表現するレスラー人生を歩みながら、決してあきらめることなく闘い続けて手にした栄冠。ファンの熱烈な支持のなか、真壁は「感無量」と素直な言葉を口にし、支えてくれた人々に「サンキューな」と感謝を伝えた。「スーパースター」となった新王者は、初防衛戦でNOAHの潮崎豪を下し、続いて中邑を返り討ちにすると、3度目の防衛戦では田中将斗とのハードコアな一戦を制した。

◀2度目の防衛戦では、中邑をドラゴン・スープレックスで返り討ち（10年7・19札幌）

▼ゴツゴツとした闘いの末、ZERO1の田中を退けた（10年9・26神戸）

▲初防衛戦ではNOAHの潮崎を粉砕（10年6・19大阪）

▼立ったままの
ングニーを突き
奪取した（10年

第55代 フリーの外敵王者として、完全制圧

▼フリー参戦で新日本に乗り込んできて3カ月での王座戴冠（10年10・11両国）

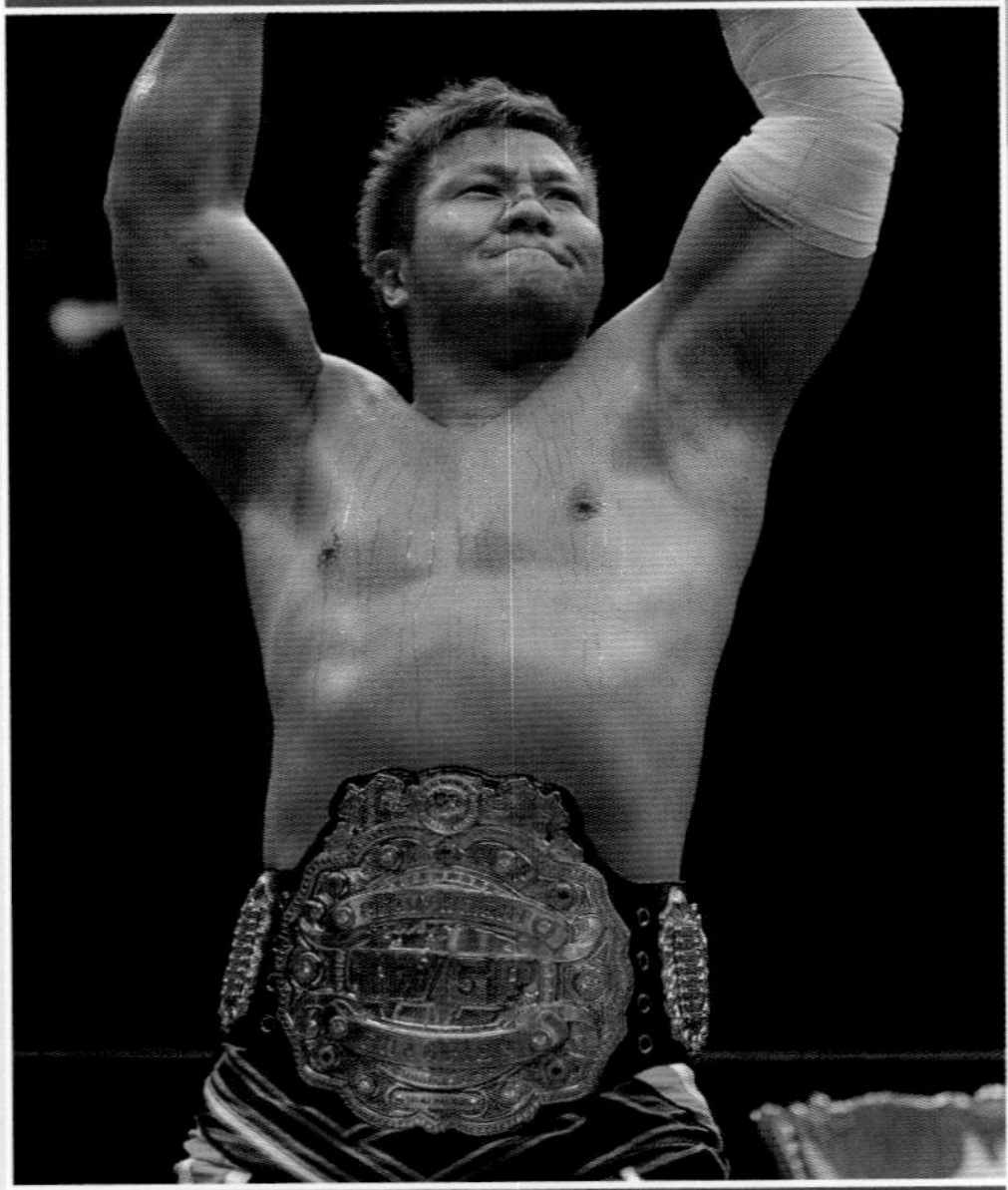

在位期間 2010年10月11日～2011年1月4日

ベルト戴冠 2010年10月11日＝東京・両国国技館／IWGPヘビー級選手権試合（60分1本勝負）／小島聡（19分12秒　片エビ固め）真壁刀義　※真壁が4度目の防衛に失敗。小島が第55代王者となる

防衛戦の相手 ①中邑真輔

2010年5月に全日本プロレスを退団し、フリーとして同年の『G1 CLIMAX』に参戦し、初の所属外選手の優勝を成し遂げた小島聡が、王座に挑戦。派手な場外戦、ラリアットの打ち合いと意地を張り合った一戦は、小島が右腕を振り抜いて真壁に勝利。フリーの外敵として新日本を完全制圧した小島に対して、場内からはブーイングが起こった。試合後に小島は、かつてIWGP王座戦で60分フルタイムを闘い抜き、勝利していない中邑真輔を指名。ラリアットで中邑を下すと、翌日の大会ではノンタイトルのシングルで後藤洋央紀を撃破。G1決勝での棚橋弘至、そして真壁、中邑、後藤と当時の"新日本四天王"を総なめして、勢いのままに駆け抜けた。

▲かつて王座戦で60分フルタイムを闘った中邑も、ラリアットで葬った（10年12・11大阪）

▶▼荒っぽい攻めも見せ、右腕を振り抜いて真壁から王座奪取（10年10・11両国）

▼所属外選手
1』制覇を成し
8・15両国）

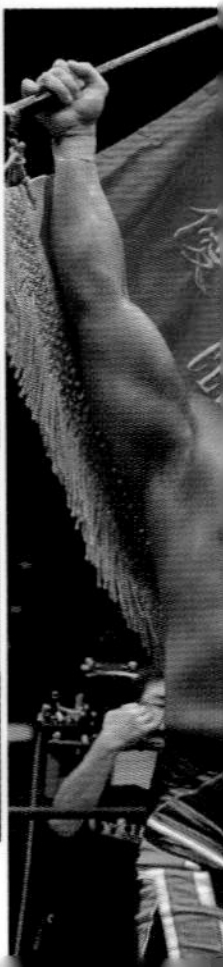

第56代 V11の記録を樹立し、エースの地位を完全確立

▼当時の記録となるV11を、ドーム大会で達成（12年1・4東京ドーム）

在位期間 2011年1月4日～2012年2月12日

ベルト戴冠 2011年1月4日＝東京ドーム ／ IWGPヘビー級選手権試合（60分1本勝負） ／棚橋弘至（21分57秒 片エビ固め）小島聡 ※小島が2度目の防衛に失敗。棚橋が第56代王者となる

防衛戦の相手 ①小島聡②永田裕志③中邑真輔④チャーリー・ハース⑤後藤洋央紀⑥ジャイアント・バーナード⑦中邑真輔⑧内藤哲也⑨矢野通⑩永田裕志⑪鈴木みのる

2010年の『G1 CLIMAX』決勝戦で小島聡に敗れている棚橋弘至が、みずから「切り札」と口にしてベルト奪回に臨む。棚橋は徹底した右腕攻めを見せ、小島のラリアットを計5発食らっても屈せず。最後はハイフライフローでベルト奪還に成功。5度目の王座戴冠となった棚橋は、怒とうの防衛ロードを歩む。初防衛戦で小島を返り討ちにすると、ほぼ1カ月に1回のペースで国内外で防衛戦を敢行。矢野通を退けて橋本真也さんのV9に並ぶと、10度目の防衛戦ではV10記録を持つ永田裕志と対峙。見事に退けてついにタイ記録に並んだ。そして王座奪取から1年後の12年1・4東京ドーム大会で鈴木みのるを撃破し、連続防衛新記録を樹立した。

▶V10の記録を持っていた永田を下して、10度目の防衛を達成（11年12・4名古屋）

◀鈴木との防衛戦を制して、王座奪取から丸1年間、ベルトを保持した（12年1・4東京ドーム）

▲東日本大震災復興チャリティー『ALL TOGETHER』にIWGP王者として参戦し、三冠ヘビー級王者の諏訪魔、GHCヘビー級王者の潮崎豪とトリオ結成（11年8・27日本武道館）

▼当時、フリー
外敵の小島か
（11年1・4東

第57代 レインメーカーショックで、新時代の象徴となる

▼凱旋から1カ月、ブシロード新体制発足から10日余り、団体史に残る"レインメーカーショック"で初戴冠（12年2・12大阪）

在位期間　2012年2月12日〜6月16日

ベルト戴冠　2012年2月12日＝大阪府立体育会館／IWGPヘビー級選手権試合（60分1本勝負）／オカダ・カズチカ（23分22秒　片エビ固め）棚橋弘至　※棚橋が12度目の防衛に失敗。オカダが第57代王者となる

防衛戦の相手　①内藤哲也②後藤洋央紀

2012年1・4東京ドーム大会に"レインメーカー"として凱旋したオカダ・カズチカが、V11の記録を樹立した棚橋弘至に対して挑戦表明。凱旋試合ではインパクトを残したとは言い難かったものの、王座戦では打点の高いドロップキックでド肝を抜き、棚橋の猛攻もハネ返すと、レインメーカーで衝撃の3カウント。棚橋政権を食い止めた歴史的な"レインメーカーショック"で、一気に中心人物になるとともに、ブシロード新体制の申し子となった。初防衛戦では40年目の旗揚げ記念日に内藤哲也と20代同士での王座戦。期待に違わぬ大熱戦を制したオカダに対して、場内からはその名を連呼するコールが起こり、ファンも完全にオカダの強さを認めた。

▲2度目の防衛戦では後藤を下した（12年5・3福岡）

▶▼40年目の旗揚げ記念日興行（12年3・4後楽園）で、内藤との防衛戦。懐疑的な視線を完全シャットアウトする強さを見せた

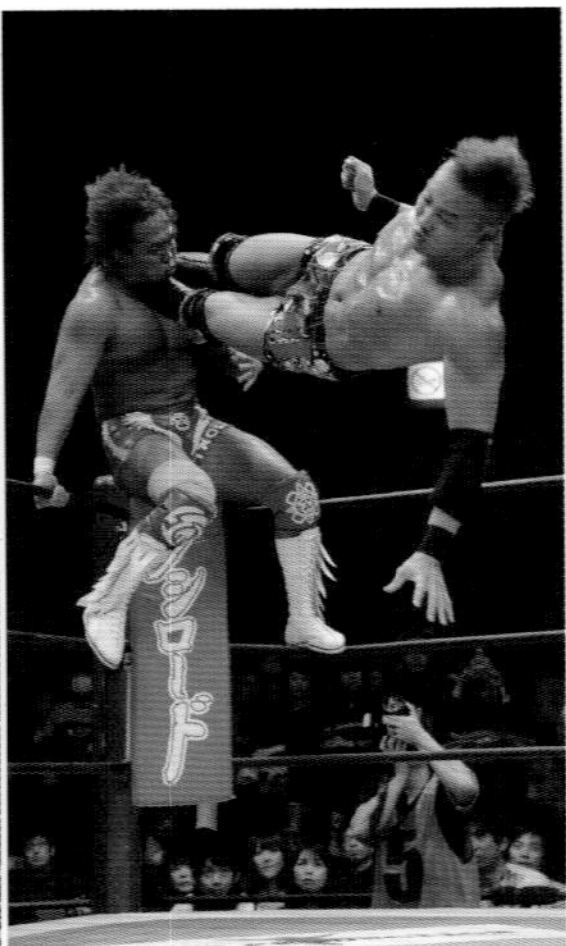

▼レインメー
V12を阻止
12大阪）

第58代 「エース交代」を許さず、〝復権〟を果たす

▼レインメーカーショックから4カ月、執念の返り咲きを果たした（12年6・16大阪）

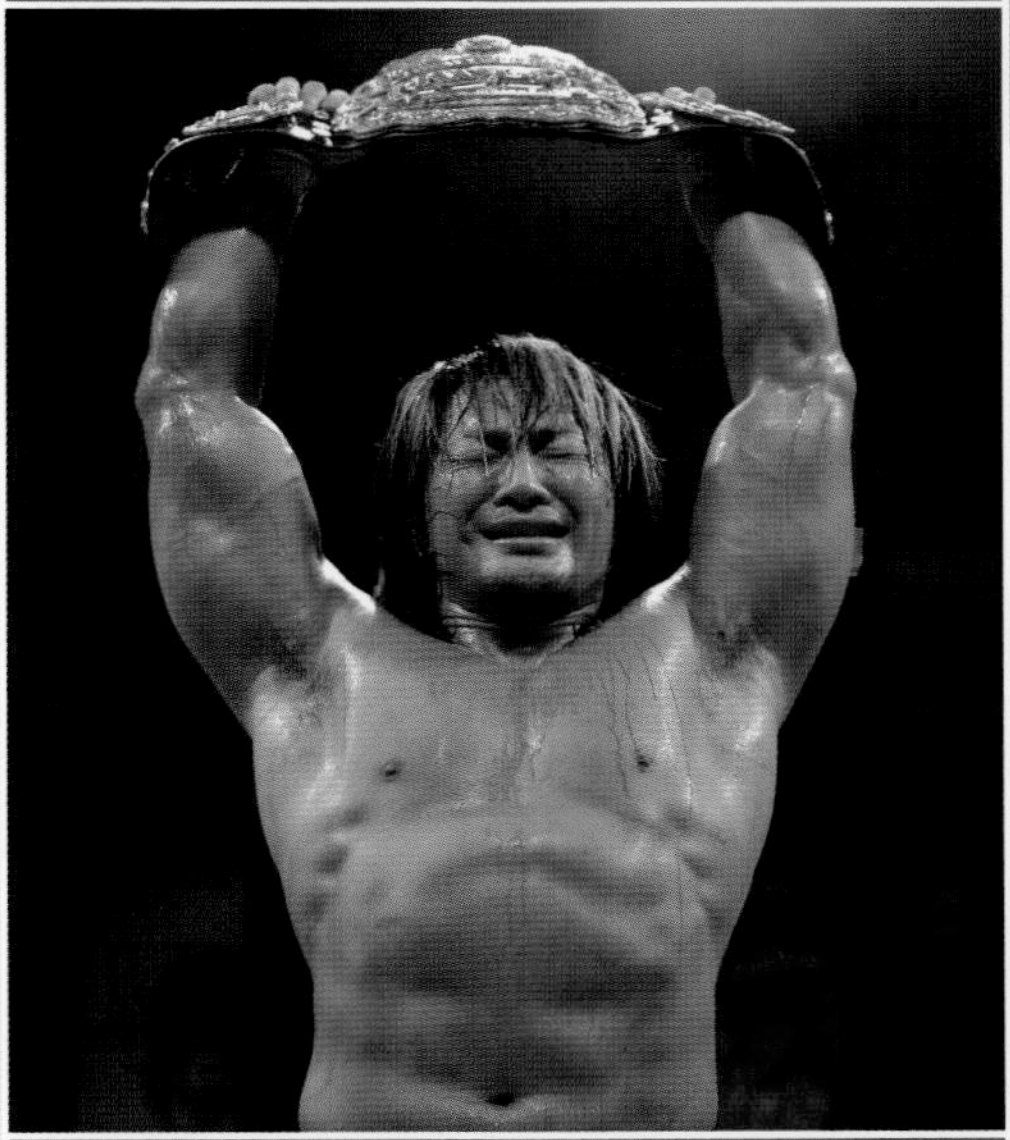

オカダ・カズチカに敗れてのまさかの王座陥落から4カ月、棚橋弘至がオカダの快進撃を止めるために立ち上がる。棚橋は掟破りのツームストーン・パイルドライバーを仕掛け、レインメーカーをスリングブレイドで切り返すと、ハイフライフローでリベンジに成功。負ければ「完全エース交代」も覚悟していた一戦を制して〝復権〟をアピールした棚橋は、超満員札止めの会場を見渡して「ずっと見たかった風景」と語り、感激の涙を流した。防衛ロードではNOAHの丸藤正道も迎撃。2013年1・4東京ドームでは、『G1 CLIMAX』優勝者のオカダを再び下して、「時代は変えるものじゃなく、動かしていくもの」と不動の棚橋時代をアピールした。

在位期間 2012年6月16日～2013年4月7日

ベルト戴冠 2012年６月16日＝大阪府立体育会館（BODY MAKERコロシアム）／IWGPヘビー級選手権試合（60分１本勝負）／棚橋弘至（28分6秒　片エビ固め）オカダ・カズチカ　※オカダが3度目の防衛に失敗。棚橋が第58代王者となる

防衛戦の相手 ①真壁刀義②田中将斗③丸藤正道④鈴木みのる⑤高橋裕二郎⑥オカダ・カズチカ⑦カール・アンダーソン

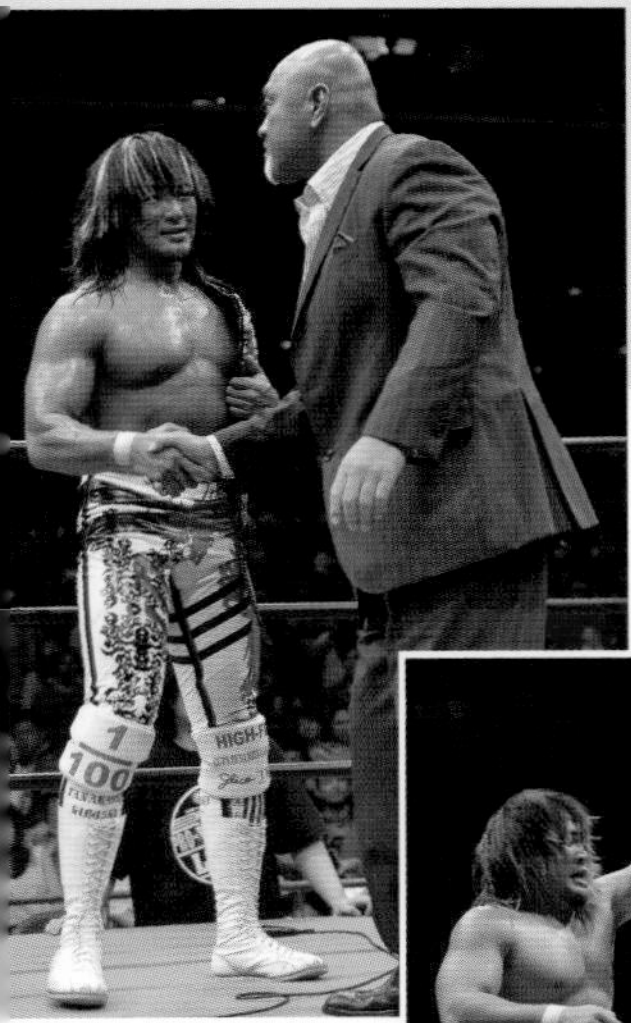

▲12年7・1両国で開催された全日本との40周年合同興行のメインで、真壁を下して王座防衛。武藤敬司からも祝福を受けた

▼▶ZERO１の田中（12年7・22山形）、NOAHの丸藤（12年9・23神戸）と他団体勢を立て続けに迎撃

▼執よう…
で、オカ…
にかか…
16大阪…

第59代

ドーム大会セミの屈辱の中で見せた〝意地〟

▼『NEW JAPAN CUP』優勝の勢いに乗り、2度目の戴冠(13年4・7両国)

在位期間 2013年4月7日～2014年5月3日

ベルト戴冠 2013年4月7日＝東京・両国国技館／IWGPヘビー級選手権試合(60分1本勝負)／オカダ・カズチカ(31分41秒 片エビ固め)棚橋弘至 ※棚橋が8度目の防衛に失敗。オカダが第59代王者となる

防衛戦の相手 ①鈴木みのる②真壁刀義③プリンス・デヴィット④小島聡⑤棚橋弘至⑥カール・アンダーソン⑦内藤哲也⑧後藤洋央紀

2013年の『NEW JAPAN CUP』を制したオカダ・カズチカが、再び棚橋弘至の持つベルトに挑戦。オカダにとっては、棚橋に連敗して迎えた4度目のシングルとなったが、その姿に悲壮感はなし。これまで通りの闘いを貫き、レインメーカーで返り咲きを果たすと「ベルトはボクのコスチューム」と言い切った。前回の王者時代は約3カ月で終わったが、2度目の戴冠では長期政権を築いた。ビッグマッチで安定した強さを発揮して防衛を重ね、14年1・4東京ドーム大会では内藤哲也を迎え撃った。棚橋と中邑真輔のIWGPインターコンチネンタル選手権がメインで組まれ、IWGP王座戦がセミという屈辱も、意地の30分超えの激闘でベルトを守った。

◀BULLET CLUBを結成したデヴィットも迎え撃った(13年7・20秋田)

▶屈辱のドーム大会のセミでの内藤との王座戦は30分超えの激闘に(14年1・4東京ドーム)

▲初防衛戦では鈴木を迎撃(13年5・3福岡)。鈴木とは以後も2度、ベルトを懸けて対戦した

▼2連敗中だっ
て、王座に返り
7両国)

第60代

驚異的な実力で、8年ぶりの外国人王者に君臨

▼初挑戦でオカダからベルトを奪取した（14年5・3福岡）

在位期間 2014年5月3日～10月13日

ベルト戴冠 2014年5月3日＝福岡国際センター／IWGPヘビー級選手権試合（60分1本勝負）／AJスタイルズ（24分31秒　エビ固め）オカダ・カズチカ　※オカダが9度目の防衛に失敗。AJが第60代王者となる

防衛戦の相手 ①マイケル・エルガン、オカダ・カズチカ②オカダ・カズチカ

アメリカ『TNA』を主戦場にしていた大物外国人選手のAJスタイルズが、2014年4・6両国大会でオカダ・カズチカを襲撃し、いきなりの王座挑戦が決定した。前評判通りの実力を見せると、スタイルズクラッシュで勝利して、1年に及んだオカダ政権に終止符を打つ。8年ぶり6人目の外国人王者となったAJは、新生BULLET CLUBのリーダーとして、瞬く間に新日本マットの中心に駆け上がった。初防衛戦ではマイケル・エルガン、オカダとの3WAY王座戦で防衛に成功。11年ぶりに開催された横浜アリーナ大会でもオカダを迎え撃つと、再び撃破。短期間で2度のレインメーカーからの勝利で、想像を超える驚異的な強さを見せつけた。

▲フェノメナール（驚異的）の異名通り、圧巻の実力を見せてオカダを下した（14年5・3福岡）

▼14年4
サプライズ
に宣戦布告

◀初防衛戦はアメリカ・ニューヨークで、マイケル・エルガンを交えた3WAYで行われた（14年5・17ニューヨーク）

▲11年ぶりの開催となった横浜アリーナ大会のメインで、またしてもオカダを返り討ちにした（14年5・25横浜）

第61代 “ベスト”を下して、最多戴冠記録を更新

▼オカダが倒せなかったAJを下して、1年半ぶりに王座返り咲き（14年10・13両国）

2014年の『G1 CLIMAX』最終戦のシングルマッチでAJスタイルズに勝利した棚橋弘至が挑戦権を獲得。参戦から約半年で確固たる存在感を築き上げたAJに対して「素晴らしい」と賛辞を惜しまなかった棚橋の一方、王者もまた新日本のエースを「日本を代表するレスラー」とリスペクト。「ベスト・イン・ザ・ワールド決定戦」とも称された一戦は実際に素晴らしい試合内容となり、ハイフライフローで勝利した棚橋が最多戴冠記録更新の7度目の王座奪取を果たした。「新日本は俺が中心じゃないと面白くない」と語った棚橋は、15年1・4東京ドームでオカダを迎撃。非情さものぞかせた試合運びで返り討ちにし、「IWGPは遠いぞ」と言い放った。

在位期間 2014年10月13日～2015年2月11日

ベルト戴冠 2014年10月13日＝東京・両国国技館／IWGPヘビー級選手権試合（60分1本勝負）／棚橋弘至（27分4秒　片エビ固め）AJスタイルズ　※AJが3度目の防衛に失敗。棚橋が第61代王者となる

防衛戦の相手 ①オカダ・カズチカ

▲5年連続のドームのメイン登場で、オカダを返り討ちにして初防衛（15年1・4東京ドーム）

▲◀AJとのタイトルマッチにもジャレットが介入。しかし、WWEを退団したヨシ・タツが救出に現れ、アシストを受けた棚橋が勝利した（14年10・13両国）

▼14年『G1 C
戦（8・10西武ド
のシングルマッチ
試合後にBULLE
託したジェフ・ジャ
ショットを食らった

第62代

驚愕バウトで、ゴールデン☆スターを退ける

▼14年4月の参戦から1年経たずして、2度目の戴冠を果たした（15年2・11大阪）

在位期間　2015年2月11日～7月5日

ベルト戴冠　2015年２月11日＝大阪府立体育会館（BODY MAKERコロシアム）／IWGPヘビー級選手権試合（60分１本勝負）／AJスタイルズ（26分８秒　エビ固め）棚橋弘至　※棚橋が2度目の防衛に失敗。AJが第62代王者となる

防衛戦の相手　①飯伏幸太

前王者のAJスタイルズが2015年1・4東京ドーム翌日の大会で棚橋弘至からフォール勝ちを挙げて、挑戦をアピール。AJは垂直落下式スタイルズクラッシュで大きなダメージを与えると、最後は正調スタイルズクラッシュで3カウント。BULLET CLUBはヘビー&ジュニアのシングル、タッグ王座を独占し、ユニットの勢いを見せつける形となった。初防衛戦では、『NEW JAPAN CUP』を制した飯伏幸太の挑戦を受けた。類まれなる身体能力を持つ2人の闘いは何度も場内をどよめかせ、AJはフェニックス・スプラッシュを狙ってダイブしてきた飯伏をキャッチして、そのままスタイルズクラッシュを決める驚愕のフィニッシュで勝利した。

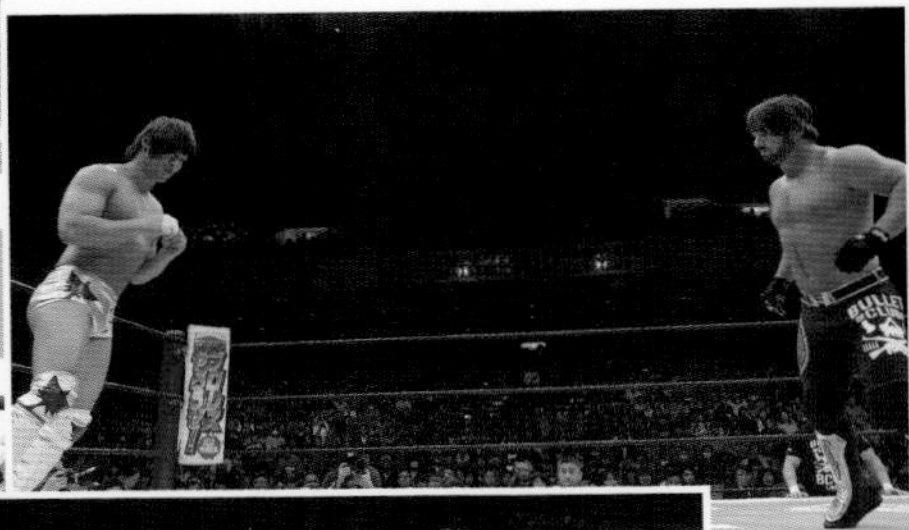

▶▲飯伏がコーナーに上ったところでケニー・オメガがエプロンに上がる。飯伏が気を取られている間にAJは立ち上がり、ダイブしてきた飯伏をとらえて、そのままスタイルズクラッシュを決めた（15年４・5両国）

▲初防衛戦では『NEW JAPAN CUP』覇者の飯伏を迎撃った（15年４・5両国）

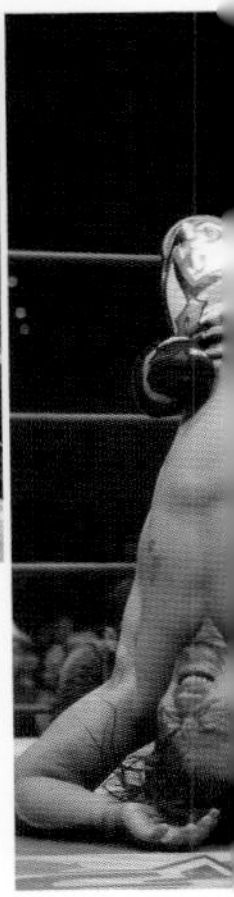

▼アクシデントで
を脳天からマット
（15年2・11大

第63代

21年ぶりの大阪城で復権、ドームで悲願のエース超え

▼21年ぶりの大阪城決戦で、王座奪還に成功（15年7・5大阪城）

在位期間　2015年7月5日～2016年4月10日
ベルト戴冠　2015年7月5日＝大阪城ホール／IWGPヘビー級選手権試合（60分1本勝負）／オカダ・カズチカ（26分16秒　片エビ固め）AJスタイルズ　※AJが2度目の防衛に失敗。オカダが第63代王者となる
防衛戦の相手　①AJスタイルズ②棚橋弘至③後藤洋央紀

2015年4月、飯伏幸太を下して防衛に成功した直後のAJスタイルズを襲撃したオカダ・カズチカが挑戦表明。前回の両者のタイトルマッチは11年ぶり開催の横浜アリーナ大会、それから1年2カ月後の2人にとって3度目の王座戦の舞台は、21年ぶり開催の大阪城ホール大会。AJが参戦するようになってからわずか1年3カ月、切り札カードとなった一戦はまたしても好勝負となった。目まぐるしい切り返し合いの末、オカダが王座戦では初めてAJから勝利。返り咲きを果たしたオカダはAJとのリマッチを制すと、16年1・4東京ドーム大会で棚橋を迎撃。〝イッテンヨン〟の舞台で初めて棚橋を下して、オカダにとって大きな意味を持つ防衛戦となった。

▲3度目の防衛戦では白塗りの風貌で覚悟を示してきた後藤を迎撃した（16年2・11大阪）

▶▼1・4東京ドームのメインでの王座戦で、棚橋に2度敗北を喫していたオカダ。3度目のドームのメインでの対戦でついに棚橋超えを果たした（16年1・4東京ドーム）

▼シングル4度目、タ
は一度も勝てていな
相手」AJを下しての王
（15年7・5大阪城）

第64代

制御不能なカリスマ、感慨なき初戴冠

▼デビューから9年でIWGPヘビー級王座を獲得した（16年4・10両国）

2015年秋に「ロス・インゴベルナブレス・デ・ハポン」を結成し、16年の『NEW JAPAN CUP』を制した内藤哲也が、オカダ・カズチカの持つ王座に挑戦。試合途中、新メンバーのSANADAの介入もあったなか、デスティーノできっちりと3カウント。若手時代から意識してきたオカダを下して、デビュー9年での王座初戴冠。しかし、内藤に感慨深さなどはなく、試合後にファンと決めゼリフを大合唱すると、ベルトを放り投げて引き揚げた。自身を「ベルトを超えた存在」と語り、ロス・インゴをけん引する〝制御不能なカリスマ〟としての自信をのぞかせた。ロス・インゴ人気とファンの支持率をさらに高めることになった王者時代だった。

在位期間 2016年4月10日～6月19日

ベルト戴冠 2016年4月10日＝東京・両国国技館／IWGPヘビー級選手権試合（60分1本勝負）／内藤哲也（28分50秒　体固め）オカダ・カズチカ　※オカダが4度目の防衛に失敗。内藤が第64代王者となる

防衛戦の相手 ①石井智宏

◀内藤はベルトを腰に巻くことはなく、放り投げるなどぞんざいに扱ってきた（16年5・3福岡）

◀初防衛戦で
撃った（16年5・

▼試合途中にS
入して、オカダを
バー登場のサプ
内藤はベルトを奪
4・10両国）

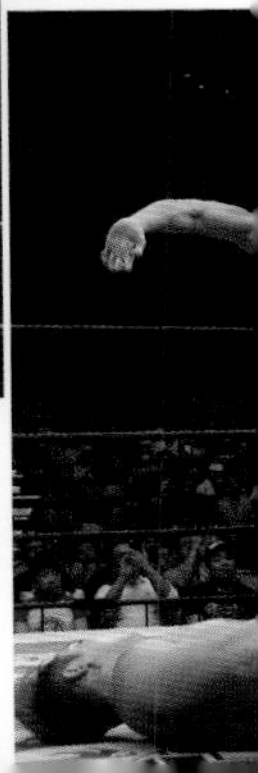

◀オカダに対する「2億円プロジェクト」などへの当てつけのように、木谷高明オーナーを揶揄し続けていた内藤。対立がクローズアップされるなか、16年6・19大阪城の入場時には和解を示すように握手を交わした

第65代

約2年間王座を保持し、V12の新記録達成

▼王者として、連続防衛12度の新記録を樹立した（18年5·4福岡）

前王者のオカダ・カズチカが内藤哲也とのリマッチに臨む。圧巻のレインメーカー3連発で勝利し、ロス・インゴベルナブレス・デ・ハポンの勢いをストップさせるとともに、王座奪還に成功。初防衛戦では『G1 CLIMAX』公式戦で敗れたNOAHの丸藤正道を迎撃。2度目の防衛戦では、G1覇者のケニー・オメガと45分超えの大熱戦を制した。その後も防衛を重ね、2017年6・11大阪城ホール大会では再びケニーと対峙。互いに死力を振り絞った〝超人同士〟の闘いは、60分フルタイムドローでベルトを死守した。連続防衛記録V11に並ぶと、18年5月に新記録を懸けてタイ記録保持者の棚橋弘至と対戦。見事に勝利してV12を達成し、王座史に名を刻んだ。

在位期間 2016年6月19日～2018年6月9日

ベルト戴冠 2016年6月19日＝大阪城ホール／IWGPヘビー級選手権試合（60分1本勝負）／オカダ・カズチカ（28分58秒 片エビ固め）内藤哲也 ※内藤が2度目の防衛に失敗。オカダが第65代王者となる

防衛戦の相手 ①丸藤正道②ケニー・オメガ③鈴木みのる④柴田勝頼⑤バッドラック・ファレ⑥ケニー・オメガ⑦Cody⑧EVIL⑨内藤哲也⑩SANADA⑪ザック・セイバーJr⑫棚橋弘至

◀17年6・11大阪城でのケニーとのタイトルマッチは、IWGP王座戦史上、約12年ぶりの60分フルタイムで防衛に成功

▶連続防衛11度の記録を持っていた棚橋をV12戦で迎撃し、新記録を達成（18年5·4福岡）

▲初防衛戦ではNOAHの丸藤を迎撃した（16年10・10両国）

▼内藤を下して戴冠。ここから
者時代がスタ
6・19大阪城）

第66代

64分の過酷すぎる闘いを制して、ついに頂点へ

▼初来日から10年、新日本の最高峰王座に辿り着いた（18年6・9大阪城）

2018年5・3福岡大会でV12を達成したオカダ・カズチカは試合後に、1年前のタイトルマッチで60分時間切れに終わっているケニー・オメガを挑戦者に指名。一戦は時間無制限3本勝負で行われ、それぞれ1本ずつ取り合った時点で、試合タイムは約47分。そして3本目にオカダがレインメーカーを放ったところで、ついに未踏の領域である60分超え。最終的にはトータルタイム64分50秒、ケニーが過酷すぎる王座戦を制した。約2年間、王座在位720日という無敵の強さを誇っていたオカダがついに王座陥落。一方、DDTへの初来日から10年、インディーから駆け上がったケニーが最高峰に到達した。防衛戦ではCody、盟友の飯伏幸太も迎え撃った。

在位期間 2018年6月9日～2019年1月4日

ベルト戴冠 2018年6月9日＝大阪城ホール／IWGPヘビー級選手権試合（時間無制限3本勝負）／ケニー・オメガ（2-1）オカダ・カズチカ ①オカダ（28分47秒 エビ固め）ケニー ②ケニー（19分10秒 片エビ固め）オカダ ③ケニー（16分53秒 片エビ固め）オカダ ※オカダが13度目の防衛に失敗。ケニーが第66代王者となる

防衛戦の相手 ①Cody②石井智宏③飯伏幸太、Cody

▲ケニーは飯伏、ヤングバックスとともに「ゴールデンELITE」を結成（18年6・9大阪城）

▼時間無制限
王座戦は60分
なり、どうにかオ
た（18年6・9大

▲18年10・8両国では飯伏、Codyを交えての3WAYで防衛戦を行った

◀18年7・7サンフランシスコ大会でCodyを下し防衛。試合後にBULLET CLUBの分裂が表面化し、ケニーはヤングバックス、Codyと「BULLET CLUB ELITE」として団結

第67代 IWGPヘビー史上最多記録の8度目戴冠

▼最多記録を更新する8度目の王座戴冠を果たした（19年1・4東京ドーム）

在位期間 2019年1月4日～2月11日

ベルト戴冠 2019年1月4日＝東京ドーム／IWGPヘビー級選手権試合（60分1本勝負）／棚橋弘至（39分13秒 片エビ固め）ケニー・オメガ ※ケニーが4度目の防衛に失敗。棚橋が第67代王者となる

2018年の『G1 CLIMAX』で優勝した棚橋弘至がケニー・オメガへの挑戦権を獲得。王者・ケニーは同年10・8両国大会での3度目の防衛戦を3WAYマッチで敢行。しかし、その内容は決して満足度の高いものではなく、そこに棚橋は真っ向から噛みつき「オマエは賞味期限切れ」などと挑発。一方のケニーも「棚橋は変化を恐れている」と痛烈な言葉。新たな価値観を提示し続ける王者に対して、挑戦者が〝ノー〟を突きつけたことで、イデオロギー闘争が勃発。しかし、迎えた一戦では棚橋がケニーのスタイルへの歩み寄りを見せた上で勝利。戦前の舌戦を経て、「救いを見いだす」理想のプロレスを展開し、最多記録更新の8度目の戴冠を果たした。

▶18年の『G1 CLIMAX』で3年ぶり3度目の優勝を飾り、IWGP王座への挑戦権を獲得。同年デビューの柴田勝頼が肩車をして祝福（18年8・12日本武道館）

◀3年ぶりのドーム大会のメインでケニーを下し、4年ぶりの王座戴冠を果たした（19年1・4東京ドーム）

▶19年1・4東京ドームのタイトルマッチを控えて、18年の大みそかに渋谷の街中で公開調印式。史上初の試みだった

▲ジェイのCHAOS脱退、BULLET CLUB入りに端を発して、棚橋とオカダは共通の敵を打倒するためタッグを結成した（19年2・2札幌）

ジェイ・ホワイト

第68代

史上最年少外国人王者として、新時代確立

▼外国人としては最年少となる、26歳4カ月でベルトを獲得したジェイ（19年2・11大阪）

在位期間　2019年2月11日～4月6日

ベルト戴冠　2019年2月11日＝エディオンアリーナ大阪（大阪府立体育会館）／IWGPヘビー級選手権試合（60分1本勝負）／ジェイ・ホワイト（30分28秒　片エビ固め）棚橋弘至　※棚橋が初防衛に失敗。ジェイが第68代王者となる

2019年1・4東京ドームでのオカダ・カズチカとのスペシャルシングルマッチに勝利したジェイ・ホワイトのアピールが通り、王座初挑戦が実現。ジェイは17年秋の凱旋以降、IWGP USヘビー級王座獲得、『G1 CLIMAX』ではオカダ、棚橋弘至から勝利を挙げるなど、新日本マットのトップ戦線に食い込んできた。19年に入るとケニー・オメガに代わってBULLET CLUBをけん引する立場となり、常々口にしていた「NEW ERA」＝新時代の確立にまい進した。そして、長らくエースとして君臨してきた棚橋を下して、デビュー6年、新日本入門から4年で最高峰王座に到達。26歳の史上最年少外国人王者として時代を動かし、変えてみせた。

▶◀当時でキャリア6年ながら、巧みな試合運びを見せて棚橋を下した（19年2・11大阪）

▶19年4・6マディソン・スクエア・ガーデン大会。メインイベンターとして最後に花道を歩いた

▶18年9・23神戸で棚橋、オカダを襲撃し、CHAOSからの脱退を表明。10・8両国でBULLET CLUB入りした

オカダ・カズチカ

第69代

新時代の勢いを止め、世界の殿堂で王座奪還

2019年の『NEW JAPAN CUP』に優勝したオカダ・カズチカがジェイ・ホワイトへの挑戦権を獲得。タイトルマッチは新日本&ROHの合同興行として開催された、マディソン・スクエア・ガーデン大会で実現。歴史的な大会のメインイベントで組まれた一戦でオカダは見事に勝利し、ジェイの勢いを止めるとともに、5度目の王座返り咲き。新日本の〝顔〟を世界にアピールした。防衛ロードでは、新たにSANADAとのライバルストーリーが生まれ、防衛戦で2度退ける。クリス・ジェリコというビッグネームからもベルトを守り、20年1・4東京ドーム大会では19年『G1 CLIMAX』覇者の飯伏幸太を下し、通算防衛回数30回を記録した。

▼ROHとの合同で開催されたマディソン・スクエア・ガーデン大会のメインで、王座を奪還した（19年4・6MSG）

在位期間 2019年4月6日～2020年1月5日

ベルト戴冠 2019年4月6日（現地時間）＝アメリカ・ニューヨーク州、マディソン・スクエア・ガーデン ／ IWGPヘビー級選手権試合（60分1本勝負）／オカダ・カズチカ（32分33秒　片エビ固め）ジェイ・ホワイト　※ジェイが初防衛に失敗。オカダが第69代王者となる

防衛戦の相手 ①SANADA②クリス・ジェリコ③鈴木みのる④SANADA⑤飯伏幸太

◀19年8・31ロンドン大会では鈴木とのタイトルマッチ。アメリカに続いて、海外での王座戦となった

◀世界的なスーパースターのクリス・ジェリコとの一戦では大いに苦しめられるも、強引にエビ固めで押さえ込んで勝利した（19年6・9大阪城）

▼ジェイとの30分超えの一戦はアメリカのファンを熱狂させた（19年4・6MSG）

◀19年にSANADAとは3度、対戦。うち2度がタイトルマッチで、オカダは〝ライバル認定〟をした（19年10・14両国）

第70代

東京ドーム2連戦で史上初のIWGP2冠王者に輝く

▼オカダが保持するIWGPヘビー級王座とのダブルタイトルマッチを制した内藤が、初の2冠王者となった（20年1・5東京ドーム）

在位期間	2020年1月5日～7月12日
ベルト戴冠	2020年1月5日＝東京ドーム／IWGPヘビー級・IWGPインターコンチネンタルダブル選手権試合（60分1本勝負）／内藤哲也（35分37秒　片エビ固め）オカダ・カズチカ　※オカダがIWGPヘビー級王座6度目の防衛に失敗。内藤が第70代IWGPヘビー級王者となる。内藤がIWGPインターコンチネンタル王座の初防衛に成功。内藤が史上初のダブルチャンピオンに
防衛戦の相手	①KENTA

内藤哲也は2019年初頭からIWGPヘビー級王座とIWGPインターコンチネンタル王座の2冠戦をアピール。当初、オカダ・カズチカは否定的だったが、LINEによるファン投票で2冠戦が決定し、20年1・4東京ドーム大会で飯伏幸太を相手にIWGP王座を防衛したオカダと、ジェイ・ホワイトからインターコンチ王座を奪取した内藤がドーム2連戦の2日目で激突した。史上初の2冠王座戦は内藤がデスティーノで勝利して、2本のベルトを獲得。しかし、試合後の締めマイクの途中でKENTAから襲撃され、ドーム大会はまさかのエンディング。その後に組まれた防衛戦では流血に追い込まれながらもKENTAを退けて、2本のベルトを守った。

▼試合途中に流血に追い込まれながらも、KENTAをデスティーノで下した（20年2・9大阪城）

▲2冠王者となり「デ・ハ・ポン！」の大合唱をしようとしたところで、まさかのKENTAの襲撃に遭った（20年1・5東京ドーム）

▲KENTAを下した試合後、IWGPジュニア王者で同門の高橋ヒロムが登場（20年2・9大阪城）。3月の旗揚げ記念日での初の一騎打ちが決まるも、コロナ蔓延による大会中止で試合も流れてしまった

▼オカダとの
内藤はスター
も繰り出して、
（20年1・5東

第71代

衝撃の裏切りから、一気に頂点へ駆け上がる

コロナ禍により、2020年3月から興行活動が停止となり、同年6月からの再開とともに、『NEW JAPAN CUP』を開催。EVILは準決勝でSANADAを撃破し、大阪城ホール2連戦初日の決勝戦ではBULLET CLUBの外道、高橋裕二郎の介入も受けつつ、オカダ・カズチカから勝利。初優勝を飾ると、2冠王者の内藤哲也を呼び出し、裏切りの一撃。ロス・インゴベルナブレス・デ・ハポンから脱退し、BULLET CLUB入りを果たした。トーナメント覇者として2連戦2日目で内藤の2冠王座に挑戦し、またしてもセコンドの介入を駆使し、2本のベルトを奪取して一気に頂点に君臨した。初防衛戦ではかつての仲間である高橋ヒロムを下した。

▼長らくロス・インゴで行動を共にしてきた内藤から2冠王座を奪取したEVILが、憎々しげに勝ち誇った（20年7・12大阪城）

在位期間 2020年7月12日〜8月29日

ベルト戴冠 2020年7月12日＝大阪城ホール／IWGPヘビー級・IWGPインターコンチネンタルダブル選手権試合（60分1本勝負）／EVIL（38分1秒　片エビ固め）内藤哲也　※内藤がIWGPヘビー級王座2度目の防衛、IWGPインターコンチネンタル王座3度目の防衛に失敗。EVILが第71代IWGPヘビー級&第25代IWGPインターコンチネンタル王者となる

防衛戦の相手 ①高橋ヒロム

▶▲試合途中にディック東郷が介入し、内藤を攻撃。最後はEVILで決めた（20年7・12大阪城）

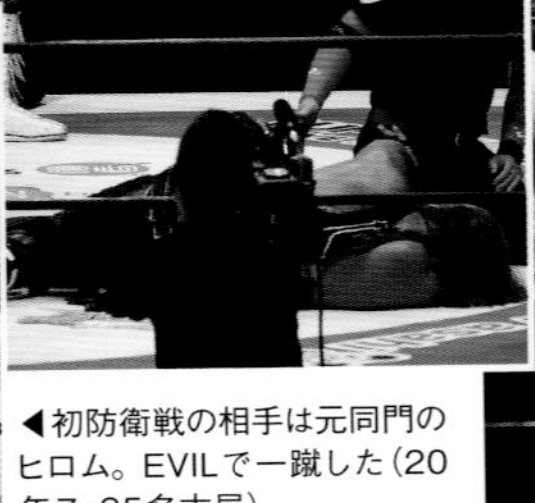

◀初防衛戦の相手は元同門のヒロム。EVILで一蹴した（20年7・25名古屋）

▼オカダを下してNEW
優勝を果たしたEVILは、
を裏切り、BULLET CL
と引き揚げた（20年7・

第72代

21年ぶりの神宮球場決戦で因縁を清算

EVIL戦での屈辱の敗北から1カ月半、前王者の内藤哲也がリベンジマッチに臨む。王座戦はやはり大荒れの一戦となり、それぞれのセコンドが入り乱れる展開。EVILのラフ攻撃も耐えしのいだ内藤はバレンティア、デスティーノと畳みかけて勝利し、2冠王者に返り咲いた。試合後にマイクを手にすると、コロナ禍の状況を踏まえた上で「我慢の先に、明るい未来がきっと待っている」とメッセージ。真夏の夜空に花火が上がるなかポーズを決めて、1999年8月以来、21年ぶりの神宮決戦を締めた。その後、史上初の秋開催の『G1 CLIMAX』公式戦で敗れたEVILと再び2冠王座を懸けて対戦。4カ月で3度目の一騎打ちを制して、初防衛に成功した。

▼21年ぶりの開催となった神宮球場大会のメインで2本のベルトを奪還。記念撮影の際には花火が上がった（20年8・29神宮）

在位期間 2020年8月29日～2021年1月4日

ベルト戴冠 2020年8月29日＝東京・明治神宮野球場／IWGPヘビー級・IWGPインターコンチネンタルダブル選手権試合（60分1本勝負）／内藤哲也（26分20秒　片エビ固め）EVIL　※EVILがIWGPヘビー級王座2度目の防衛、IWGPインターコンチネンタル王座2度目の防衛に失敗。内藤が第72代IWGPヘビー級&第26代IWGPインターコンチネンタル王者となる

防衛戦の相手 ①EVIL

▲20年11・7大阪での再度のEVILとの2冠戦で勝利し、翌年1・4東京ドームにコマを進めた

▼◀因縁のEV
れぞれのセコン
乱戦。セコンド
けた内藤が最
ノで勝利（20

◀11・7大阪の試合後、2冠王座への挑戦権利証を持つジェイ・ホワイトが登場。すると権利証を奪われた飯伏も登場し、王者の内藤を含めて三つ巴の構図が生まれた

第73代

2本のベルトの歴史に終止符を打ち、新たに「世界」へ

▼内藤を下してIWGP2冠王者となった飯伏は、2本のベルトを手にドームの長い花道を引き揚げた（21年1・4東京ドーム）

在位期間	2021年1月4日～3月30日
ベルト戴冠	2021年1月4日＝東京ドーム／IWGPヘビー級・IWGPインターコンチネンタルダブル選手権試合（60分1本勝負）／飯伏幸太（31分18秒　片エビ固め）内藤哲也　※内藤がIWGPヘビー級王座2度目の防衛、IWGPインターコンチネンタル王座2度目の防衛に失敗。飯伏が第73代IWGPヘビー級&第27代IWGPインターコンチネンタル王者となる
防衛戦の相手	①ジェイ・ホワイト②SANADA③エル・デスペラード

2020年の『G1 CLIMAX』で優勝して王座への挑戦権利証を手にした飯伏幸太だが、同年11・7大阪大会でジェイ・ホワイトに敗れて権利証を失ってしまう。しかし、ジェイが21年1・5東京ドームでの2冠王座挑戦をアピールし、1・4東京ドームでの王座挑戦は拒否。これにより飯伏が1・4で内藤哲也に挑戦することになり、見事に2冠王座獲得。翌日に早速、ジェイを相手に防衛に成功し、その後に飯伏は2冠統一を提唱。飯伏の提案に異を唱えた内藤とインターコンチ王座のみを懸けて勝利すると、3月1日に正式にIWGP世界ヘビー級王座の新設が決定。3度目の防衛後に初代IWGP世界ヘビー級王者に認定され、2本のベルトを返還した。

◀21年2・28大阪城ホール大会で内藤を相手にインターコンチ王座を防衛。試合後にはIWGPジュニア王者のデスペラードが挑戦アピールし（写真）、3・4日本武道館でのヘビーとジュニアの王者対決で防衛に成功した

◀内藤から2本
した翌1・5東
は早速、ジェイと
臨んで勝利

▼過去に飯伏と
展開してきた内
の手を取り称え
東京ドーム）

◀21年3・30後楽園大会の試合開始前に、IWGPヘビーとIWGPインターコンチの2本のベルトを返還。新設のIWGP世界ヘビー級のベルトが贈呈された

タイトルマッチ記録

インターナショナル（ヘビー級）選手権試合
NWF（世界）ヘビー級選手権試合
PWF（世界）ヘビー級選手権試合
IWGPヘビー級選手権試合

※試合タイム、決まり手をはじめ記録は『プロレス&ボクシング』『プロレス』『週刊プロレス』誌をベースにアップデートしています。

インターナショナル（ヘビー級）選手権試合

1958年（昭和33年）

■8月27日（現地時間）＝アメリカ・カリフォルニア州ロサンゼルス、オリンピック・オーデトリアム
インターナショナル選手権試合（60分3本勝負）
力道山（2-1）ルー・テーズ
①テーズ（体固め）力道山
②力道山（体固め）テーズ
③力道山（反則勝ち）テーズ
※テーズが防衛に失敗。力道山が第2代王者となる

■10月2日＝東京・蔵前国技館
インターナショナル選手権試合（61分3本勝負）
力道山（1-0）ドン・レオ・ジョナサン
①力道山（39分48秒 体固め）ジョナサン
②力道山（時間切れ引き分け）ジョナサン
※力道山が初防衛に成功

■10月31日＝東京体育館
インターナショナル選手権試合（61分3本勝負）
力道山（1-0）ドン・レオ・ジョナサン
①力道山（21分34秒 リングアウト勝ち）ジョナサン
②力道山（試合放棄）ジョナサン
※力道山が2度目の防衛に成功

1959年（昭和34年）

■7月21日＝大阪府立体育会館
インターナショナル選手権試合（61分3本勝負）
力道山（1-1）エンリキ・トーレス
①トーレス（7分52秒 片エビ固め）力道山
②力道山（11分14秒 キーロック）トーレス
③力道山（両者失格）トーレス
※力道山が3度目の防衛に成功

■8月7日＝東京・田園コロシアム
インターナショナル選手権試合（61分3本勝負）
力道山（2-0）ミスター・アトミック
①力道山（12分21秒 バックドロップ）アトミック
②力道山（4分53秒 体固め）アトミック
※力道山が4度目の防衛に成功

1960年（昭和35年）

■1月15日＝大阪府立体育会館
インターナショナル選手権試合（61分3本勝負）
ジム・ライト（2-1）力道山
①ライト（21分25秒 リングアウト勝ち）力道山
②力道山（4分42秒 体固め）ライト
③ライト（11分56秒 反則勝ち）力道山
※反則含みのため、力道山が5度目の防衛に成功

■1月30日＝東京体育館
インターナショナル選手権試合（61分3本勝負）
力道山（2-1）ジム・ライト
①力道山（17分7秒 逆片エビ固め）ライト
②ライト（8分20秒 体固め）力道山
③力道山（4分50秒 リングアウト勝ち）ライト
※力道山が6度目の防衛に成功

■5月16日＝東京体育館
インターナショナル選手権試合（61分3本勝負）
力道山（1-1）サニー・マイヤース
①マイヤース（2分6秒 体固め）力道山
②力道山（28分25秒 逆さ押さえ込み）マイヤース
③力道山（時間切れ引き分け）マイヤース
※力道山が7度目の防衛に成功

■7月9日＝東京・田園コロシアム
インターナショナル選手権試合（61分3本勝負）
力道山（2-1）サニー・マイヤース
①マイヤース（29分35秒 エビ固め）力道山
②力道山（4分24秒 体固め）マイヤース
③力道山（7分14秒 反則勝ち）マイヤース
※力道山が8度目の防衛に成功

■11月16日＝東京体育館
インターナショナル選手権試合（61分3本勝負）
力道山（2-0）カーチス・イヤウケア
①力道山（6分13秒 カウントアウト）イヤウケア
②力道山（0分20秒 リングアウト勝ち）イヤウケア
※力道山が9度目の防衛に成功

1961年（昭和36年）

■6月2日＝東京・蔵前国技館
インターナショナル選手権試合（時間無制限3本勝負）
力道山（2-0）グレート・アントニオ
①力道山（4分0秒 リングアウト勝ち）アントニオ
②力道山（1分58秒 体固め）アントニオ
※力道山が10度目の防衛に成功

■7月21日＝東京・田園コロシアム
インターナショナル選手権試合（61分3本勝負）
力道山（2-0）ミスターX
①力道山（13分55秒 リングアウト勝ち）X
②力道山（0分21秒 試合放棄）X
※力道山が11度目の防衛に成功

■11月7日＝大阪府立体育会館
インターナショナル選手権試合（61分3本勝負）
力道山（2-0）ゼブラ・キッド
①力道山（9分28秒 リングアウト勝ち）キッド
②力道山（0分57秒 リングアウト勝ち）キッド
※力道山が12度目の防衛に成功

1962年（昭和37年）

■11月9日＝沖縄・那覇バスターミナル裏広場（旭橋広場）
インターナショナル選手権試合（61分3本勝負）
力道山（2-0）ムース・ショーラック

①力道山（10分12秒 リングアウト勝ち）ショーラック
②力道山（1分58秒 体固め）ショーラック
※力道山が13度目の防衛に成功

1963年（昭和38年）

■2月9日＝東京体育館
インターナショナル選手権試合（61分3本勝負）
力道山（2－1）ジェス・オルテガ
①力道山（9分50秒 反則勝ち）オルテガ
②オルテガ（4分39秒 反則勝ち）力道山
③力道山（3分15秒 体固め）オルテガ
※力道山が14度目の防衛に成功

■4月17日＝沖縄・那覇バスターミナル裏広場（旭橋広場）
インターナショナル選手権試合（61分3本勝負）
力道山（2－1）ヘイスタック・カルホーン
①カルホーン（9分33秒 体固め）力道山
②力道山（3分28秒 片エビ固め）カルホーン
③力道山（1分4秒 リングアウト勝ち）カルホーン
※力道山が15度目の防衛に成功

■4月24日＝大阪府立体育会館
インターナショナル選手権試合（61分3本勝負）
力道山（2－1）パット・オコーナー
①力道山（13分18秒 エビ固め）オコーナー
②オコーナー（9分58秒 片足固め）力道山
③力道山（3分1秒 体固め）オコーナー
※力道山が16度目の防衛に成功

■11月5日＝大阪府立体育会館
インターナショナル選手権試合（時間無制限1本勝負）
力道山（14分48秒 体固め）キラー・オースチン
※力道山が17度目の防衛に成功

■12月2日＝東京体育館
インターナショナル選手権試合（61分3本勝負）
力道山（2－1）ザ・デストロイヤー
①デストロイヤー（17分40秒 体固め）力道山
②力道山（3分26秒 体固め）デストロイヤー
③力道山（7分33秒 リングアウト勝ち）デストロイヤー
※力道山が18度目の防衛に成功

■12月4日＝大阪府立体育会館
インターナショナル選手権試合（時間無制限1本勝負）
力道山（21分25秒 両者リングアウト）ザ・デストロイヤー
※力道山が19度目の防衛に成功。12月15日、力道山が死去。王座は日本プロレス協会が管理

1965年（昭和40年）

■6月4日＝北海道・札幌中島スポーツセンター
インターナショナル選手権争覇戦・第1戦（60分3本勝負）
ジャイアント馬場（1－1）ザ・デストロイヤー
①馬場（34分17秒 両者リングアウト）デストロイヤー
②馬場（時間切れ引き分け）デストロイヤー

■7月16日＝東京・台東体育館
インターナショナル選手権争覇戦・第2戦（60分3本勝負）
ジャイアント馬場（1－0）ザ・デストロイヤー
①馬場（0分55秒 片エビ固め）デストロイヤー
②馬場（時間切れ引き分け）デストロイヤー

■10月22日＝富山県営体育館
インターナショナル選手権争覇戦・第3戦（60分3本勝負）
ジャイアント馬場（1－1）ザ・ブッチャー
①ブッチャー（21分24秒 体固め）馬場
②馬場（21分16秒 体固め）ブッチャー
③馬場（時間切れ引き分け）ブッチャー

■10月25日
インターナショナル選手権争覇戦・第4戦
ジャイアント馬場（不戦勝）ザ・ブッチャー
※24日、ブッチャーが新潟から東京への移動中、交通事故で入院したため、25日に東京体育館で予定されていた大会は中止に。馬場が不戦勝となり1勝が与えられた

■11月2日＝東京・蔵前国技館
インターナショナル選手権争覇戦・第5戦（60分3本勝負）
ジャイアント馬場（2－1）アルバート・トーレス
①馬場（17分31秒 体固め）トーレス
②トーレス（6分48秒 コブラツイスト）馬場
③馬場（4分9秒 片エビ固め）トーレス

■11月3日＝大阪府立体育会館
インターナショナル選手権争覇戦・第6戦（60分3本勝負）
ジャイアント馬場（2－0）ジ・アサシンズA
①馬場（16分23秒 反則勝ち）アサシンズA
②馬場（0分50秒 片エビ固め）アサシンズA
※馬場が争覇戦4勝2引き分けで王座決定戦に進出

■11月24日＝大阪府立体育会館
インターナショナル王座決定戦（60分3本勝負）
ジャイアント馬場（2－0）ディック・ザ・ブルーザー
①馬場（17分59秒 反則勝ち）ブルーザー
②馬場（5分31秒 反則勝ち）ブルーザー
※馬場が第3代王者となる

■11月27日＝東京・蔵前国技館
インターナショナル選手権試合（61分3本勝負）
ジャイアント馬場（1－1）ディック・ザ・ブルーザー
①馬場（7分50秒 体固め）ブルーザー
②ブルーザー（18分24秒 体固め）馬場
③馬場（4分55秒 両者リングアウト）ブルーザー
※馬場が初防衛に成功

1966年（昭和41年）

■2月28日＝東京体育館
インターナショナル選手権試合（61分3本勝負）
ジャイアント馬場（2－1）ルー・テーズ
①馬場（21分13秒 体固め）テーズ
②テーズ（2分45秒 体固め）馬場

③馬場（0分51秒 体固め）テーズ
※馬場が2度目の防衛に成功

■7月5日＝東京体育館
インターナショナル選手権試合（61分3本勝負）
ジャイアント馬場（2-0）キラー・カール・コックス
①馬場（21分39秒 反則勝ち）コックス
②馬場（4分12秒 体固め）コックス
※馬場が3度目の防衛に成功

■10月20日＝北海道・札幌中島スポーツセンター
インターナショナル選手権試合（60分3本勝負）
ジャイアント馬場（2-1）ゴリラ・モンスーン
①モンスーン（20分46秒 ベアハッグ）馬場
②馬場（0分23秒 体固め）モンスーン
③馬場（6分46秒 リングアウト勝ち）モンスーン
※馬場が4度目の防衛に成功

■10月28日＝宮城・仙台スポーツセンター
インターナショナル選手権試合（60分3本勝負）
ジャイアント馬場（2-1）ゴリラ・モンスーン
①馬場（15分47秒 反則勝ち）モンスーン
②モンスーン（0分57秒 ベアハッグ）馬場
③馬場（2分42秒 片エビ固め）モンスーン
※馬場が5度目の防衛に成功

■11月28日＝大阪府立体育会館
インターナショナル選手権試合（60分3本勝負）
ジャイアント馬場（2-1）フリッツ・フォン・エリック
①馬場（12分43秒 体固め）エリック
②エリック（4分44秒 アイアンクロー）馬場
③馬場（2分31秒 リングアウト勝ち）エリック
※馬場が6度目の防衛に成功

■12月3日＝東京・日本武道館
インターナショナル選手権試合（60分3本勝負）
ジャイアント馬場（2-1）フリッツ・フォン・エリック
①馬場（2分36秒 片エビ固め）エリック
②エリック（4分46秒 アイアンクロー）馬場
③馬場（6分55秒 反則勝ち）エリック
※馬場が7度目の防衛に成功

1967年（昭和42年）

■2月7日＝北海道・札幌中島スポーツセンター
インターナショナル選手権試合（60分3本勝負）
ジャイアント馬場（2-1）バディ・オースチン
①馬場（22分32秒 両者リングアウト）オースチン
②馬場（1分32秒 体固め）オースチン
※馬場が8度目の防衛に成功

■3月2日＝大阪府立体育会館
インターナショナル選手権試合（60分3本勝負）
ジャイアント馬場（1-1）ブルーノ・サンマルチノ
①サンマルチノ（9分4秒 ベアハッグ）馬場
②馬場（3分0秒 体固め）サンマルチノ
③馬場（3分52秒 両者リングアウト）サンマルチノ
※馬場が9度目の防衛に成功

■3月7日＝東京・蔵前国技館
インターナショナル選手権試合（60分3本勝負）
ジャイアント馬場（1-1）ブルーノ・サンマルチノ
①馬場（17分30秒 体固め）サンマルチノ
②サンマルチノ（13分9秒 体固め）馬場
③馬場（時間切れ引き分け）サンマルチノ
※馬場が10度目の防衛に成功

■4月16日＝大阪府立体育会館
インターナショナル選手権試合（60分3本勝負）
ジャイアント馬場（1-1）ザ・デストロイヤー
①馬場（25分19秒 体固め）デストロイヤー
②デストロイヤー（9分31秒 足4の字固め）馬場
③馬場（3分51秒 両者リングアウト）デストロイヤー
※馬場が11度目の防衛に成功

■5月27日＝北海道・札幌中島スポーツセンター
インターナショナル選手権試合（60分3本勝負）
ジャイアント馬場（2-1）フリッツ・フォン・エリック
①エリック（11分42秒 体固め）馬場
②馬場（4分0秒 反則勝ち）エリック
③馬場（7分25秒 体固め）エリック
※馬場が12度目の防衛に成功

■8月10日＝東京・田園コロシアム
インターナショナル選手権試合（60分3本勝負）
ジャイアント馬場（1-1）ジン・キニスキー
①キニスキー（24分4秒 逆エビ固め）馬場
②馬場（3分14秒 エビ固め）キニスキー
③馬場（2分40秒 両者リングアウト）キニスキー
※馬場が13度目の防衛に成功

■8月14日＝大阪球場特設リング
インターナショナル選手権試合（60分3本勝負）
ジャイアント馬場（1-1）ジン・キニスキー
①馬場（28分31秒 エビ固め）キニスキー
②キニスキー（17分45秒 体固め）馬場
③馬場（時間切れ引き分け）キニスキー
延長戦（5分1本勝負）
馬場（時間切れ引き分け）キニスキー
※馬場が14度目の防衛に成功

■9月30日＝北海道・札幌中島スポーツセンター
インターナショナル選手権試合（60分3本勝負）
ジャイアント馬場（2-1）アート・ネルソン
①馬場（19分41秒 エビ固め）ネルソン
②ネルソン（5分55秒 エビ固め）馬場
③馬場（2分22秒 体固め）ネルソン
※馬場が15度目の防衛に成功

■11月1日＝東京・蔵前国技館
インターナショナル選手権試合（60分3本勝負）

ジャイアント馬場（2-1）ターザン・タイラー
①タイラー（14分4秒 体固め）馬場
②馬場（4分26秒 反則勝ち）タイラー
③馬場（3分59秒 片エビ固め）タイラー
※馬場が16度目の防衛に成功
■12月6日＝東京体育館
インターナショナル選手権試合（60分3本勝負）
ジャイアント馬場（2-1）クラッシャー・リソワスキー
①リソワスキー（4分40秒 体固め）馬場
②馬場（3分23秒 体固め）リソワスキー
③馬場（4分46秒 反則勝ち）リソワスキー
※馬場が17度目の防衛に成功

1968年（昭和43年）

■1月3日＝東京・蔵前国技館
インターナショナル選手権試合（時間無制限1本勝負）
ジャイアント馬場（14分32秒 体固め）クラッシャー・リソワスキー
※馬場が18度目の防衛に成功
■1月7日＝大阪府立体育会館
インターナショナル選手権試合（60分3本勝負）
ジャイアント馬場（2-1）カーチス・イヤウケア
①馬場（8分59秒 両者リングアウト）イヤウケア
②馬場（2分20秒 リングアウト勝ち）イヤウケア
※馬場が19度目の防衛に成功
■2月28日＝東京体育館
インターナショナル選手権試合（60分3本勝負）
ジャイアント馬場（2-1）ディック・ザ・ブルーザー
①ブルーザー（8分20秒 逆エビ固め）馬場
②馬場（3分58秒 リングアウト勝ち）ブルーザー
③馬場（2分59秒 片エビ固め）ブルーザー
※馬場が20度目の防衛に成功
■4月13日＝北海道・札幌中島スポーツセンター
インターナショナル選手権試合（60分3本勝負）
ジャイアント馬場（2-1）ジェス・オルテガ
①オルテガ（9分9秒 体固め）馬場
②馬場（5分7秒 反則勝ち）オルテガ
③馬場（2分43秒 片エビ固め）オルテガ
※馬場が21度目の防衛に成功
■6月25日＝名古屋・愛知県体育館
インターナショナル選手権試合（60分3本勝負）
ボボ・ブラジル（2-1）ジャイアント馬場
①馬場（14分39秒 両者リングアウト）ブラジル
②ブラジル（2分8秒 体固め）馬場
※馬場が22度目の防衛に失敗。ブラジルが第4代王者となる
■6月27日＝東京・蔵前国技館
インターナショナル選手権試合（60分3本勝負）
ジャイアント馬場（2-1）ボボ・ブラジル
①ブラジル（10分32秒 体固め）馬場
②馬場（4分41秒 体固め）ブラジル
③馬場（4分30秒 カウントアウト）ブラジル
※ブラジルが初防衛に失敗。馬場が第5代王者となる
■8月7日＝大阪球場特設リング
インターナショナル選手権試合（60分3本勝負）
ジャイアント馬場（2-1）ブルーノ・サンマルチノ
①サンマルチノ（12分57秒 カナディアン・バックブリーカー）馬場
②馬場（4分28秒 エビ固め）サンマルチノ
③馬場（7分34秒 リングアウト勝ち）サンマルチノ
※馬場が初防衛に成功
■9月28日＝北海道・札幌中島スポーツセンター
インターナショナル選手権試合（60分3本勝負）
ジャイアント馬場（1-1）キラー・カール・コックス
①コックス（29分40秒 指折り）馬場
②馬場（9分31秒 片エビ固め）コックス
③馬場（時間切れ引き分け）コックス
※馬場が2度目の防衛に成功
■11月2日＝東京・蔵前国技館
インターナショナル選手権試合（60分3本勝負）
ジャイアント馬場（2-1）キラー・カール・コックス
①馬場（18分31秒 反則勝ち）コックス
②コックス（3分35秒 反則勝ち）馬場
③馬場（3分36秒 体固め）コックス
※馬場が3度目の防衛に成功
■12月1日＝仙台・宮城県スポーツセンター
インターナショナル選手権試合（60分3本勝負）
ジャイアント馬場（時間切れ引き分け）ジン・キニスキー
※馬場が4度目の防衛に成功
■12月6日＝東京・蔵前国技館
インターナショナル選手権試合（90分3本勝負）
ジャイアント馬場（2-1）ジン・キニスキー
①キニスキー（29分24秒 片エビ固め）馬場
②馬場（5分46秒 エビ固め）キニスキー
③馬場（23分8秒 反則勝ち）キニスキー
※馬場が5度目の防衛に成功

1969年（昭和44年）

■1月11日＝大阪府立体育会館
インターナショナル選手権試合（60分3本勝負）
ジャイアント馬場（2-1）ウィルバー・スナイダー
①馬場（16分31秒 反則勝ち）スナイダー
②スナイダー（2分23秒 体固め）馬場
③馬場（3分27秒 片エビ固め）スナイダー
※馬場が6度目の防衛に成功
■3月5日＝東京体育館
インターナショナル選手権試合（60分3本勝負）
ジャイアント馬場（1-0）ザ・デストロイヤー

①馬場（48分40秒 体固め）デストロイヤー
②馬場（時間切れ引き分け）デストロイヤー
※馬場が7度目の防衛に成功

■7月3日＝東京・蔵前国技館
インターナショナル選手権試合（時間無制限1本勝負）
ジャイアント馬場（21分17秒 ジャイアント・バックブリーカー）フレッド・ブラッシー
※馬場が8度目の防衛に成功

■8月10日＝東京・田園コロシアム
インターナショナル選手権試合（60分3本勝負）
ジャイアント馬場（2-1）ザ・ブッチャー
①馬場（6分28秒 エビ固め）ブッチャー
②ブッチャー（10分40秒 体固め）馬場
③馬場（4分50秒 逆エビ固め）ブッチャー
※馬場が9度目の防衛に成功

■8月12日＝北海道・札幌中島スポーツセンター
インターナショナル選手権試合（60分3本勝負）
ジャイアント馬場（2-1）ディック・ザ・ブルーザー
①馬場（9分34秒 反則勝ち）ブルーザー
②ブルーザー（3分21秒 反則勝ち）馬場
③馬場（2分20秒 片エビ固め）ブルーザー
※馬場が10度目の防衛に成功

■9月12日（現地時間）＝アメリカ・カリフォルニア州ロサンゼルス、オリンピック・オーデトリアム
インターナショナル選手権試合（60分3本勝負）
ジャイアント馬場（1-1）ザ・シーク
①シーク（1分29秒 ラクダ固め）馬場
②馬場（0分46秒 体固め）シーク
③馬場（2分38秒 両者リングアウト）シーク
※馬場が11度目の防衛に成功

■10月27日＝熊本市体育館
インターナショナル選手権試合（60分3本勝負）
ジャイアント馬場（1-1）ザ・デストロイヤー
①馬場（27分43秒 逆エビ固め）デストロイヤー
②デストロイヤー（4分55秒 足4の字固め）馬場
③馬場（4分41秒 両者リングアウト）デストロイヤー
※馬場が12度目の防衛に成功

■12月19日（現地時間）＝アメリカ・カリフォルニア州ロサンゼルス、オリンピック・オーデトリアム
インターナショナル選手権試合（60分3本勝負）
ジャイアント馬場（2-1）フリッツ・フォン・エリック
①エリック（15分29秒 体固め）馬場
②馬場（5分18秒 片エビ固め）エリック
③馬場（6分1秒 反則勝ち）エリック
※馬場が13度目の防衛に成功

1970年（昭和45年）

■2月2日＝北海道・札幌中島スポーツセンター
インターナショナル選手権試合（60分3本勝負）
ジャイアント馬場（2-1）ボボ・ブラジル
①ブラジル（16分0秒 体固め）馬場
②馬場（1分48秒 反則勝ち）ブラジル
③馬場（4分55秒 片エビ固め）ブラジル
※馬場が14度目の防衛に成功

■3月3日＝名古屋・愛知県体育館
インターナショナル選手権試合（60分3本勝負）
ジャイアント馬場（1-1）フリッツ・フォン・エリック
①馬場（15分5秒 体固め）エリック
②エリック（6分25秒 体固め）馬場
③馬場（5分52秒 両者リングアウト）エリック
※馬場が15度目の防衛に成功

■7月2日＝大阪府立体育会館
インターナショナル選手権試合（60分3本勝負）
ジャイアント馬場（2-1）キラー・カール・コックス
①コックス（17分2秒 片エビ固め）馬場
②馬場（4分12秒 体固め）コックス
③馬場（5分27秒 反則勝ち）コックス
※馬場が16度目の防衛に成功

■7月30日＝大阪府立体育会館
インターナショナル選手権試合（60分3本勝負）
ジャイアント馬場（1-1）ドリー・ファンク・ジュニア
①ドリー（17分20秒 体固め）馬場
②馬場（28分20秒 体固め）ドリー
③馬場（6分55秒 両者リングアウト）ドリー
※馬場が17度目の防衛に成功

■9月17日＝東京・台東体育館
インターナショナル選手権試合（60分3本勝負）
ジャイアント馬場（2-1）アブドーラ・ザ・ブッチャー
①馬場（12分15秒 反則勝ち）ブッチャー
②ブッチャー（1分50秒 体固め）馬場
③馬場（3分23秒 体固め）ブッチャー
※馬場が18度目の防衛に成功

■12月3日＝大阪府立体育会館
インターナショナル選手権試合（60分3本勝負）
ジン・キニスキー（2-1）ジャイアント馬場
①馬場（29分55秒 エビ固め）キニスキー
②キニスキー（6分8秒 体固め）馬場
③キニスキー（5分10秒 体固め）馬場
※馬場が19度目の防衛に失敗。キニスキーが第6代王者となる

■12月18日（現地時間）＝アメリカ・カリフォルニア州ロサンゼルス、オリンピック・オーデトリアム
インターナショナル選手権試合（60分3本勝負）
ジャイアント馬場（2-1）ジン・キニスキー
①馬場（26分42秒 エビ固め）キニスキー
②キニスキー（8分3秒 体固め）馬場
③馬場（7分45秒 逆片エビ固め）キニスキー

※キニスキーが初防衛に失敗。馬場が第7代王者となる

1971年（昭和46年）

■2月2日＝広島県立体育館
インターナショナル選手権試合（60分3本勝負）
ジャイアント馬場（1-1）ザ・ストンパー
①馬場（7分24秒 エビ固め）ストンパー
②ストンパー（9分56秒 体固め）馬場
③馬場（3分44秒 両者リングアウト）ストンパー
※馬場が初防衛に成功

■3月4日＝名古屋・愛知県体育館
インターナショナル選手権試合（60分3本勝負）
ジャイアント馬場（2-1）スパイロス・アリオン
①アリオン（13分28秒 体固め）馬場
②馬場（1分40秒 エビ固め）アリオン
③馬場（6分0秒 エビ固め）アリオン
※馬場が2度目の防衛に成功

■6月29日＝東京体育館
インターナショナル選手権試合（60分3本勝負）
ジャイアント馬場（2-1）イワン・コロフ
①馬場（14分36秒 体固め）コロフ
②コロフ（1分8秒 体固め）馬場
③馬場（3分54秒 片エビ固め）コロフ
※馬場が3度目の防衛に成功

■8月1日＝福岡市スポーツセンター
インターナショナル選手権試合（60分3本勝負）
ジャイアント馬場（2-0）クリス・マルコフ
①馬場（11分3秒 反則勝ち）マルコフ
②馬場（5分2秒 体固め）マルコフ
※馬場が4度目の防衛に成功

■9月4日＝東京・田園コロシアム
インターナショナル選手権試合（60分3本勝負）
ジャイアント馬場（2-1）フリッツ・フォン・エリック
①馬場（12分18秒 片エビ固め）エリック
②エリック（6分40秒 アイアンクロー）馬場
③馬場（2分13秒 反則勝ち）エリック
※馬場が5度目の防衛に成功

■11月25日＝広島県立体育館
インターナショナル選手権試合（60分3本勝負）
ジャイアント馬場（1-1）ブルーノ・サンマルチノ
①サンマルチノ（10分34秒 体固め）馬場
②馬場（5分21秒 体固め）サンマルチノ
③馬場（4分31秒 両者リングアウト）サンマルチノ
※馬場が6度目の防衛に成功

■12月12日＝東京体育館
インターナショナル選手権試合（60分3本勝負）
ジャイアント馬場（2-1）テリー・ファンク
①テリー（9分57秒 体固め）馬場
②馬場（7分18秒 リングアウト勝ち）テリー
③馬場（4分32秒 片エビ固め）テリー
※馬場が7度目の防衛に成功

1972年（昭和47年）

■1月6日＝大阪府立体育会館
インターナショナル選手権試合（60分3本勝負）
ジャイアント馬場（2-1）ボボ・ブラジル
①ブラジル（20分12秒 体固め）馬場
②馬場（7分50秒 片エビ固め）ブラジル
③馬場（4分14秒 リングアウト勝ち）ブラジル
※馬場が8度目の防衛に成功

■2月29日＝東京・大田区体育館
インターナショナル選手権試合（60分3本勝負）
ジャイアント馬場（2-1）ブルドッグ・ブラワー
①馬場（21分26秒 両者リングアウト）ブラワー
②馬場（6分51秒 片エビ固め）ブラワー
※馬場が9度目の防衛に成功

■6月1日＝大阪府立体育会館
インターナショナル選手権試合（60分3本勝負）
ジャイアント馬場（2-1）ジョニー・バレンタイン
①バレンタイン（12分41秒 体固め）馬場
②馬場（4分15秒 反則勝ち）バレンタイン
③馬場（0分52秒 体固め）バレンタイン
※馬場が10度目の防衛に成功。馬場が7月29日の辞表提出で日本プロレス退団。9月2日に王座返上

■12月1日＝神奈川・横浜文化体育館
インターナショナル王座決定戦（60分3本勝負）
ボボ・ブラジル（2-1）大木金太郎
①大木（11分50秒 体固め）ブラジル
②ブラジル（1分11秒 体固め）大木
③ブラジル（0分26秒 カウントアウト）大木
※ブラジルが第8代王者となる

■12月4日＝広島県立体育館
インターナショナル選手権試合（60分3本勝負）
大木金太郎（2-1）ボボ・ブラジル
①ブラジル（12分29秒 体固め）大木
②大木（5分57秒 逆エビ固め）ブラジル
③大木（2分25秒 体固め）ブラジル
※ブラジルが初防衛に失敗。大木が第9代王者となる

1973年（昭和48年）

■1月12日＝北海道・滝川市青年体育センター
インターナショナル選手権試合（60分3本勝負）
大木金太郎（2-1）ビリー・レッド・ライオン
①大木（15分22秒 エビ固め）ライオン
②ライオン（4分20秒 体固め）大木
③大木（4分17秒 体固め）ライオン
※大木が初防衛に成功

■4月13日＝大阪府立体育会館
インターナショナル選手権試合（60分3本勝負）

大木金太郎（1-1）フリッツ・フォン・エリック
①大木（8分51秒 体固め）エリック
②エリック（7分4秒 体固め）大木
③大木（5分25秒 両者リングアウト）エリック
※大木が2度目の防衛に成功。73年4月に日本プロレスが崩壊後も、大木は韓国などで防衛戦を行う

1975年（昭和50年）

■3月27日（現地時間）＝韓国・ソウル奨忠体育館
インターナショナル選手権試合（60分1本勝負）
大木金太郎（13分18秒 両者リングアウト）アントニオ猪木
※大木が防衛に成功

■5月23日（現地時間）＝韓国・ソウル奨忠体育館
インターナショナル選手権試合（60分3本勝負）
大木金太郎（2-0）スーパー・デストロイヤー
①大木（7分0秒 体固め）デストロイヤー
②大木（6分0秒 体固め）デストロイヤー
※大木が防衛に成功

■10月18日（現地時間）＝韓国・ソウル文化体育館
インターナショナル選手権試合（60分3本勝負）
大木金太郎（2-1）マリオ・ミラノ
※大木が防衛に成功

1976年（昭和51年）

■3月26日（現地時間）＝韓国・ソウル文化体育館
インターナショナル選手権試合（60分3本勝負）
大木金太郎（1-1）ザ・デストロイヤー
①デストロイヤー（12分10秒 足4の字固め）大木
②大木（3分5秒 回転エビ固め）デストロイヤー
③大木（15分20秒 両者リングアウト）デストロイヤー
※大木が防衛に成功

■5月18日（現地時間）＝韓国・ソウル文化体育館
インターナショナル選手権試合（60分1本勝負）
大木金太郎（卍固め）ザ・バラクーダ
※大木が防衛に成功

■5月19日（現地時間）＝韓国・ソウル文化体育館
インターナショナル選手権試合（60分1本勝負）
大木金太郎（体固め）サムソン・クツワダ
※大木が防衛に成功

■6月20日（現地時間）＝韓国・金州市体育館
インターナショナル選手権試合（60分3本勝負）
大木金太郎（2-1）タイガーマスク（サムソン・クツワダ）
※大木が防衛に成功

■9月8日（現地時間）＝韓国・京城市奨忠体育館
インターナショナル選手権試合（60分1本勝負）
大木金太郎（1-0）サンダー杉山
※大木が防衛に成功

■9月9日（現地時間）＝韓国・大邱市
インターナショナル選手権試合（60分1本勝負）
大木金太郎（1-0）サンダー杉山
※大木が防衛に成功

■11月1日（現地時間）＝韓国・ソウル文化体育館
インターナショナル選手権試合（時間無制限1本勝負）
大木金太郎（18分48秒 両者リングアウト）アブドーラ・ザ・ブッチャー
※大木が防衛に成功

1977年（昭和52年）

■5月22日（現地時間）＝韓国・仁川市体育館
インターナショナル選手権試合（60分3本勝負）
大木金太郎（2-1）スーパーX（高千穂明久）
①大木（卍固め）X
②X（足4の字固め）大木
③大木（回転エビ固め）X
※大木が防衛に成功

1978年（昭和53年）

■4月12日（現地時間）＝韓国・ソウル文化体育館
インターナショナル選手権試合（60分3本勝負）
大木金太郎（1-1）ドン・レオ・ジョナサン
※大木が防衛に成功

■8月2日（現地時間）＝韓国・ソウル文化体育館
インターナショナル選手権試合（時間無制限1本勝負）
大木金太郎（11分35秒 体固め）稲妻二郎
※大木が防衛に成功

■11月11日（現地時間）＝韓国・ソウル文化体育館
インターナショナル選手権試合（60分3本勝負）
大木金太郎（2-0）キラー・トーア・カマタ
①大木（10分34秒 反則勝ち）
②大木（4分12秒 リングアウト勝ち）
※大木が防衛に成功

1980年（昭和55年）

※大木は80年2月18日、国際プロレスに入団。以後、日本マットにおいては国際で防衛戦を継続

■5月15日＝埼玉・大宮スケートセンター
インターナショナル選手権試合（60分3本勝負）
大木金太郎（2-1）ジョー・ルダック
①ルダック（11分7秒 体固め）大木
②大木（5分39秒 体固め）ルダック
③大木（2分23秒 X固め）ルダック
※大木が防衛に成功

■7月1日＝大阪府立体育会館
インターナショナル選手権試合（61分1本勝負）
大木金太郎（15分44秒 X固め）ジプシー・ジョー
※大木が防衛に成功

■9月20日＝静岡・焼津スケートセンター
インターナショナル選手権試合（61分1本勝負）
大木金太郎（10分59秒 体固め）ビル・ドロモ
※大木が防衛に成功

■10月4日＝滋賀・近江八幡市立運動公園体育館

インターナショナル選手権試合（61分1本勝負）
大木金太郎（11分40秒 両者リングアウト）上田馬之助
※大木が防衛に成功

1981年（昭和56年）

■3月4日（現地時間）＝韓国・ソウル奨忠体育館
インターナショナル選手権試合（60分1本勝負）
大木金太郎（1−0）ボブ・ブラウン
※大木が防衛に成功。81年4月13日にNWA本部からの勧告によって王座返上。全日本プロレスで復活したインターナショナル王座の争奪トーナメント（9選手参加）を開催するも、4月30日の決勝に進出したブルーザー・ブロディの負傷棄権により、同じく決勝に進出していたドリー・ファンク・ジュニアが第10代王者に認定される

■4月30日＝千葉・松戸市運動公園体育館
インターナショナル王座争奪トーナメント決勝戦（60分1本勝負）
ドリー・ファンク・ジュニア（負傷棄権）ブルーザー・ブロディ
※ドリーが第10代王者となる

■4月30日＝千葉・松戸市運動公園体育館
インターナショナル選手権試合（60分1本勝負）
ドリー・ファンク・ジュニア（54分0秒 エビ固め）テリー・ファンク
※ドリーが初防衛に成功

■10月9日＝東京・蔵前国技館
インターナショナル選手権試合（60分1本勝負）
ブルーザー・ブロディ（9分36秒 反則勝ち）ドリー・ファンク・ジュニア
※ドリーが2度目の防衛に失敗。ブロディが第11代王者となる

■11月1日＝東京・後楽園ホール
インターナショナル選手権試合（時間無制限1本勝負）
ドリー・ファンク・ジュニア（13分52秒 反則勝ち）ブルーザー・ブロディ
※ブロディが初防衛に失敗。ドリーが第12代王者となる

1982年（昭和57年）

■2月20日（現地時間）＝アメリカ・フロリダ州セントピーターズバーグ、ベイフロント・センター
インターナショナル選手権試合（60分1本勝負）
ドリー・ファンク・ジュニア（12分36秒 反則勝ち）ブッチ・リード
※ドリーが初防衛に成功

■3月7日（現地時間）＝アメリカ・ノースカロライナ州シャーロッテ、シャーロッテ・コロシアム
インターナショナル選手権試合（30分1本勝負）
ドリー・ファンク・ジュニア（時間切れ引き分け）ビル・ロビンソン
※ドリーが2度目の防衛に成功

■4月2日（現地時間）＝アメリカ・テキサス州アマリロ、シビックセンター・コロシアム
インターナショナル選手権試合（60分1本勝負）
ドリー・ファンク・ジュニア（22分45秒 リングアウト勝ち）ハーリー・レイス
※ドリーが3度目の防衛に成功

■4月17日＝大分県立荷揚町体育館
インターナショナルヘビー級選手権試合（60分1本勝負）
ドリー・ファンク・ジュニア（36分31秒 首固め）テッド・デビアス
※ドリーが4度目の防衛に成功

■4月21日＝大阪府立体育会館
インターナショナルヘビー級選手権試合（60分1本勝負）
ブルーザー・ブロディ（15分15秒 体固め）ドリー・ファンク・ジュニア
※ドリーが5度目の防衛に失敗。ブロディが第13代王者となる

■6月17日（現地時間）＝アメリカ・テキサス州アマリロ、シビックセンター・コロシアム
インターナショナルヘビー級選手権試合（60分1本勝負）
ブルーザー・ブロディ（8分19秒 両者リングアウト）ジャイアント馬場
※ブロディが初防衛に成功

■10月7日＝大阪府立体育会館
インターナショナルヘビー級選手権試合（60分1本勝負）
ブルーザー・ブロディ（20分18秒 両者リングアウト）ジャンボ鶴田
※ブロディが2度目の防衛に成功

■10月20日＝青森県営体育館
インターナショナルヘビー級選手権試合（60分1本勝負）
ブルーザー・ブロディ（12分14秒 逆さ押さえ込み）天龍源一郎
※ブロディが3度目の防衛に成功

■10月26日＝北海道・帯広市総合体育館
インターナショナルヘビー級選手権試合（60分1本勝負）
ブルーザー・ブロディ（11分29秒 両者リングアウト）ドリー・ファンク・ジュニア
※ブロディが4度目の防衛に成功

1983年（昭和58年）

■4月16日＝名古屋・愛知県体育館
インターナショナルヘビー級選手権試合（60分1本勝負）
ブルーザー・ブロディ（9分5秒 体固め）天龍源一郎
※ブロディが5度目の防衛に成功

■4月23日＝神奈川・横須賀市総合体育館
インターナショナルヘビー級選手権試合（60分1本勝負）
ブルーザー・ブロディ（12分49秒 両者リングアウト）テリー・ファンク
※ブロディが6度目の防衛に成功

■4月25日＝長野・諏訪湖スポーツセンター

インターナショナルヘビー級選手権試合（60分1本勝負）
ブルーザー・ブロディ（13分46秒 両者リングアウト）ドリー・ファンク・ジュニア
※ブロディが7度目の防衛に成功

■4月27日＝兵庫・西脇総合市民センター
インターナショナルヘビー級選手権試合（60分1本勝負）
ブルーザー・ブロディ（15分40秒 反則勝ち）ジャンボ鶴田
※ブロディが8度目の防衛に成功

■5月26日＝静岡・天竜市立総合体育館
インターナショナルヘビー級選手権試合（60分1本勝負）
ブルーザー・ブロディ（20分48秒 反則勝ち）ジャンボ鶴田
※ブロディが9度目の防衛に成功

■6月12日（現地時間）＝アメリカ・ジョージア州サバンナ、シビック・センター
インターナショナルヘビー級選手権試合（60分1本勝負）
ブルーザー・ブロディ（15分56秒 両者リングアウト）ジャンボ鶴田
※ブロディが10度目の防衛に成功

■8月31日＝東京・蔵前国技館
インターナショナルヘビー級選手権試合（60分1本勝負）
ジャンボ鶴田（21分33秒 リングアウト勝ち）ブルーザー・ブロディ
※ブロディが11度目の防衛に失敗。鶴田が第14代王者となる

■10月14日＝長崎・佐世保市体育文化館
インターナショナルヘビー級選手権試合（60分1本勝負）
ジャンボ鶴田（19分13秒 両者反則）ブルーザー・ブロディ
※鶴田が初防衛に成功

1984年（昭和59年）

■1月10日＝北海道・室蘭市体育館
インターナショナルヘビー級選手権試合（60分1本勝負）
ジャンボ鶴田（8分48秒 体固め）スティーブ・オルソノスキー
※鶴田が2度目の防衛に成功

■2月23日＝東京・蔵前国技館
インターナショナルヘビー級&AWA世界ヘビー級ダブル選手権試合（60分1本勝負）
ジャンボ鶴田（32分0秒 バックドロップ・ホールド）ニック・ボックウインクル
※鶴田がインターナショナルヘビー級王座3度目の防衛に成功するとともに、第29代AWA世界ヘビー級王者となる

■2月26日＝大阪府立体育会館
インターナショナルヘビー級&AWA世界ヘビー級ダブル選手権試合（60分1本勝負）
ジャンボ鶴田（28分9秒 両者リングアウト）ニック・ボックウインクル
※鶴田がインターナショナルヘビー級王座4度目の防衛、AWA世界ヘビー級王座の初防衛に成功

■4月14日＝名古屋・愛知県体育館
インターナショナルヘビー級選手権試合（60分1本勝負）
ジャンボ鶴田（18分26秒 無効試合）ブルーザー・ブロディ
※防衛回数にはカウントされず

■6月7日＝千葉・成田市体育館
インターナショナルヘビー級選手権試合（60分1本勝負）
ジャンボ鶴田（16分34秒 両者リングアウト）ビル・ロビンソン
※鶴田が5度目の防衛に成功

■6月13日＝大阪府立体育会館
インターナショナルヘビー級選手権試合（60分1本勝負）
ジャンボ鶴田（15分29秒 体固め）ビル・ロビンソン
※鶴田が6度目の防衛に成功

■7月25日＝福岡スポーツセンター
インターナショナルヘビー級選手権試合（60分1本勝負）
ジャンボ鶴田（22分2秒 リングアウト勝ち）リック・マーテル
※鶴田が7度目の防衛に成功

■9月6日＝大阪府立体育会館
インターナショナルヘビー級選手権試合（60分1本勝負）
ジャンボ鶴田（20分20秒 両者リングアウト）ブルーザー・ブロディ
※鶴田が8度目の防衛に成功

■10月29日＝東京・大田区体育館
インターナショナルヘビー級選手権試合（60分1本勝負）
ジャンボ鶴田（23分58秒 反則勝ち）テリー・ゴーディ
※鶴田が9度目の防衛に成功

1985年（昭和60年）

■4月17日＝滋賀・長浜市民体育館
インターナショナルヘビー級選手権試合（60分1本勝負）
ジャンボ鶴田（21分29秒 逆さ押さえ込み）ディック・スレーター
※鶴田が10度目の防衛に成功

■6月4日＝大阪城ホール
インターナショナルヘビー級選手権試合（60分1本勝負）
ジャンボ鶴田（18分35秒 リングアウト勝ち）テリー・ゴーディ
※鶴田が11度目の防衛に成功

■9月19日＝東京・後楽園ホール
インターナショナルヘビー級選手権試合（60分1本勝負）
ジャンボ鶴田（16分12秒 両者リングアウト）ハーリー・レイス
※鶴田が12度目の防衛に成功

1986年（昭和61年）

■3月10日＝仙台・宮城県スポーツセンター
インターナショナルヘビー級選手権試合（60分1本勝負）
ジャンボ鶴田（14分34秒 片エビ固め）テリー・ゴーディ
※鶴田が13度目の防衛に成功

■3月29日＝東京・後楽園ホール
インターナショナルヘビー級&AWA世界ヘビー級&PWFヘビー級トリプル選手権試合（60分1本勝負）
ジャンボ鶴田（8分45秒 両者リングアウト）スタン・ハンセン

※鶴田がインターナショナル王座14度目の防衛に成功。ハンセンがPWFヘビー級王座の初防衛、AWA世界ヘビー級王座の防衛に成功

■4月19日＝兵庫県立文化体育館
インターナショナルヘビー級&AWA世界ヘビー級ダブル選手権試合（60分1本勝負）
ジャンボ鶴田（16分52秒 両者リングアウト）スタン・ハンセン
※鶴田がインターナショナル王座15度目の防衛に成功。ハンセンがAWA世界ヘビー級王座の防衛に成功

■5月24日＝静岡・沼津市体育館
インターナショナルヘビー級選手権試合（60分1本勝負）
ジャンボ鶴田（13分2秒 両者反則）ハーリー・レイス
※鶴田が16度目の防衛に成功

■7月31日＝東京・両国国技館
インターナショナルヘビー級&AWA世界ヘビー級ダブル選手権試合（60分1本勝負）
スタン・ハンセン（16分27秒 回転エビ固め）ジャンボ鶴田
※鶴田が17度目の防衛に失敗。ハンセンが第15代インターナショナルヘビー級王者となり、AWA世界ヘビー級王座の防衛に成功

■9月3日＝大阪城ホール
インターナショナルヘビー級選手権試合（60分1本勝負）
スタン・ハンセン（22分14秒 両者リングアウト）ジャンボ鶴田
※ハンセンが初防衛に成功

■9月9日＝名古屋・愛知県体育館
インターナショナルヘビー級&PWFヘビー級ダブル選手権試合（60分1本勝負）
スタン・ハンセン（13分9秒 両者リングアウト）長州力
※ハンセンがインターナショナルヘビー級王座2度目の防衛に成功。長州がPWFヘビー級王座3度目の防衛に成功

■10月21日＝東京・両国国技館
インターナショナルヘビー級選手権試合（60分1本勝負）
ジャンボ鶴田（19分37秒 首固め）スタン・ハンセン
※ハンセンが3度目の防衛に失敗。鶴田が第16代王者となる

1987年（昭和62年）

■4月2日＝大阪府立体育会館
インターナショナルヘビー級選手権試合（60分1本勝負）
ジャンボ鶴田（10分0秒 片エビ固め）トミー・リッチ
※鶴田が初防衛に成功

■4月24日＝神奈川・横浜文化体育館
インターナショナルヘビー級選手権試合（60分1本勝負）
ジャンボ鶴田（23分0秒 無効試合）谷津嘉章
※防衛回数にはカウントされず

■7月22日＝北海道・札幌中島体育センター
インターナショナルヘビー級選手権試合（60分1本勝負）
ジャンボ鶴田（14分22秒 反則勝ち）スタン・ハンセン
※鶴田が2度目の防衛に成功

■9月12日＝岡山・倉敷体育館
インターナショナルヘビー級選手権試合（60分1本勝負）
ジャンボ鶴田（9分47秒 片エビ固め）ニック・ボックウインクル
※鶴田が3度目の防衛に成功

1988年（昭和63年）

■1月13日＝鹿児島県立体育館
インターナショナルヘビー級選手権試合（60分1本勝負）
ジャンボ鶴田（13分25秒 両者リングアウト）アブドーラ・ザ・ブッチャー
※鶴田が4度目の防衛に成功

■3月27日＝東京・日本武道館
インターナショナルヘビー級選手権試合（60分1本勝負）
ブルーザー・ブロディ（17分7秒 体固め）ジャンボ鶴田
※鶴田が5度目の防衛に失敗。ブロディが第17代王者となる

■4月4日＝名古屋・愛知県体育館
インターナショナルヘビー級選手権試合（60分1本勝負）
ブルーザー・ブロディ（15分4秒 リングアウト勝ち）谷津嘉章
※ブロディが初防衛に成功

■4月15日＝大阪府立体育会館
インターナショナル&PWF&UN三冠ヘビー級王座統一戦（60分1本勝負）
ブルーザー・ブロディ（30分0秒 両者リングアウト）天龍源一郎
※ブロディがインターナショナルヘビー級王座2度目の防衛に成功。天龍がPWFヘビー級王座2度目の防衛、UNヘビー級王座9度目の防衛に成功

■4月19日＝仙台・宮城県スポーツセンター
インターナショナルヘビー級選手権試合（60分1本勝負）
ジャンボ鶴田（20分34秒 片エビ固め）ブルーザー・ブロディ
※ブロディが3度目の防衛に失敗。鶴田が第18代王者となる

■9月9日＝千葉公園体育館
インターナショナルヘビー級選手権試合（60分1本勝負）
ジャンボ鶴田（14分43秒 反則勝ち）アブドーラ・ザ・ブッチャー
※鶴田が初防衛に成功

■10月17日＝広島県立体育館
インターナショナル&PWF&UN三冠ヘビー級王座統一戦（60分1本勝負）
ジャンボ鶴田（15分0秒 両者リングアウト）スタン・ハンセン
※鶴田がインターナショナルヘビー級王座2度目の防衛に成功。ハンセンがPWFヘビー級王座の初防衛、UNヘビー級王座の初防衛に成功

1989年（平成元年）

■4月16日＝東京・後楽園ホール

インターナショナル&PWF&UN三冠ヘビー級王座統一戦（60分1本勝負）
ジャンボ鶴田（14分4秒 無効試合）スタン・ハンセン
※インターナショナルヘビー級王者・鶴田、PWFヘビー級&UNヘビー級王者ハンセンともに防衛回数にはカウントされず

■4月18日＝東京・大田区体育館
インターナショナル&PWF&UN三冠ヘビー級王座統一戦（60分1本勝負）
ジャンボ鶴田（17分53秒 片エビ固め）スタン・ハンセン
※鶴田がインターナショナルヘビー級王座3度目の防衛に成功するとともに、第15代PWFヘビー級王者、第28代UNヘビー級王者となる。三冠統一に成功した鶴田が初代三冠ヘビー級王者となる

NWF（世界）ヘビー級選手権試合

1973年（昭和48年）

■12月10日＝東京体育館
NWF世界ヘビー級選手権試合（60分3本勝負）
アントニオ猪木（2-1）ジョニー・パワーズ
①猪木（20分26秒 コブラツイスト）パワーズ
②パワーズ（5分49秒 足8の字固め）猪木
③猪木（5分10秒 卍固め）パワーズ
※猪木が第14代王者となる

1974年（昭和49年）

■3月19日＝東京・蔵前国技館
NWF世界ヘビー級選手権試合（90分1本勝負）
アントニオ猪木（29分30秒 ジャーマン・スープレックス・ホールド）ストロング小林
※猪木が初防衛に成功

■3月21日（現地時間）＝アメリカ・オハイオ州クリーブランド、スポーツアリーナ
NWF世界ヘビー級選手権試合（60分3本勝負）
アントニオ猪木（1-1）アーニー・ラッド
①猪木（15分15秒 両者カウントアウト）ラッド
②ラッド（5分17秒 体固め）猪木
③猪木（8分16秒 体固め）ラッド
※猪木が2度目の防衛に成功

■6月20日＝東京・蔵前国技館
NWF世界ヘビー級選手権試合（60分3本勝負）
アントニオ猪木（2-0）タイガー・ジェット・シン
①猪木（20分51秒 卍固め）シン
②猪木（1分21秒 反則勝ち）シン
※猪木が3度目の防衛に成功

■6月26日＝大阪府立体育会館
NWF世界ヘビー級選手権試合（60分3本勝負）
アントニオ猪木（2-1）タイガー・ジェット・シン
①猪木（11分25秒 両者リングアウト）シン
②猪木（9分46秒 レフェリーストップ）シン
※猪木が4度目の防衛に成功

■7月30日＝愛知・吹上ホール（名古屋市）
NWF世界ヘビー級選手権試合（60分3本勝負）
アントニオ猪木（2-1）ジョニー・パワーズ
①猪木（8分28秒 コブラツイスト）パワーズ
②パワーズ（5分45秒 足8の字固め）猪木
③猪木（4分25秒 反則勝ち）パワーズ
※猪木が5度目の防衛に成功

■10月10日＝東京・蔵前国技館
NWF世界ヘビー級選手権試合（時間無制限1本勝負）
アントニオ猪木（13分13秒 体固め）大木金太郎
※猪木が6度目の防衛に成功

■11月1日＝北海道・札幌中島スポーツセンター
NWF世界ヘビー級選手権試合（60分3本勝負）
アントニオ猪木（2-1）アーニー・ラッド
①猪木（17分5秒 体固め）ラッド
②ラッド（7分42秒 体固め）猪木
③猪木（10分26秒 弓矢固め）ラッド
※猪木が7度目の防衛に成功

■12月12日＝東京・蔵前国技館
NWF世界ヘビー級選手権試合（時間無制限1本勝負）
アントニオ猪木（28分27秒 卍固め）ストロング小林
※猪木が8度目の防衛に成功

■12月15日（現地時間）＝ブラジル・サンパウロ、コリンチャンスタジアム
NWF世界ヘビー級選手権試合（時間無制限1本勝負）
アントニオ猪木（19分31秒 両者リングアウト）アンドレ・ザ・ジャイアント
※猪木が9度目の防衛に成功。NWF本部からタイガー・ジェット・シンの挑戦を受けるように要求されるも、反発した猪木が75年2月11日にタイトル返上。王座は空位となる

1975年（昭和50年）

■3月13日＝広島県立体育館
NWF世界ヘビー級王座決定戦（60分1本勝負）
タイガー・ジェット・シン（19分26秒 体固め）アントニオ猪木
※シンが第15代王者となる

■3月20日＝東京・蔵前国技館
NWF世界ヘビー級選手権試合（60分1本勝負）
タイガー・ジェット・シン（19分1秒 両者リングアウト）アントニオ猪木
※シンが初防衛に成功

■5月19日（現地時間）＝カナダ・ケベック州モントリオール、ポール・サウベ・アリーナ
NWF世界ヘビー級選手権試合（60分3本勝負）

アントニオ猪木（2-1）タイガー・ジェット・シン
①猪木（7分18秒 逆さ押さえ込み）シン
②シン（5分11秒 体固め）猪木
③猪木（3分47秒 反則勝ち）シン
※3本目が反則含みのため王座移動なし。シンが2度目の防衛に成功

■6月26日＝東京・蔵前国技館
NWF世界ヘビー級選手権試合（60分3本勝負）
アントニオ猪木（2-1）タイガー・ジェット・シン
①猪木（10分41秒 ジャパニーズ・レッグロール・クラッチホールド）シン
②シン（2分47秒 アルゼンチン・バックブリーカー）猪木
③猪木（4分23秒 体固め）シン
※シンが3度目の防衛に失敗。猪木が第16代王者となる

■10月9日＝東京・蔵前国技館
NWF世界ヘビー級選手権試合（60分1本勝負）
アントニオ猪木（17分43秒 ブロックバスター・ホールド）ルー・テーズ
※猪木が初防衛に成功

■12月11日＝東京・蔵前国技館
NWF世界ヘビー級選手権試合（60分3本勝負）
アントニオ猪木（1-1）ビル・ロビンソン
①ロビンソン（42分53秒 逆さ押さえ込み）猪木
②猪木（16分19秒 卍固め）ロビンソン
③猪木（時間切れ引き分け）ロビンソン
※猪木が2度目の防衛に成功

1976年（昭和51年）

■3月18日＝東京・蔵前国技館
NWF世界ヘビー級選手権試合（60分3本勝負）
アントニオ猪木（2-1）ジョニー・パワーズ
①猪木（18分22秒 両者リングアウト）パワーズ
②猪木（5分3秒 卍固め）パワーズ
※猪木が3度目の防衛に成功

■8月5日＝東京・蔵前国技館
NWF世界ヘビー級選手権試合（時間無制限1本勝負）
アントニオ猪木（12分43秒 両者リングアウト）タイガー・ジェット・シン
※猪木が4度目の防衛に成功
※8月末、NWAの勧告により王座名称から「世界」の2文字を削除

■10月10日（現地時間）＝韓国・ソウル奨忠体育館
NWFヘビー級選手権試合（60分1本勝負）
アントニオ猪木（18分3秒 リングアウト勝ち）パク・ソン
※猪木が5度目の防衛に成功

■12月2日＝大阪府立体育会館
NWFヘビー級選手権試合（時間無制限1本勝負）
アントニオ猪木（22分36秒 逆さ押さえ込み）イワン・コロフ
※猪木が6度目の防衛に成功

1977年（昭和52年）

■2月10日＝東京・日本武道館
NWFヘビー級選手権試合（時間無制限1本勝負）
アントニオ猪木（22分55秒 レフェリーストップ）タイガー・ジェット・シン
※猪木が7度目の防衛に成功

■3月31日＝東京・蔵前国技館
NWFヘビー級選手権試合（時間無制限1本勝負）
アントニオ猪木（20分23秒 体固め）ジョニー・パワーズ
※猪木が8度目の防衛に成功

■6月1日＝名古屋・愛知県体育館
NWFヘビー級選手権試合（時間無制限1本勝負）
アントニオ猪木（23分14秒 両者リングアウト）アンドレ・ザ・ジャイアント
※猪木が9度目の防衛に成功

■9月2日＝名古屋・愛知県体育館
NWFヘビー級選手権試合（60分1本勝負）
アントニオ猪木（25分13秒 体固め）スタン・ハンセン
※猪木が10度目の防衛に成功

■12月1日＝大阪府立体育会館
NWFヘビー級選手権試合（60分1本勝負）
アントニオ猪木（24分1秒 卍固め）パット・パターソン
※猪木が11度目の防衛に成功

1978年（昭和53年）

■2月3日＝北海道・札幌中島スポーツセンター
NWFヘビー級選手権試合（60分1本勝負）
アントニオ猪木（21分13秒 リングアウト勝ち）タイガー・ジェット・シン
※猪木が12度目の防衛に成功

■3月30日＝東京・蔵前国技館
NWFヘビー級選手権試合（61分1本勝負）
アントニオ猪木（24分58秒 卍固め）マスクド・スーパースター
※猪木が13度目の防衛に成功

■6月1日＝東京・日本武道館
NWFヘビー級&WWWFヘビー級ダブル選手権試合（61分3本勝負）
アントニオ猪木（1-0）ボブ・バックランド
①猪木（40分8秒 リングアウト勝ち）バックランド
②猪木（時間切れ引き分け）バックランド
※猪木がNWFヘビー級王座14度目の防衛に成功。ルールによりWWWF王座の移動はなし。バックランドがWWWFヘビー級王座の防衛に成功

■7月24日＝広島県立体育館
NWFヘビー級選手権試合（61分1本勝負）
アントニオ猪木（22分34秒 逆さ押さえ込み）ペドロ・モラレス
※猪木が15度目の防衛に成功

■9月21日＝東京・品川プリンスホテル・ゴールドホール

NWFヘビー級選手権試合（61分1本勝負）
アントニオ猪木（25分37秒 体固め）タイガー・ジェット・シン
※猪木が16度目の防衛に成功

■11月1日＝名古屋・愛知県体育館
NWFヘビー級選手権試合（61分1本勝負）
アントニオ猪木（11分41秒 卍固め）クリス・マルコフ
※猪木が17度目の防衛に成功

1979年（昭和54年）

■1月12日＝神奈川・川崎市体育館
NWFヘビー級選手権試合（61分1本勝負）
アントニオ猪木（27分2秒 反則勝ち）ボブ・ループ
※猪木が18度目の防衛に成功

■4月5日＝東京体育館
NWFヘビー級選手権試合＝ランバージャックデスマッチ（時間無制限1本勝負）
アントニオ猪木（20分26秒 体固め）タイガー・ジェット・シン
※猪木が19度目の防衛に成功

■4月17日（現地時間）＝アメリカ・ペンシルベニア州アレンタウン、アグリカルチャーホール
NWFヘビー級選手権試合（60分1本勝負）
アントニオ猪木（10分11秒 弓矢固め）ニコリ・ボルコフ
※猪木が20度目の防衛に成功

■4月22日（現地時間）＝メキシコシティ、エル・トレオ・デ・クアトロ・カミノス
NWFヘビー級選手権試合（時間無制限3本勝負）
アントニオ猪木（2-0）エル・カネック
①猪木（11分40秒 反則勝ち）カネック
②猪木（7分50秒 体固め）カネック
※猪木が21度目の防衛に成功

■5月10日＝福岡スポーツセンター
NWFヘビー級選手権試合（61分1本勝負）
アントニオ猪木（16分49秒 エビ固め）ジャック・ブリスコ
※猪木が22度目の防衛に成功

■8月2日＝東京・品川プリンスホテル・ゴールドホール
NWFヘビー級選手権試合（時間無制限1本勝負）
アントニオ猪木（17分59秒 無効試合）タイガー・ジェット・シン
※防衛回数にはカウントされず

■8月10日（現地時間）＝アメリカ・カリフォルニア州ロサンゼルス、オリンピック・オーデトリアム
NWFヘビー級選手権試合（時間無制限1本勝負）
アントニオ猪木（7分3秒 両者リングアウト）タイガー・ジェット・シン
※猪木が23度目の防衛に成功

■8月17日（現地時間）＝カナダ・アルバータ州カルガリー、スタンピート・グランド・ビクトリア・パビリオン
NWFヘビー級選手権試合（60分1本勝負）
アントニオ猪木（9分15秒 体固め）スタン・ハンセン
※猪木が24度目の防衛に成功

■10月4日＝東京・蔵前国技館
NWFヘビー級選手権試合＝インディアンデスマッチ（時間無制限1本勝負）
アントニオ猪木（20分22秒 無効試合）タイガー・ジェット・シン
※防衛回数にはカウントされず

■11月1日＝北海道・札幌中島スポーツセンター
NWFヘビー級選手権試合（61分1本勝負）
アントニオ猪木（17分1秒 反則勝ち）ダスティ・ローデス
※猪木が25度目の防衛に成功

■12月4日＝大阪府立体育会館
NWFヘビー級選手権試合（61分1本勝負）
アントニオ猪木（8分29秒 体固め）ペドロ・モラレス
※猪木が26度目の防衛に成功

■12月17日（現地時間）＝アメリカ・ニューヨーク州、マディソン・スクエア・ガーデン
NWFヘビー級選手権試合（60分1本勝負）
アントニオ猪木（14分59秒 体固め）グレート・ハッサン・アラブ
※猪木が27度目の防衛に成功

1980年（昭和55年）

■2月8日＝東京体育館
NWFヘビー級選手権試合（61分1本勝負）
スタン・ハンセン（17分12秒 リングアウト勝ち）アントニオ猪木
※猪木が28度目の防衛に失敗。ハンセンが第17代王者となる

■4月3日＝東京・蔵前国技館
NWFヘビー級選手権試合（61分1本勝負）
アントニオ猪木（12分55秒 体固め）スタン・ハンセン
※ハンセンが初防衛に失敗。猪木が第18代王者となる

■5月9日＝福岡スポーツセンター
NWFヘビー級選手権試合（61分1本勝負）
アントニオ猪木（17分3秒 反則勝ち）スタン・ハンセン
※猪木が初防衛に成功

■8月9日（現地時間）＝アメリカ・ニューヨーク州、シェイ・スタジアム
NWFヘビー級選手権試合（60分1本勝負）
アントニオ猪木（9分41秒 体固め）ラリー・シャープ
※猪木が2度目の防衛に成功

■9月11日＝大阪府立体育会館
NWFヘビー級選手権試合（61分1本勝負）
アントニオ猪木（17分47秒 リングアウト勝ち）スタン・ハンセン
※猪木が3度目の防衛に成功

■9月25日＝広島県立体育館
NWFヘビー級選手権試合（61分1本勝負）

アントニオ猪木（10分49秒 逆さ押さえ込み）スタン・ハンセン
※猪木が4度目の防衛に成功
■9月30日＝東京・日本武道館
NWFヘビー級選手権試合（61分1本勝負）
アントニオ猪木（14分53秒 卍固め）ケン・パテラ
※猪木が5度目の防衛に成功
■11月3日＝東京・蔵前国技館
NWFヘビー級選手権試合（61分1本勝負）
アントニオ猪木（13分19秒 体固め）ハルク・ホーガン
※猪木が6度目の防衛に成功
■12月29日（現地時間）＝アメリカ・ニューヨーク州、マディソン・スクエア・ガーデン
NWFヘビー級選手権試合（60分1本勝負）
アントニオ猪木（12分44秒 体固め）ボビー・ダンカン
※猪木が7度目の防衛に成功

1981年（昭和56年）

■2月4日＝大阪府立体育会館
NWFヘビー級選手権試合（60分1本勝負）
アントニオ猪木（12分37秒 体固め）ケン・パテラ
※猪木が8度目の防衛に成功
■4月17日＝鹿児島県立体育館
NWFヘビー級選手権試合（60分1本勝負）
アントニオ猪木（13分24秒 没収試合）スタン・ハンセン
※ベルトはコミッション預かりとなる
■4月23日＝東京・蔵前国技館
NWFヘビー級王座決定戦（60分1本勝負）
アントニオ猪木（12分56秒 体固め）スタン・ハンセン
※猪木が第19代王者となるも、IWGP参加のため同日、王座返上

PWF（世界）ヘビー級選手権試合

1972年（昭和47年）

■10月22日＝東京・日大講堂
世界ヘビー級選手権争奪試合・第1戦（60分3本勝負）
ジャイアント馬場（1-1）ブルーノ・サンマルチノ
①サンマルチノ（19分42秒 片エビ固め）馬場
②馬場（8分18秒 片エビ固め）サンマルチノ
③馬場（3分15秒 ダブルフォール）サンマルチノ
■10月30日＝名古屋・愛知県体育館
世界ヘビー級選手権争奪試合・第2戦（60分3本勝負）
ジャイアント馬場（2-1）テリー・ファンク
①テリー（19分15秒 ローリング・クレイドル）馬場
②馬場（4分24秒 コブラツイスト）テリー
③馬場（5分0秒 体固め）テリー
■12月6日＝山形・米沢市体育館
世界ヘビー級選手権争奪試合・第3戦（60分3本勝負）
ジャイアント馬場（2-1）アブドーラ・ザ・ブッチャー
①馬場（10分7秒 反則勝ち）ブッチャー
②ブッチャー（1分5秒 体固め）馬場
③馬場（2分31秒 体固め）ブッチャー
■12月19日＝新潟市体育館
世界ヘビー級選手権争奪試合・第4戦（60分3本勝負）
ジャイアント馬場（2-1）ザ・デストロイヤー
①馬場（18分29秒 体固め）デストロイヤー
②デストロイヤー（3分43秒 足4の字固め）馬場
③馬場（11分40秒 リングアウト勝ち）デストロイヤー

1973年（昭和48年）

■1月6日＝岐阜市民センター
世界ヘビー級選手権争奪試合・第5戦（60分3本勝負）
ジャイアント馬場（1-1）ウィルバー・スナイダー
①馬場（9分58秒 体固め）スナイダー
②スナイダー（2分46秒 体固め）馬場
③馬場（2分7秒 両者リングアウト）スナイダー
■1月11日＝熊本県体育館
世界ヘビー級選手権争奪試合・第6戦（60分3本勝負）
ジャイアント馬場（2-1）ウィルバー・スナイダー
①スナイダー（15分56秒 回転エビ固め）馬場
②馬場（5分38秒 体固め）スナイダー
③馬場（4分55秒 体固め）スナイダー
■1月24日＝東京・日大講堂
世界ヘビー級選手権争奪試合・第7戦（60分3本勝負）
ジャイアント馬場（2-1）ドン・レオ・ジョナサン
①ジョナサン（4分14秒 体固め）馬場
②馬場（4分24秒 体固め）ジョナサン
③馬場（0分45秒 体固め）ジョナサン
■2月15日＝北海道・札幌中島スポーツセンター
世界ヘビー級選手権争奪試合・第8戦（時間無制限1本勝負）
ジャイアント馬場（25分52秒 体固め）ブルーノ・サンマルチノ
■2月20日＝仙台・宮城県スポーツセンター
世界ヘビー級選手権争奪試合・第9戦（60分3本勝負）
ジャイアント馬場（2-1）パット・オコーナー
①オコーナー（20分15秒 エビ固め）馬場
②馬場（6分27秒 体固め）オコーナー
③馬場（2分26秒 体固め）オコーナー
■2月27日＝東京・日大講堂
世界ヘビー級選手権争奪試合・第10戦（60分3本勝負）
ジャイアント馬場（2-1）ボボ・ブラジル
①ブラジル（17分19秒 体固め）馬場
②馬場（6分7秒 体固め）ブラジル
③馬場（1分35秒 体固め）ブラジル
※争奪戦8勝2分けの成績で、力道山ゆかりの世界ヘビー

級王座を獲得。同年3月16日、NWAの傘下組織PWFが認定する世界ヘビー級王座として、馬場が初代王者となる
■4月24日＝大阪府立体育会館
PWF世界ヘビー級選手権試合（時間無制限1本勝負）
ジャイアント馬場（6分35秒 リングアウト勝ち）ザ・シーク
※馬場が初防衛に成功
■4月25日＝東京・日大講堂
PWF世界ヘビー級選手権試合（時間無制限1本勝負）
ジャイアント馬場（8分26秒 片エビ固め）ザ・シーク
※馬場が2度目の防衛に成功
■6月14日＝神奈川・川崎市体育館
PWF世界ヘビー級選手権試合（61分3本勝負）
ジャイアント馬場（2－1）アブドーラ・ザ・ブッチャー
①ブッチャー（4分57秒 体固め）馬場
②馬場（8分59秒 体固め）ブッチャー
③馬場（4分40秒 反則勝ち）ブッチャー
※馬場が3度目の防衛に成功
■7月26日＝東京体育館
PWF世界ヘビー級選手権試合（61分3本勝負）
ジャイアント馬場（2－1）アブドーラ・ザ・ブッチャー
①馬場（3分35秒 体固め）ブッチャー
②ブッチャー（4分5秒 体固め）馬場
③馬場（4分15秒 リングアウト勝ち）ブッチャー
※馬場が4度目の防衛に成功
■8月21日＝北海道・札幌中島スポーツセンター
PWF世界ヘビー級選手権試合（61分3本勝負）
ジャイアント馬場（2－1）パット・オコーナー
①オコーナー（16分8秒 エビ固め）馬場
②馬場（6分5秒 体固め）オコーナー
③馬場（3分31秒 体固め）オコーナー
※馬場が5度目の防衛に成功
■9月8日＝福岡スポーツセンター
PWF世界ヘビー級選手権試合（61分3本勝負）
ジャイアント馬場（2－1）ドリー・ファンク・ジュニア
①ドリー（16分12秒 体固め）馬場
②馬場（4分10秒 体固め）ドリー
③馬場（5分59秒 リングアウト勝ち）ドリー
※馬場が6度目の防衛に成功
■9月13日＝東京・日大講堂
PWF世界ヘビー級選手権試合（61分3本勝負）
ジャイアント馬場（2－1）ハーリー・レイス
①レイス（17分5秒 片エビ固め）馬場
②馬場（3分12秒 体固め）レイス
③馬場（8分46秒 リングアウト勝ち）レイス
※馬場が7度目の防衛に成功
■12月13日＝大阪府立体育会館
PWF世界ヘビー級選手権試合（61分3本勝負）
ジャイアント馬場（2－1）フリッツ・フォン・エリック
①馬場（7分6秒 体固め）エリック
②エリック（5分38秒 体固め）馬場
③馬場（2分42秒 反則勝ち）エリック
※馬場が8度目の防衛に成功
■12月14日＝東京・日大講堂
PWF世界ヘビー級選手権試合（時間無制限1本勝負）
ジャイアント馬場（17分16秒 体固め）フリッツ・フォン・エリック
※馬場が9度目の防衛に成功
※年末にNWAの勧告により王座名称から「世界」の2文字を削除

1974年（昭和49年）

■1月23日＝長崎国際体育館
PWFヘビー級&NWA世界ヘビー級ダブル選手権試合（60分3本勝負）
ジャイアント馬場（1－1）ジャック・ブリスコ
①馬場（11分5秒 体固め）ブリスコ
②ブリスコ（9分16秒 足4の字固め）馬場
③馬場（3分40秒 両者リングアウト）ブリスコ
※馬場がPWFヘビー級王座10度目の防衛に成功。ブリスコがNWA世界ヘビー級王座の防衛に成功
■1月27日＝大阪市東淀川体育館
PWFヘビー級選手権試合（61分3本勝負）
ジャイアント馬場（2－1）ハーリー・レイス
①レイス（12分48秒 体固め）馬場
②馬場（4分39秒 体固め）レイス
③馬場（7分50秒 体固め）レイス
※馬場が11度目の防衛に成功
■1月29日＝福島・郡山総合体育館
PWFヘビー級選手権試合（61分3本勝負）
ジャイアント馬場（2－0）プロフェッサー・タナカ
①馬場（11分20秒 片エビ固め）タナカ
②馬場（3分30秒 体固め）タナカ
※馬場が12度目の防衛に成功
■1月30日＝東京・日大講堂
PWFヘビー級選手権試合（61分3本勝負）
ジャイアント馬場（1－1）ドリー・ファンク・ジュニア
①ドリー（20分12秒 体固め）馬場
②馬場（2分31秒 回転押さえ込み）ドリー
③馬場（3分50秒 両者リングアウト）ドリー
延長戦（5分1本勝負）
馬場（時間切れ引き分け）ドリー
※馬場が13度目の防衛に成功
■3月15日＝仙台・宮城県スポーツセンター
PWFヘビー級選手権試合（61分3本勝負）
ジャイアント馬場（2－1）ジン・キニスキー
①キニスキー（17分36秒 体固め）馬場
②馬場（3分55秒 エビ固め）キニスキー

③馬場（11分35秒 エビ固め）キニスキー
※馬場が14度目の防衛に成功

■5月16日＝大阪府立体育会館
PWFヘビー級選手権試合（61分3本勝負）
ジャイアント馬場（2-1）アブドーラ・ザ・ブッチャー
①馬場（8分59秒 体固め）ブッチャー
②ブッチャー（14分12秒 体固め）馬場
③馬場（6分15秒 リングアウト勝ち）ブッチャー
※馬場が15度目の防衛に成功

■6月13日＝東京体育館
PWFヘビー級選手権試合・MSG杯争奪戦（61分3本勝負）
ジャイアント馬場（2-1）ペドロ・モラレス
①馬場（11分52秒 片エビ固め）モラレス
②モラレス（4分15秒 体固め）馬場
③馬場（0分50秒 体固め）モラレス
※馬場が16度目の防衛に成功するとともに、MSG杯を獲得

■8月9日＝東京・蔵前国技館
PWFヘビー級選手権試合（61分3本勝負）
ジャイアント馬場（2-1）テリー・ファンク
①馬場（12分18秒 片エビ固め）テリー
②テリー（6分40秒 体固め）馬場
③馬場（1分44秒 エビ固め）テリー
※馬場が17度目の防衛に成功

■9月25日＝神奈川・横浜文化体育館
PWFヘビー級選手権試合（61分3本勝負）
ジャイアント馬場（1-1）アブドーラ・ザ・ブッチャー
①ブッチャー（4分15秒 体固め）馬場
②馬場（6分22秒 体固め）ブッチャー
③馬場（5分2秒 両者反則）ブッチャー
※馬場が18度目の防衛に成功

■10月5日＝東京・日大講堂
PWFヘビー級選手権試合（61分3本勝負）
ジャイアント馬場（2-1）アブドーラ・ザ・ブッチャー
①ブッチャー（7分42秒 体固め）馬場
②馬場（4分49秒 ドクターストップ）ブッチャー
③馬場（試合放棄）ブッチャー
※馬場が19度目の防衛に成功

■11月5日＝東京・大田区体育館
PWFヘビー級選手権試合（61分3本勝負）
ジャイアント馬場（2-1）ディック・マードック
①マードック（12分58秒 体固め）馬場
②馬場（7分5秒 片エビ固め）マードック
③馬場（2分3秒 回転エビ固め）マードック
※馬場が20度目の防衛に成功

■11月7日＝静岡・沼津市体育館
PWFヘビー級選手権試合（61分3本勝負）
ジャイアント馬場（2-0）ブラックジャック・マリガン
①馬場（10分2秒 体固め）マリガン
②馬場（2分15秒 片エビ固め）マリガン
※馬場が21度目の防衛に成功

■12月5日＝東京・日大講堂
PWFヘビー級&NWA世界ヘビー級ダブル選手権試合（60分3本勝負）
ジャイアント馬場（2-1）ジャック・ブリスコ
①ブリスコ（13分53秒 片エビ固め）馬場
②馬場（3分53秒 体固め）ブリスコ
③馬場（4分50秒 体固め）ブリスコ
※馬場がPWFヘビー級王座22度目の防衛、NWA世界ヘビー級王座の初防衛に成功

■12月12日＝神奈川・川崎市体育館
PWFヘビー級選手権試合（61分3本勝負）
ジャイアント馬場（2-0）クリス・マルコフ
①馬場（9分45秒 片エビ固め）マルコフ
②馬場（3分18秒 逆エビ固め）マルコフ
※馬場が23度目の防衛に成功

1975年（昭和50年）

■1月29日＝東京体育館
PWFヘビー級選手権試合（61分3本勝負）
ジャイアント馬場（2-1）ハーリー・レイス
①馬場（11分42秒 体固め）レイス
②レイス（2分5秒 体固め）馬場
③馬場（7分26秒 体固め）レイス
※馬場が24度目の防衛に成功

■2月6日（現地時間）＝アメリカ・カンザス州カンザスシティ、メモリアル・ホール
PWFヘビー級選手権試合（60分3本勝負）
ジャイアント馬場（2-1）ディック・ザ・ブルーザー
①馬場（7分41秒 片エビ固め）ブルーザー
②ブルーザー（7分2秒 体固め）馬場
③馬場（9分37秒 反則勝ち）ブルーザー
※馬場が25度目の防衛に成功

■3月11日＝名古屋・愛知県体育館
PWFヘビー級選手権試合（60分3本勝負）
ジャイアント馬場（2-1）ボボ・ブラジル
①ブラジル（9分6秒 リングアウト勝ち）馬場
②馬場（2分6秒 片エビ固め）ブラジル
③馬場（3分36秒 リングアウト勝ち）ブラジル
※馬場が26度目の防衛に成功

■4月10日＝仙台・宮城県スポーツセンター
PWFヘビー級選手権試合（60分3本勝負）
ジャイアント馬場（2-1）ディック・ザ・ブルーザー
①馬場（6分43秒 反則勝ち）ブルーザー
②ブルーザー（3分46秒 反則勝ち）馬場
③馬場（1分40秒 エビ固め）ブルーザー

※馬場が27度目の防衛に成功

■5月9日＝東京・日大講堂
PWFヘビー級&WWWFヘビー級ダブル選手権試合（60分3本勝負）
ジャイアント馬場（1-1）ブルーノ・サンマルチノ
①サンマルチノ（12分9秒 体固め）馬場
②馬場（2分53秒 体固め）サンマルチノ
③馬場（3分36秒 両者リングアウト）サンマルチノ
※馬場がPWFヘビー級王座28度目の防衛に成功。サンマルチノがWWWFヘビー級王座の防衛に成功

■10月14日＝松山・愛媛県民館
PWFヘビー級選手権試合（60分3本勝負）
ジャイアント馬場（2-0）オックス・ベーカー
①馬場（8分24秒 体固め）ベーカー
②馬場（4分28秒 体固め）ベーカー
※馬場が29度目の防衛に成功

1976年（昭和51年）

■3月8日＝名古屋・愛知県体育館
PWFヘビー級選手権試合（60分3本勝負）
ジャイアント馬場（2-1）ワフー・マクダニエル
①馬場（11分18秒 片エビ固め）マクダニエル
②マクダニエル（3分5秒 体固め）馬場
③馬場（1分44秒 体固め）マクダニエル
※馬場が30度目の防衛に成功

■7月24日＝東京・蔵前国技館
PWFヘビー級選手権試合（60分3本勝負）
ジャイアント馬場（2-1）ビル・ロビンソン
①馬場（9分24秒 片エビ固め）ロビンソン
②ロビンソン（6分8秒 逆片エビ固め）馬場
③馬場（5分45秒 体固め）ロビンソン
※馬場が31度目の防衛に成功

■10月24日＝大阪・寝屋川市民体育館
PWFヘビー級選手権試合（60分3本勝負）
ジャイアント馬場（2-1）アブドーラ・ザ・ブッチャー
①ブッチャー（4分20秒 体固め）馬場
②馬場（4分27秒 体固め）ブッチャー
③馬場（2分3秒 体固め）ブッチャー
※馬場が32度目の防衛に成功

■12月7日＝福岡・九電記念体育館
PWFヘビー級選手権試合（60分3本勝負）
ジャイアント馬場（2-1）ザ・スピリット
①馬場（12分35秒 首固め）スピリット
②スピリット（2分38秒 反則勝ち）馬場
③馬場（2分7秒 体固め）スピリット
※馬場が33度目の防衛に成功

1977年（昭和52年）

■3月20日（現地時間）＝アメリカ・ノースカロライナ州、グリーンズボロ・コロシアム
PWFヘビー級選手権試合（60分3本勝負）
ジャイアント馬場（2-1）バロン・フォン・ラシク
①馬場（14分42秒 体固め）ラシク
②ラシク（3分45秒 ブレーンクロー）馬場
③馬場（1分0秒 片エビ固め）ラシク
※馬場が34度目の防衛に成功

■9月7日＝北海道・小樽市総合体育館
PWFヘビー級選手権試合（60分3本勝負）
ジャイアント馬場（1-1）ビル・ロビンソン
①馬場（15分33秒 片エビ固め）ロビンソン
②ロビンソン（7分21秒 片エビ固め）馬場
③馬場（5分49秒 両者リングアウト）ロビンソン
※馬場が35度目の防衛に成功

■10月5日＝大阪府立体育会館
PWFヘビー級&アジアヘビー級ダブル選手権試合（60分1本勝負）
ジャイアント馬場（17分37秒 両者リングアウト）大木金太郎
※馬場がPWFヘビー級王座36度目の防衛に成功。大木がアジアヘビー級王座2度目の防衛に成功

■10月24日＝盛岡・岩手県営体育館
PWFヘビー級選手権試合（60分3本勝負）
ジャイアント馬場（2-1）ケン・パテラ
①パテラ（10分29秒 片エビ固め）馬場
②馬場（5分31秒 リングアウト勝ち）パテラ
③馬場（5分50秒 体固め）パテラ
※馬場が37度目の防衛に成功

■10月29日＝栃木・黒磯市公会堂
PWFヘビー級&アジアヘビー級ダブル選手権試合（時間無制限1本勝負）
ジャイアント馬場（15分21秒 片エビ固め）大木金太郎
※馬場がPWFヘビー級王座38度目の防衛に成功するとともに、第6代アジアヘビー級王者となる
※その後、馬場はアジアヘビー級王座の防衛戦を一度も行わないまま返上

1978年（昭和53年）

■6月1日＝秋田市立体育館
PWFヘビー級選手権試合（60分1本勝負）
キラー・トーア・カマタ（16分16秒 反則勝ち）ジャイアント馬場
※馬場が39度目の防衛に失敗。カマタが第2代王者となる

■6月12日＝愛知・一宮市産業体育館
PWFヘビー級選手権試合（60分1本勝負）
ビル・ロビンソン（21分57秒 体固め）キラー・トーア・カマタ
※カマタが初防衛に失敗。ロビンソンが第3代王者となる

■10月9日＝福岡・久留米市体育館
PWFヘビー級選手権試合（60分3本勝負）

ビル・ロビンソン（2-1）キラー・トーア・カマタ
①カマタ（3分10秒 体固め）ロビンソン
②ロビンソン（13分15秒 反則勝ち）カマタ
③ロビンソン（9分31秒 片エビ固め）カマタ
※ロビンソンが初防衛に成功

■10月18日＝宇都宮・栃木県体育館
PWFヘビー級選手権試合（60分3本勝負）
アブドーラ・ザ・ブッチャー（2-1）ビル・ロビンソン
①ロビンソン（8分16秒 片エビ固め）ブッチャー
②ブッチャー（6分15秒 カウントアウト）ロビンソン
③ブッチャー（3分8秒 レフェリーストップ）ロビンソン
※ロビンソンが2度目の防衛に失敗。ブッチャーが第4代王者となる

■11月7日＝東大阪市中央体育館
PWFヘビー級選手権試合（60分3本勝負）
アブドーラ・ザ・ブッチャー（1-1）ジャイアント馬場
①馬場（4分28秒 体固め）ブッチャー
②ブッチャー（3分28秒 体固め）馬場
③ブッチャー（7分5秒 両者リングアウト）馬場
※ブッチャーが初防衛に成功

1979年（昭和54年）

■2月10日（現地時間）＝アメリカ・イリノイ州シカゴ、インターナショナル・アンフィシアター
PWFヘビー級選手権試合（60分3本勝負）
ジャイアント馬場（2-1）アブドーラ・ザ・ブッチャー
①馬場（8分52秒 体固め）ブッチャー
②ブッチャー（3分6秒 体固め）馬場
③馬場（7分11秒 リングアウト勝ち）ブッチャー
※ブッチャーが2度目の防衛に失敗。馬場が第5代王者となる

■8月31日＝大阪府立体育会館
PWFヘビー級選手権試合（60分3本勝負）
ジャイアント馬場（1-1）アブドーラ・ザ・ブッチャー
①馬場（7分8秒 片エビ固め）ブッチャー
②ブッチャー（2分55秒 体固め）馬場
③馬場（5分18秒 両者リングアウト）ブッチャー
※馬場が初防衛に成功

1980年（昭和55年）

■1月22日＝長野・諏訪湖スポーツセンター
PWFヘビー級選手権試合（60分3本勝負）
ジャイアント馬場（2-1）ブルーザー・ブロディ
①ブロディ（6分24秒 体固め）馬場
②馬場（4分8秒 反則勝ち）ブロディ
③馬場（1分55秒 体固め）ブロディ
※馬場が2度目の防衛に成功

■2月14日＝沖縄市体育館
PWFヘビー級選手権試合（60分3本勝負）
ジャイアント馬場（2-1）キラー・トーア・カマタ
①馬場（3分23秒 反則勝ち）カマタ
②カマタ（5分13秒 エビ固め）馬場
③馬場（0分53秒 体固め）カマタ
※馬場が3度目の防衛に成功

■6月22日（現地時間）＝アメリカ・ミネソタ州ミネアポリス、ミネアポリス・オーデトリアム
PWFヘビー級選手権試合（60分1本勝負）
ジャイアント馬場（10分15秒 体固め）スーパー・デストロイヤー・マークII
※馬場が4度目の防衛に成功

■10月13日＝名古屋・愛知県体育館
PWFヘビー級選手権試合（60分3本勝負）
ジャイアント馬場（1-1）ビル・ロビンソン
①ロビンソン（10分15秒 片エビ固め）馬場
②馬場（4分50秒 体固め）ロビンソン
③馬場（3分15秒 両者リングアウト）ロビンソン
※馬場が5度目の防衛に成功

1981年（昭和56年）

■1月18日＝東京・後楽園ホール
PWFヘビー級&AWA世界ヘビー級ダブル選手権試合（60分3本勝負）
ジャイアント馬場（1-1）バーン・ガニア
①ガニア（14分55秒 スリーパーホールド）馬場
②馬場（3分58秒 片エビ固め）ガニア
③馬場（5分25秒 両者リングアウト）ガニア
※馬場がPWFヘビー級王座6度目の防衛に成功。ガニアがAWA世界ヘビー級王座の防衛に成功

■3月3日＝千葉公園体育館
PWFヘビー級選手権試合（60分3本勝負）
ジャイアント馬場（2-1）キラー・カール・コックス
①馬場（8分19秒 首固め）コックス
②コックス（4分22秒 片エビ固め）馬場
③馬場（2分44秒 体固め）コックス
※馬場が7度目の防衛に成功

■7月4日＝東京・後楽園ホール
PWFヘビー級選手権試合（60分1本勝負）
ジャイアント馬場（7分2秒 反則勝ち）キラー・トーア・カマタ
※馬場が8度目の防衛に成功

■10月3日＝富山市体育館
PWFヘビー級選手権試合（60分3本勝負）
ジャイアント馬場（1-1）ブルーザー・ブロディ
①ブロディ（5分2秒 体固め）馬場
②馬場（3分14秒 体固め）ブロディ
③馬場（1分56秒 両者リングアウト）ブロディ
※馬場が9度目の防衛に成功

1982年（昭和57年）

■2月4日＝東京体育館

PWFヘビー級選手権試合（時間無制限1本勝負）
ジャイアント馬場（12分39秒　両者反則）スタン・ハンセン
※馬場が10度目の防衛に成功
■2月28日（現地時間）＝アメリカ・ジョージア州アトランタ、ジ・オムニ
PWFヘビー級選手権試合（60分1本勝負）
ジャイアント馬場（11分47秒　体固め）テリー・ゴーディ
※馬場が11度目の防衛に成功
■4月22日＝東京体育館
PWFヘビー級選手権試合（60分1本勝負）
ジャイアント馬場（7分12秒　両者リングアウト）スタン・ハンセン
※馬場が12度目の防衛に成功
■6月8日＝東京・蔵前国技館
PWFヘビー級選手権試合（60分1本勝負）
ジャイアント馬場（7分11秒　反則勝ち）タイガー・ジェット・シン
※馬場が13度目の防衛に成功
■7月30日＝神奈川・川崎市体育館
PWFヘビー級選手権試合（60分1本勝負）
ジャイアント馬場（7分21秒　両者リングアウト）タイガー・ジェット・シン
※馬場が14度目の防衛に成功
■9月14日＝愛知・刈谷市体育館
PWFヘビー級選手権試合（60分1本勝負）
ジャイアント馬場（5分56秒　反則勝ち）スタン・ハンセン
※馬場が15度目の防衛に成功
■10月26日＝北海道・帯広市総合体育館
PWFヘビー級選手権試合（60分1本勝負）
ハーリー・レイス（12分45秒　体固め）ジャイアント馬場
※馬場が16度目の防衛に失敗。レイスが第6代王者となる

■11月2日＝名古屋・愛知県体育館
PWFヘビー級選手権試合（60分1本勝負）
ハーリー・レイス（12分41秒　両者反則）ジャイアント馬場
※レイスが初防衛に成功

1983年（昭和58年）

■2月11日（現地時間）＝アメリカ・ミズーリ州セントルイス、チェッカードーム
PWFヘビー級選手権試合（60分1本勝負）
ジャイアント馬場（13分4秒　体固め）ハーリー・レイス
※レイスが2度目の防衛に失敗。馬場が第7代王者となる
■4月20日＝東京体育館
PWFヘビー級選手権試合（60分1本勝負）
ジャイアント馬場（11分24秒　両者リングアウト）ハーリー・レイス
※馬場が初防衛に成功
■6月8日＝東京・蔵前国技館
PWFヘビー級選手権試合（60分1本勝負）
ジャイアント馬場（13分48秒　両者反則）ブルーザー・ブロディ
※馬場が2度目の防衛に成功
■6月17日（現地時間）＝アメリカ・テキサス州ダラス、リユニオン・アリーナ
PWFヘビー級選手権試合（60分1本勝負）
ジャイアント馬場（5分24秒　片エビ固め）キングコング・バンディ
※馬場が3度目の防衛に成功
■7月12日＝北海道・札幌中島体育センター
PWFヘビー級選手権試合（60分1本勝負）
ジャイアント馬場（9分27秒　無効試合）タイガー・ジェット・シン
※防衛回数にはカウントされず
■9月8日＝千葉公園体育館
PWFヘビー級選手権試合（60分1本勝負）
スタン・ハンセン（9分2秒　体固め）ジャイアント馬場
※馬場が4度目の防衛に失敗。ハンセンが第8代王者となる
■10月31日＝福島・会津体育館
PWFヘビー級選手権試合（60分1本勝負）
スタン・ハンセン（9分43秒　無効試合）ジャイアント馬場
※ハンセンが初防衛に成功

1984年（昭和59年）

■3月24日＝東京・蔵前国技館
PWFヘビー級選手権試合（60分1本勝負）
スタン・ハンセン（8分56秒　反則勝ち）ジャイアント馬場
※ハンセンが2度目の防衛に成功
■3月30日＝茨城・古河市立体育館
PWFヘビー級選手権試合（60分1本勝負）
スタン・ハンセン（10分44秒　体固め）バグジー・マグロー
※ハンセンが3度目の防衛に成功
■7月31日＝東京・蔵前国技館
PWFヘビー級選手権試合（60分1本勝負）
ジャイアント馬場（10分7秒　首固め）スタン・ハンセン
※ハンセンが4度目の防衛に失敗。馬場が第9代王者となる

1985年（昭和60年）

■2月5日＝東京体育館
PWFヘビー級選手権試合（60分1本勝負）
ジャイアント馬場（14分40秒　コブラツイスト）タイガー・ジェット・シン
※馬場が初防衛に成功
■4月15日＝長崎国際体育館
PWFヘビー級選手権試合（60分1本勝負）
ジャイアント馬場（13分1秒　反則勝ち）スタン・ハンセン
※馬場が2度目の防衛に成功

■6月21日＝東京・日本武道館
PWFヘビー級選手権試合（60分1本勝負）
ジャイアント馬場（12分34秒 体固め）ラッシャー木村
※馬場が3度目の防衛に成功

■7月30日＝福岡スポーツセンター
PWFヘビー級選手権試合（60分1本勝負）
スタン・ハンセン（13分50秒 体固め）ジャイアント馬場
※馬場が4度目の防衛に失敗。ハンセンが第10代王者となる

1986年（昭和61年）

■3月29日＝東京・後楽園ホール
PWFヘビー級&AWA世界ヘビー級&インターナショナルヘビー級トリプル選手権試合（60分1本勝負）
スタン・ハンセン（8分45秒 両者リングアウト）ジャンボ鶴田
※ハンセンがPWFヘビー級王座の初防衛、AWA世界ヘビー級王座の防衛に成功。鶴田がインターナショナルヘビー級王座14度目の防衛に成功

■4月5日＝神奈川・横浜文化体育館
PWFヘビー級&AWA世界ヘビー級ダブル選手権試合（60分1本勝負）
長州力（18分27秒 反則勝ち）スタン・ハンセン
※ハンセンがPWFヘビー級王座2度目の防衛に失敗するが、反則裁定のためAWA世界ヘビー級王座の防衛に成功。長州が第11代PWFヘビー級王者となる

■4月26日＝埼玉・大宮スケートセンター
PWFヘビー級&AWA世界ヘビー級ダブル選手権試合（60分1本勝負）
長州力（16分36秒 両者リングアウト）スタン・ハンセン
※長州がPWFヘビー級王座の初防衛に成功。ハンセンがAWA世界ヘビー級王座の防衛に成功

■5月17日＝神奈川・横須賀市総合体育館
PWFヘビー級選手権試合（60分1本勝負）
長州力（12分40秒 反則勝ち）テリー・ゴーディ
※長州が2度目の防衛に成功

■9月9日＝名古屋・愛知県体育館
PWFヘビー級&インターナショナルヘビー級ダブル選手権試合（60分1本勝負）
長州力（13分9秒 両者リングアウト）スタン・ハンセン
※長州がPWFヘビー級王座3度目の防衛に成功。ハンセンがインターナショナルヘビー級王座2度目の防衛に成功

■10月9日＝岡山武道館
PWFヘビー級選手権試合（60分1本勝負）
長州力（9分31秒 反則勝ち）ニキタ・コロフ
※長州が4度目の防衛に成功

■10月21日＝東京・両国国技館
PWFヘビー級選手権試合（60分1本勝負）
長州力（14分59秒 サソリ固め）テリー・ファンク
※長州が5度目の防衛に成功

1987年（昭和62年）

■1月17日＝山口・徳山市民体育館
PWFヘビー級選手権試合（60分1本勝負）
長州力（8分18秒 体固め）カート・ヘニング
※長州がPWFヘビー級王座6度目の防衛に成功するが、その後に全日本から離脱。王座は剥奪され、空位となる

■4月17日＝鹿児島県立体育館
PWFヘビー級王座決定戦（60分1本勝負）
スタン・ハンセン（15分38秒 両者リングアウト）ドリー・ファンク・ジュニア
※王座は空位のまま

■4月23日＝新潟市体育館
PWFヘビー級王座決定戦（60分1本勝負）
スタン・ハンセン（12分36秒 両者リングアウト）輪島大士
※王座は空位のまま

■4月24日＝神奈川・横浜文化体育館
PWFヘビー級王座決定戦（60分1本勝負）
スタン・ハンセン（12分38秒 首固め）輪島大士
※ハンセンが第12代王者となる

■7月19日＝東京・後楽園ホール
PWFヘビー級選手権試合（60分1本勝負）
スタン・ハンセン（15分41秒 両者リングアウト）谷津嘉章
※ハンセンが初防衛に成功

■8月31日＝東京・日本武道館
PWFヘビー級選手権試合（60分1本勝負）
スタン・ハンセン（9分13秒 反則勝ち）谷津嘉章
※ハンセンが2度目の防衛に成功

■9月11日＝広島県立体育館
PWFヘビー級&UNヘビー級ダブル選手権試合（60分1本勝負）
スタン・ハンセン（23分10秒 両者リングアウト）天龍源一郎
※ハンセンがPWFヘビー級王座3度目の防衛に成功。天龍がUNヘビー級王座6度目の防衛に成功

■9月15日＝東京・後楽園ホール
PWFヘビー級選手権試合（60分1本勝負）
スタン・ハンセン（10分24秒 リングアウト勝ち）輪島大士
※ハンセンが4度目の防衛に成功

1988年（昭和63年）

■3月9日＝神奈川・横浜文化体育館
PWFヘビー級&UNヘビー級ダブル選手権試合（60分1本勝負）
天龍源一郎（14分40秒 首固め）スタン・ハンセン
※ハンセンがPWFヘビー級王座5度目の防衛に失敗。天龍が第13代PWFヘビー級王者になるとともに、UNヘビー級王座7度目の防衛に成功

■3月27日＝東京・日本武道館
PWFヘビー級&UNヘビー級ダブル選手権試合（60分1本勝負）

天龍源一郎（15分32秒 反則勝ち）スタン・ハンセン
※天龍がPWFヘビー級王座の初防衛、UNヘビー級王座8度目の防衛に成功

■4月15日＝大阪府立体育会館
インターナショナル&PWF&UN三冠ヘビー級王座統一戦（60分1本勝負）
天龍源一郎（30分0秒 両者リングアウト）ブルーザー・ブロディ
※天龍がPWFヘビー級王座2度目の防衛、UNヘビー級王座9度目の防衛に成功。ブロディがインターナショナルヘビー級王座2度目の防衛に成功

■7月27日＝長野市民体育館
PWFヘビー級&UNヘビー級ダブル選手権試合（60分1本勝負）
スタン・ハンセン（14分33秒 リングアウト勝ち）天龍源一郎
※天龍がPWFヘビー級王座3度目の防衛、UNヘビー級王座11度目の防衛に失敗。ハンセンが第14代PWFヘビー級王者、第27代UNヘビー級王者となる

■10月17日＝広島県立体育館
インターナショナル&PWF&UN三冠ヘビー級王座統一戦（60分1本勝負）
スタン・ハンセン（15分0秒 両者リングアウト）ジャンボ鶴田
※ハンセンがPWFヘビー級王座の初防衛、UNヘビー級王座の初防衛に成功。鶴田がインターナショナルヘビー級王座2度目の防衛に成功

1989年（平成元年）

■3月29日＝東京・後楽園ホール
PWFヘビー級&UNヘビー級ダブル選手権試合（60分1本勝負）
スタン・ハンセン（20分20秒 エビ固め）天龍源一郎
※ハンセンがPWFヘビー級王座2度目の防衛、UNヘビー級王座2度目の防衛に成功

■4月16日＝東京・後楽園ホール
インターナショナル&PWF&UN三冠ヘビー級王座統一戦（60分1本勝負）
スタン・ハンセン（14分4秒 無効試合）ジャンボ鶴田
※※インターナショナルヘビー級王者・鶴田、PWFヘビー級&UNヘビー級王者ハンセンともに防衛回数にはカウントされず

■4月18日＝東京・大田区体育館
インターナショナル&PWF&UN三冠ヘビー級王座統一戦（60分1本勝負）
ジャンボ鶴田（17分53秒 片エビ固め）スタン・ハンセン
※ハンセンがPWFヘビー級王座3度目の防衛、UNヘビー級王座3度目の防衛に失敗。鶴田がインターナショナルヘビー級王座3度目の防衛に成功するとともに、第15代PWFヘビー級王者、第28代UNヘビー級王者となる。三冠統一に成功した鶴田が初代三冠ヘビー級王者となる

IWGPヘビー級選手権試合

1987年（昭和62年）

■6月12日＝東京・両国国技館
'87IWGP優勝決定戦＝IWGPヘビー級王座決定戦（時間無制限1本勝負）
アントニオ猪木（14分53秒 体固め）マサ斎藤
※猪木が優勝、初代王者となる

■8月2日＝東京・両国国技館
IWGPヘビー級選手権試合（60分1本勝負）
アントニオ猪木（9分38秒 体固め）クラッシャー・バンバン・ビガロ
※猪木が初防衛に成功

■9月1日＝福岡国際センター
IWGPヘビー級選手権試合（60分1本勝負）
アントニオ猪木（15分22秒 体固め）ディック・マードック
※猪木が2度目の防衛に成功

■10月25日＝東京・両国国技館
IWGPヘビー級選手権試合（60分1本勝負）
アントニオ猪木（11分47秒 リングアウト勝ち）スティーブ・ウイリアムス
※猪木が3度目の防衛に成功

1988年（昭和63年）

■2月4日＝大阪府立体育会館
IWGPヘビー級選手権試合（60分1本勝負）
アントニオ猪木（13分58秒 レフェリーストップ）長州力
※猪木が4度目の防衛に成功。猪木の左足骨折により5月2日に王座返上を新日本が発表

■5月8日＝東京・有明コロシアム
IWGPヘビー級王座決定戦（時間無制限1本勝負）
藤波辰巳（16分2秒 反則勝ち）ビッグバン・ベイダー
※藤波が第2代王者となる

■5月27日＝仙台・宮城県スポーツセンター
IWGPヘビー級選手権試合（60分1本勝負）
藤波辰巳（22分55秒 無効試合）長州力
※無効試合のため、王座はコミッショナー預かりに

■6月24日＝大阪府立体育会館
IWGPヘビー級王座決定戦（60分1本勝負）
藤波辰巳（18分46秒 首固め）長州力
※藤波が第3代王者となる

■6月26日＝愛知・名古屋レインボーホール
IWGPヘビー級選手権試合（60分1本勝負）
藤波辰巳（13分27秒 逆さ押さえ込み）ビッグバン・ベイダー
※藤波が初防衛に成功

■8月8日＝神奈川・横浜文化体育館
IWGPヘビー級選手権試合（60分1本勝負）
藤波辰巳（時間切れ引き分け）アントニオ猪木
※藤波が2度目の防衛に成功

■12月9日＝東京・後楽園ホール
IWGPヘビー級&WCCW世界ヘビー級ダブル選手権試合（60分1本勝負）
藤波辰巳（11分45秒　両者リングアウト）ケリー・フォン・エリック
延長戦（60分1本勝負）
藤波辰巳（6分41秒　レフェリーストップ）ケリー・フォン・エリック
※藤波がIWGPヘビー級王座3度目の防衛に成功するとともにWCCW世界王者となるも翌日にWCCW王座を返上

■12月12日（現地時間）＝アメリカ・テネシー州メンフィス、ミッドサウス・コロシアム
IWGPヘビー級選手権試合（60分1本勝負）
藤波辰巳（10分52秒　サソリ固め）トミー・レーン
※藤波が4度目の防衛に成功

1989年（平成元年）

■1月16日＝大阪府立体育会館
IWGPヘビー級選手権試合（60分1本勝負）
藤波辰巳（11分51秒　体固め）クラッシャー・バンバン・ビガロ
※藤波が5度目の防衛に成功

■2月22日＝東京・両国国技館
IWGPヘビー級選手権試合（60分1本勝負）
藤波辰巳（7分28秒　逆片エビ固め）ビシャス・ウォリアー
※藤波が6度目の防衛に成功

■3月16日＝神奈川・横浜文化体育館
IWGPヘビー級選手権試合（60分1本勝負）
藤波辰巳（20分25秒　エビ固め）ジェリー・ローラー
※藤波が7度目の防衛に成功。同年の4・24東京ドームで行われる「日米ソ3国代表トーナメント」にベルトを懸けて権威を高めたいとして4月11日に王座を返上

■4月24日＝東京ドーム
IWGPヘビー級王座決定&闘強導夢杯トーナメント決勝戦（60分1本勝負）
ビッグバン・ベイダー（9分47秒　体固め）橋本真也
※ベイダーが優勝、第4代王者となる

■5月25日＝大阪城ホール
IWGPヘビー級選手権試合（60分1本勝負）
サルマン・ハシミコフ（8分45秒　片エビ固め）ビッグバン・ベイダー
※ベイダーが初防衛に失敗。ハシミコフが第5代王者となる

■7月12日＝大阪府立体育会館
IWGPヘビー級選手権試合（60分1本勝負）
長州力（7分40秒　体固め）サルマン・ハシミコフ
※ハシミコフが初防衛に失敗。長州が第6代王者となる

■8月10日＝東京・両国国技館
IWGPヘビー級選手権試合（60分1本勝負）
ビッグバン・ベイダー（10分4秒　回転エビ固め）長州力
※長州が初防衛に失敗。ベイダーが第7代王者となる

■9月20日＝大阪城ホール
IWGPヘビー級選手権試合（60分1本勝負）
ビッグバン・ベイダー（11分32秒　体固め）クラッシャー・バンバン・ビガロ
※ベイダーが初防衛に成功

■9月21日＝神奈川・横浜文化体育館
IWGPヘビー級選手権試合（60分1本勝負）
ビッグバン・ベイダー（10分8秒　片エビ固め）橋本真也
※ベイダーが2度目の防衛に成功

1990年（平成2年）

■2月10日＝東京ドーム
IWGPヘビー級選手権試合（60分1本勝負）
ビッグバン・ベイダー（15分47秒　両者リングアウト）スタン・ハンセン
※ベイダーが3度目の防衛に成功

■6月12日＝福岡国際センター
IWGPヘビー級選手権試合（60分1本勝負）
ビッグバン・ベイダー（22分11秒　両者反則）スタン・ハンセン
※ベイダーが4度目の防衛に成功

■8月19日＝東京・両国国技館
IWGPヘビー級選手権試合（60分1本勝負）
長州力（11分51秒　片エビ固め）ビッグバン・ベイダー
※ベイダーが5度目の防衛に失敗。長州が第8代王者となる

■11月1日＝東京・日本武道館
IWGPヘビー級選手権試合（60分1本勝負）
長州力（16分14秒　体固め）橋本真也
※長州が初防衛に成功

■12月26日＝静岡・浜松アリーナ
IWGPヘビー級選手権試合（60分1本勝負）
藤波辰爾（18分46秒　回転足折り固め）長州力
※長州が2度目の防衛に失敗。藤波が第9代王者となる

1991年（平成3年）

■1月17日＝神奈川・横浜文化体育館
IWGPヘビー級選手権試合（60分1本勝負）
ビッグバン・ベイダー（12分57秒　体固め）藤波辰爾
※藤波が初防衛に失敗。ベイダーが第10代王者となる

■3月4日＝広島サンプラザホール
IWGPヘビー級選手権試合（60分1本勝負）
藤波辰爾（13分14秒　片エビ固め）ビッグバン・ベイダー
※ベイダーが初防衛に失敗。藤波が第11代王者となる

■3月21日＝東京ドーム
NWA世界ヘビー級&IWGPヘビー級ダブル選手権試合（60分1本勝負）
藤波辰爾（23分6秒　グラウンド・コブラツイスト・ホールド）リック・フレアー
※藤波がIWGPヘビー級王座初防衛に成功するとともにNWA世界ヘビー級王者となるも、WCWサイドのクレームによりNWA王座の移動は認められず

■5月31日＝大阪城ホール
IWGPヘビー級選手権試合（60分1本勝負）
藤波辰爾（18分33秒　ドラゴンスリーパー）蝶野正洋
※藤波が2度目の防衛に成功

■11月5日＝東京・日本武道館
IWGPヘビー級選手権試合（60分1本勝負）
藤波辰爾（19分49秒　足取り式ドラゴンスリーパー）蝶野正洋
※藤波が3度目の防衛に成功

1992年（平成4年）

■1月4日＝東京ドーム
IWGPヘビー級&グレーテスト18クラブ認定王座ダブル選手権試合（60分1本勝負）
長州力（12分11秒　体固め）藤波辰爾
※藤波がIWGPヘビー級王座4度目の防衛に失敗。長州がグレーテスト18クラブ王座2度目の防衛に成功するとともに、第12代IWGPヘビー級王者となる

■5月1日＝千葉ポートアリーナ
IWGPヘビー級選手権試合（60分1本勝負）
長州力（10分31秒　体固め）スコット・ノートン
※長州が初防衛に成功

■5月17日＝大阪城ホール
IWGPヘビー級選手権試合（60分1本勝負）
長州力（15分55秒　片エビ固め）武藤敬司
※長州が2度目の防衛に成功

■6月26日＝東京・日本武道館
IWGPヘビー級選手権試合（60分1本勝負）
長州力（17分57秒　体固め）蝶野正洋
※長州が3度目の防衛に成功

■7月31日＝北海道・札幌中島体育センター
IWGPヘビー級選手権試合（60分1本勝負）
長州力（11分43秒　片エビ固め）スーパー・ストロング・マシン
※長州が4度目の防衛に成功

■8月16日＝福岡国際センター
IWGPヘビー級&グレーテスト18クラブ認定王座ダブル選手権試合（60分1本勝負）
グレート・ムタ（11分26秒　片エビ固め）長州力
※長州がIWGPヘビー級王座5度目の防衛、グレーテスト18クラブ王座3度目の防衛に失敗。ムタが第13代IWGPヘビー級王者になるとともに、第2代グレーテスト18クラブ王者となる

■9月23日＝神奈川・横浜アリーナ
IWGPヘビー級&グレーテスト18クラブ認定王座ダブル選手権試合（60分1本勝負）
グレート・ムタ（14分59秒　片エビ固め）橋本真也
※ムタがIWGPヘビー級王座初防衛に成功。グレーテスト18クラブ王座初防衛に成功も、試合後に王座返上

■10月18日＝千葉・幕張メッセ
IWGPヘビー級選手権試合（60分1本勝負）
グレート・ムタ（13分46秒　体固め）スコット・ノートン
※ムタが2度目の防衛に成功

■11月22日＝東京・両国国技館
IWGPヘビー級選手権試合（60分1本勝負）
グレート・ムタ（16分44秒　片エビ固め）スティング
※ムタが3度目の防衛に成功

1993年（平成5年）

■1月4日＝東京ドーム
NWA世界ヘビー級&IWGPヘビー級ダブル選手権試合（60分1本勝負）
グレート・ムタ（19分48秒　体固め）蝶野正洋
※ムタがIWGPヘビー級王座4度目の防衛に成功するとともにNWA世界ヘビー級王者となる

■6月15日＝東京・日本武道館
IWGPヘビー級選手権試合（60分1本勝負）
グレート・ムタ（11分41秒　反則勝ち）ザ・グレート・カブキ
※ムタが5度目の防衛に成功

■9月20日＝名古屋・愛知県体育館
IWGPヘビー級選手権試合（60分1本勝負）
橋本真也（20分30秒　片エビ固め）グレート・ムタ
※ムタが6度目の防衛に失敗。橋本が第14代王者となる

■12月10日＝名古屋・愛知県体育館
IWGPヘビー級選手権試合（60分1本勝負）
橋本真也（28分57秒　片エビ固め）武藤敬司
※橋本が初防衛に成功

■12月13日＝大阪府立体育会館
IWGPヘビー級選手権試合（60分1本勝負）
橋本真也（25分17秒　片エビ固め）パワー・ウォリアー
※橋本が2度目の防衛に成功

1994年（平成6年）

■1月4日＝東京ドーム
IWGPヘビー級選手権試合（60分1本勝負）
橋本真也（28分0秒　片エビ固め）蝶野正洋
※橋本が3度目の防衛に成功

■3月21日＝名古屋・愛知県体育館
IWGPヘビー級選手権試合（60分1本勝負）
橋本真也（18分55秒　片エビ固め）スコット・ノートン
※橋本が4度目の防衛に成功

■4月4日＝広島グリーンアリーナ
IWGPヘビー級選手権試合（60分1本勝負）
藤波辰爾（14分55秒　グラウンド・コブラツイスト・ホールド）橋本真也
※橋本が5度目の防衛に失敗。藤波が第15代王者となる

■5月1日＝福岡ドーム
IWGPヘビー級選手権試合（60分1本勝負）
橋本真也（6分4秒　体固め）藤波辰爾
※藤波が初防衛に失敗。橋本が第16代王者となる

■6月1日＝宮城・仙台市体育館
IWGPヘビー級選手権試合（60分1本勝負）
橋本真也（12分15秒　片エビ固め）藤原喜明
※橋本が初防衛に成功

■6月15日＝東京・日本武道館
IWGPヘビー級選手権試合（60分1本勝負）
橋本真也（10分52秒　片エビ固め）長州力
※橋本が2度目の防衛に成功

■9月23日＝神奈川・横浜アリーナ
IWGPヘビー級選手権試合（60分1本勝負）
橋本真也（19分8秒　片エビ固め）パワー・ウォリアー
※橋本が3度目の防衛に成功

■9月27日＝大阪城ホール
IWGPヘビー級選手権試合（60分1本勝負）
橋本真也（13分48秒　裏十字固め）蝶野正洋
※橋本が4度目の防衛に成功

■12月13日＝大阪府立体育会館
IWGPヘビー級選手権試合（60分1本勝負）
橋本真也（29分11秒　片エビ固め）馳浩
※橋本が5度目の防衛に成功

1995年（平成7年）

■1月4日＝東京ドーム
IWGPヘビー級選手権試合（60分1本勝負）
橋本真也（19分36秒　片エビ固め）佐々木健介
※橋本が6度目の防衛に成功

■2月4日＝北海道・札幌中島体育センター
IWGPヘビー級選手権試合（60分1本勝負）
橋本真也（17分2秒　片エビ固め）天山広吉
※橋本が7度目の防衛に成功

■2月19日＝東京・両国国技館
IWGPヘビー級選手権試合（60分1本勝負）
橋本真也（15分35秒　逆肩固め）スコット・ノートン
※橋本が8度目の防衛に成功

■4月16日＝広島サンプラザホール
IWGPヘビー級選手権試合（60分1本勝負）
橋本真也（19分3秒　腕ひしぎ十字固め）ロード・スティーブン・リーガル
※橋本が9度目の防衛に成功

■5月3日＝福岡ドーム
IWGPヘビー級選手権試合（60分1本勝負）
武藤敬司（21分13秒　体固め）橋本真也
※橋本が10度目の防衛に失敗。武藤が第17代王者となる

■6月14日＝東京・日本武道館
IWGPヘビー級選手権試合（60分1本勝負）
武藤敬司（19分4秒　片エビ固め）天山広吉
※武藤が初防衛に成功

■7月13日＝北海道・札幌中島体育センター
IWGPヘビー級選手権試合（60分1本勝負）
武藤敬司（14分29秒　片エビ固め）ホーク・ウォリアー
※武藤が2度目の防衛に成功

■9月25日＝大阪府立体育会館
IWGPヘビー級選手権試合（60分1本勝負）
武藤敬司（14分53秒　体固め）平田淳嗣
※武藤が3度目の防衛に成功

■10月9日＝東京ドーム
IWGPヘビー級選手権試合（60分1本勝負）
武藤敬司（16分16秒　足4の字固め）髙田延彦
※武藤が4度目の防衛に成功

■12月11日＝大阪府立体育会館
IWGPヘビー級選手権試合（60分1本勝負）
武藤敬司（14分22秒　足4の字固め）越中詩郎
※武藤が5度目の防衛に成功

1996年（平成8年）

■1月4日＝東京ドーム
IWGPヘビー級選手権試合（60分1本勝負）
髙田延彦（17分57秒　腕ひしぎ十字固め）武藤敬司
※武藤が6度目の防衛に失敗。髙田が第18代王者となる

■3月1日＝東京・日本武道館
IWGPヘビー級選手権試合（60分1本勝負）
髙田延彦（10分53秒　腕ひしぎ十字固め）越中詩郎
※髙田が初防衛に成功

■4月29日＝東京ドーム
IWGPヘビー級選手権試合（60分1本勝負）
橋本真也（12分33秒　三角絞め）髙田延彦
※髙田が2度目の防衛に失敗。橋本が第19代王者となる

■6月11日＝広島サンプラザホール
IWGPヘビー級選手権試合（60分1本勝負）
橋本真也（11分51秒　片エビ固め）小島聡
※橋本が初防衛に成功

■7月17日＝北海道・札幌中島体育センター
IWGPヘビー級選手権試合（60分1本勝負）
橋本真也（12分54秒　片エビ固め）リック・フレアー
※橋本が2度目の防衛に成功

1997年（平成9年）

■1月4日＝東京ドーム
IWGPヘビー級選手権試合（60分1本勝負）
橋本真也（18分4秒　片エビ固め）長州力

※橋本が3度目の防衛に成功

■2月16日＝東京・両国国技館

IWGPヘビー級選手権試合（60分1本勝負）

橋本真也（18分55秒　片エビ固め）山崎一夫

※橋本が4度目の防衛に成功

■5月3日＝大阪ドーム

IWGPヘビー級選手権試合（60分1本勝負）

橋本真也（10分20秒　TKO勝ち）小川直也

※セコンドのタオル投入による。橋本が5度目の防衛に成功

■6月5日＝東京・日本武道館

IWGPヘビー級選手権試合（60分1本勝負）

橋本真也（26分1秒　片エビ固め）武藤敬司

※橋本が6度目の防衛に成功

■8月10日＝愛知・ナゴヤドーム

IWGPヘビー級選手権試合（60分1本勝負）

橋本真也（17分9秒　片エビ固め）天山広吉

※橋本が7度目の防衛に成功

■8月31日＝神奈川・横浜アリーナ

IWGPヘビー級選手権試合（60分1本勝負）

佐々木健介（16分54秒　体固め）橋本真也

※橋本が8度目の防衛に失敗。健介が第20代王者となる

■10月31日＝広島サンプラザホール

IWGPヘビー級選手権試合（60分1本勝負）

佐々木健介（22分10秒　体固め）蝶野正洋

※健介が初防衛に成功

1998年（平成10年）

■1月4日＝東京ドーム

IWGPヘビー級選手権試合（60分1本勝負）

佐々木健介（25分18秒　体固め）武藤敬司

※健介が2度目の防衛に成功

■2月7日＝北海道・札幌中島体育センター

IWGPヘビー級選手権試合（60分1本勝負）

佐々木健介（25分20秒　体固め）西村修

※健介が3度目の防衛に成功

■4月4日＝東京ドーム

IWGPヘビー級選手権試合（60分1本勝負）

藤波辰爾（21分18秒　ジャーマン・スープレックス・ホールド）佐々木健介

※健介が4度目の防衛に失敗。藤波が第21代王者となる

■6月5日＝東京・日本武道館

IWGPヘビー級選手権試合（60分1本勝負）

藤波辰爾（20分38秒　スリーパーホールド）橋本真也

※藤波が初防衛に成功

■7月14日＝北海道・札幌中島体育センター

IWGPヘビー級選手権試合（60分1本勝負）

藤波辰爾（16分7秒　卍固め）天山広吉

※藤波が2度目の防衛に成功

■8月8日＝大阪ドーム

IWGPヘビー級選手権試合（60分1本勝負）

蝶野正洋（19分53秒　STF）藤波辰爾

※藤波が3度目の防衛に失敗。蝶野が第22代王者となる。同年9月に首のケイ椎捻挫で王座を返上

■9月23日＝神奈川・横浜アリーナ

IWGPヘビー級王座決定戦（60分1本勝負）

スコット・ノートン（11分11秒　体固め）永田裕志

※ノートンが第23代王者となる

■10月30日＝広島サンプラザホール

IWGPヘビー級選手権試合（60分1本勝負）

スコット・ノートン（11分19秒　リングアウト勝ち）橋本真也

※ノートンが初防衛に成功

■11月2日（現地時間）＝アメリカ・フロリダ州、NCRセンター

IWGPヘビー級選手権試合（60分1本勝負）

スコット・ノートン（1分58秒　片エビ固め）ヴァン・ハマー

※ノートンが2度目の防衛に成功

■11月9日（現地時間）＝アメリカ・ニューヨーク州、ナッソーコロシアム

IWGPヘビー級選手権試合（60分1本勝負）

スコット・ノートン（0分23秒　片エビ固め）ローディ

※ノートンが3度目の防衛に成功

■12月4日＝大阪府立体育会館

IWGPヘビー級選手権試合（60分1本勝負）

スコット・ノートン（7分53秒　体固め）中西学

※ノートンが4度目の防衛に成功

1999年（平成11年）

■1月4日＝東京ドーム

IWGPヘビー級選手権試合（60分1本勝負）

武藤敬司（19分1秒　足4の字固め）スコット・ノートン

※ノートンが5度目の防衛に失敗。武藤が第24代王者となる

■2月14日＝東京・日本武道館

IWGPヘビー級選手権試合（60分1本勝負）

武藤敬司（28分9秒　レフェリーストップ）佐々木健介

※武藤が初防衛に成功

■4月10日＝東京ドーム

IWGPヘビー級選手権試合（60分1本勝負）

武藤敬司（12分16秒　腕ひしぎ十字固め）ドン・フライ

※武藤が2度目の防衛に成功

■5月3日＝福岡国際センター

IWGPヘビー級選手権試合（60分1本勝負）

武藤敬司（25分37秒　体固め）天龍源一郎

※武藤が3度目の防衛に成功

■7月20日＝北海道・札幌中島体育センター

IWGPヘビー級選手権試合（60分1本勝負）

武藤敬司（23分10秒　足4の字固め）小島聡

※武藤が4度目の防衛に成功

■10月11日＝東京ドーム
IWGPヘビー級選手権試合（60分1本勝負）
武藤敬司（20分0秒　腕ひしぎ十字固め）中西学
※武藤が5度目の防衛に成功

■12月10日＝大阪府立体育会館
IWGPヘビー級選手権試合（60分1本勝負）
天龍源一郎（26分32秒　片エビ固め）武藤敬司
※武藤が6度目の防衛に失敗。天龍が第25代王者となる

2000年（平成12年）

■1月4日＝東京ドーム
IWGPヘビー級選手権試合（60分1本勝負）
佐々木健介（14分43秒　体固め）天龍源一郎
※天龍が初防衛に失敗。健介が第26代王者となる

■2月5日＝北海道・月寒グリーンドーム
IWGPヘビー級選手権試合（60分1本勝負）
佐々木健介（14分2秒　片エビ固め）ドン・フライ
※健介が初防衛に成功

■3月19日＝名古屋・愛知県体育館
IWGPヘビー級選手権試合（60分1本勝負）
佐々木健介（25分2秒　体固め）小島聡
※健介が2度目の防衛に成功

■5月5日＝福岡ドーム
IWGPヘビー級選手権試合（60分1本勝負）
佐々木健介（12分44秒　体固め）グレート・ムタ
※健介が3度目の防衛に成功

■6月2日＝東京・日本武道館
IWGPヘビー級選手権試合（60分1本勝負）
佐々木健介（20分14秒　体固め）中西学
※健介が4度目の防衛に成功

■7月20日＝札幌・北海道立総合体育センター・きたえーる
IWGPヘビー級選手権試合（60分1本勝負）
佐々木健介（20分30秒　体固め）飯塚高史
※健介が5度目の防衛に成功。同年10月9日の東京ドーム大会の川田利明戦で敗北後に王座を返上

2001年（平成13年）

■1月4日＝東京ドーム
第27代IWGPヘビー級王座決定戦（時間無制限1本勝負）
佐々木健介（10分30秒　体固め）川田利明
※健介が王座争奪トーナメントを制し、第27代王者となる

■2月18日＝東京・両国国技館
IWGPヘビー級選手権試合（60分1本勝負）
佐々木健介（14分53秒　体固め）大谷晋二郎
※健介が初防衛に成功

■3月17日＝名古屋・愛知県体育館
IWGPヘビー級選手権試合（60分1本勝負）
スコット・ノートン（11分49秒　体固め）佐々木健介
※健介が2度目の防衛に失敗。ノートンが第28代王者となる

■4月9日＝大阪ドーム
IWGPヘビー級選手権試合（60分1本勝負）
藤田和之（6分43秒　スリーパーホールド）スコット・ノートン
※ノートンが初防衛に失敗。藤田が第29代王者となる

■6月6日＝東京・日本武道館
IWGPヘビー級選手権試合（60分1本勝負）
藤田和之（10分57秒　TKO勝ち）永田裕志
※レフェリーストップによる。藤田が初防衛に成功

■7月20日＝北海道・札幌ドーム
IWGPヘビー級選手権試合（60分1本勝負）
藤田和之（7分22秒　フロント・ネックロック）ドン・フライ
※藤田が2度目の防衛に成功。2001年12月、練習中に右足アキレス腱を断裂したため、2002年1月4日に王座を返上

2002年（平成14年）

■2月16日＝東京・両国国技館
IWGPヘビー級王座決定戦（60分1本勝負）
安田忠夫（15分15秒　フロント・スリーパー）永田裕志
※安田が王座決定トーナメントを制し、第30代王者となる

■3月21日＝東京体育館
IWGPヘビー級選手権試合（60分1本勝負）
安田忠夫（13分25秒　フロント・スリーパー）天山広吉
※安田が初防衛に成功

■4月5日＝東京武道館
IWGPヘビー級選手権試合（60分1本勝負）
永田裕志（15分1秒　ナガタロックⅡ）安田忠夫
※安田が2度目の防衛に失敗。永田が第31代王者となる

■5月2日＝東京ドーム
IWGPヘビー級選手権試合（60分1本勝負）
永田裕志（15分36秒　片エビ固め）髙山善廣
※永田が初防衛に成功

■6月7日＝東京・日本武道館
IWGPヘビー級選手権試合（60分1本勝負）
永田裕志（22分44秒　バックドロップ・ホールド）佐々木健介
※永田が2度目の防衛に成功

■7月20日＝札幌・北海道立総合体育センター・きたえーる
IWGPヘビー級選手権試合（60分1本勝負）
永田裕志（8分10秒　ナガタロックⅡ）バス・ルッテン
※永田が3度目の防衛に成功

■10月14日＝東京ドーム
IWGPヘビー級選手権試合（60分1本勝負）
永田裕志（12分55秒　バックドロップ・ホールド）藤田和之
※永田が4度目の防衛に成功

■10月26日＝福岡国際センター
IWGPヘビー級選手権試合（60分1本勝負）
永田裕志（時間切れ引き分け）蝶野正洋
※永田が5度目の防衛に成功

■12月10日＝大阪府立体育会館
IWGPヘビー級選手権試合（60分1本勝負）
永田裕志（14分53秒　片エビ固め）村上和成
※永田が6度目の防衛に成功

2003年（平成15年）

■1月4日＝東京ドーム
IWGPヘビー級選手権試合（60分1本勝負）
永田裕志（10分40秒　片エビ固め）ジョシュ・バーネット
※永田が7度目の防衛に成功

■2月2日＝北海道・月寒グリーンドーム
IWGPヘビー級選手権試合（60分1本勝負）
永田裕志（20分1秒　ナガタロックⅢ）西村修
※永田が8度目の防衛に成功

■3月9日＝愛知・名古屋レインボーホール
IWGPヘビー級選手権試合（60分1本勝負）
永田裕志（時間切れ引き分け）中西学
※永田が9度目の防衛に成功

■4月23日＝広島サンプラザホール
IWGPヘビー級選手権試合（60分1本勝負）
永田裕志（22分55秒　片エビ固め）安田忠夫
※永田が10度目の防衛に成功

■5月2日＝東京ドーム
IWGPヘビー級&NWFヘビー級ダブル選手権試合（60分1本勝負）
髙山善廣（18分17秒　片エビ固め）永田裕志
※永田がIWGPヘビー級王座11度目の防衛に失敗。髙山がNWFヘビー級王座を防衛するとともに、第32代IWGPヘビー級王者となる

■6月10日＝大阪府立体育会館
IWGPヘビー級選手権試合（60分1本勝負）
髙山善廣（20分0秒、ジャーマン・スープレックス・ホールド）天山広吉
※髙山が初防衛に成功

■7月21日＝北海道・月寒グリーンドーム
IWGPヘビー級選手権試合（60分1本勝負）
髙山善廣（24分12秒　両者KO）蝶野正洋
※髙山が2度目の防衛に成功

■8月28日＝大阪府立体育会館
IWGPヘビー級選手権試合＝金網デスマッチ（時間無制限1本勝負）
髙山善廣（34分6秒　KO勝ち）蝶野正洋
※髙山が3度目の防衛に成功

■11月3日＝神奈川・横浜アリーナ
IWGPヘビー級選手権試合（60分1本勝負）
天山広吉（27分26秒　体固め）髙山善廣
※髙山が4度目の防衛に失敗。天山が第33代王者となる

■12月9日＝大阪府立体育会館
IWGPヘビー級選手権試合（60分1本勝負）
中邑真輔（12分8秒　腕ひしぎ十字固め）天山広吉
※天山が初防衛に失敗。中邑が第34代王者となる

2004年（平成16年）

■1月4日＝東京ドーム
IWGPヘビー級&NWFヘビー級ダブル選手権試合（60分1本勝負）
中邑真輔（13分55秒　チキンウイング・アームロック）髙山善廣
※中邑がIWGPヘビー級王座初防衛に成功するとともにNWFヘビー級王者となる。試合後にNWF王座は返上、封印。また、ケガによるシリーズ欠場を理由にIWGPヘビー級王座を返上

■2月15日＝東京・両国国技館
IWGPヘビー級王者決定戦（60分1本勝負）
天山広吉（13分1秒　片エビ固め）天龍源一郎
※天山が王者決定トーナメントを制し、第35代王者となる

■2月29日＝愛知・名古屋レインボーホール
IWGPヘビー級選手権試合（60分1本勝負）
天山広吉（13分56秒　片エビ固め）鈴木みのる
※天山が初防衛に成功

■3月12日＝東京・国立代々木競技場第二体育館
IWGPヘビー級選手権試合（60分1本勝負）
佐々木健介（15分45秒　片エビ固め）天山広吉
※天山が2度目の防衛に失敗。健介が第36代王者となる

■3月28日＝東京・両国国技館
IWGPヘビー級選手権試合（60分1本勝負）
ボブ・サップ（8分24秒　体固め）佐々木健介
※健介が初防衛に失敗。サップが第37代王者となる

■5月3日＝東京ドーム
IWGPヘビー級選手権試合（60分1本勝負）
ボブ・サップ（12分31秒　体固め）中邑真輔
※サップが初防衛に成功。同年6月2日に王座を返上

■6月5日＝大阪府立体育会館
IWGPヘビー級王座決定戦（60分1本勝負）
藤田和之（11分45秒　KO勝ち）棚橋弘至
※藤田が第38代王者となる

■7月19日＝北海道・月寒グリーンドーム
IWGPヘビー級選手権試合（60分1本勝負）
藤田和之（11分16秒　KO勝ち）柴田勝頼
※藤田が初防衛に成功

■10月9日＝東京・両国国技館
IWGPヘビー級選手権試合（60分1本勝負）
佐々木健介（2分29秒　体固め）藤田和之
※藤田が2度目の防衛に失敗。健介が第39代王者となる

■11月3日＝東京・両国国技館
IWGPヘビー級選手権試合（60分1本勝負）
佐々木健介（25分35秒　体固め）棚橋弘至
※健介が初防衛に成功

■11月13日＝大阪ドーム
IWGPヘビー級選手権試合（60分1本勝負）
佐々木健介（19分59秒　体固め）鈴木みのる
※健介が2度目の防衛に成功

■12月12日＝名古屋・愛知県体育館
IWGPヘビー級選手権試合（60分1本勝負）
天山広吉（31分38秒　片エビ固め）佐々木健介
※健介が3度目の防衛に失敗。天山が第40代王者となる

2005年（平成17年）

■2月20日＝東京・両国国技館
IWGPヘビー級＆三冠ヘビー級ダブル選手権試合（60分1本勝負）
小島聡（59分45秒　KO勝ち）天山広吉
※天山がIWGPヘビー級王座の初防衛に失敗。小島が三冠ヘビー級王座の初防衛に成功するとともに、第41代IWGPヘビー級王者となる

■3月26日＝東京・両国国技館
IWGPヘビー級選手権試合（60分1本勝負）
小島聡（時間切れ引き分け）中邑真輔
※小島が初防衛に成功

■5月14日＝東京ドーム
IWGPヘビー級選手権試合（60分1本勝負）
天山広吉（19分34秒　片エビ固め）小島聡
※小島が2度目の防衛に失敗。天山が第42代王者となる

■6月4日（現地時間）＝イタリア・ミラノ、マツダパレス
IWGPヘビー級選手権試合（60分1本勝負）
天山広吉（12分29秒　片エビ固め）スコット・ノートン
※天山が初防衛に成功

■7月18日＝北海道・月寒グリーンドーム
IWGPヘビー級選手権試合（60分1本勝負）
藤田和之（13分59秒　片エビ固め）天山広吉
※天山が2度目の防衛に失敗。藤田が第43代王者となる

■10月8日＝東京ドーム
IWGPヘビー級選手権試合3WAY戦（60分1本勝負）
ブロック・レスナー（8分8秒　片エビ固め）藤田和之、蝶野正洋
※藤田が初防衛に失敗。蝶野を下したレスナーが第44代王者となる

2006年（平成18年）

■1月4日＝東京ドーム
IWGPヘビー級選手権試合（60分1本勝負）
ブロック・レスナー（8分48秒　片エビ固め）中邑真輔
※レスナーが初防衛に成功

■3月19日＝東京・両国国技館
IWGPヘビー級選手権試合（60分1本勝負）
ブロック・レスナー（10分35秒　体固め）曙
※レスナーが2度目の防衛に成功

■5月3日＝福岡国際センター
IWGPヘビー級選手権試合（60分1本勝負）
ブロック・レスナー（14分32秒　片エビ固め）ジャイアント・バーナード
※レスナーが3度目の防衛に成功。同年7月15日に王座を剥奪される

■7月17日＝北海道・月寒グリーンドーム
IWGPヘビー級王者決定トーナメント決勝戦（60分1本勝負）
棚橋弘至（17分44秒　片エビ固め）ジャイアント・バーナード
※棚橋が第45代王者となる

■10月9日＝東京・両国国技館
IWGPヘビー級選手権試合（60分1本勝負）
棚橋弘至（26分45秒　片エビ固め）天山広吉
※棚橋が初防衛に成功

■12月10日＝名古屋・愛知県体育館
IWGPヘビー級選手権試合（60分1本勝負）
棚橋弘至（22分44秒　ドラゴン・スープレックス・ホールド）中邑真輔
※棚橋が2度目の防衛に成功

2007年（平成19年）

■1月4日＝東京ドーム
IWGPヘビー級選手権試合（60分1本勝負）
棚橋弘至（17分9秒　片エビ固め）太陽ケア
※棚橋が3度目の防衛に成功

■2月18日＝東京・両国国技館
IWGPヘビー級選手権試合（60分1本勝負）
棚橋弘至（21分52秒　ドラゴン・スープレックス・ホールド）金本浩二
※棚橋が4度目の防衛に成功

■4月13日＝大阪府立体育会館
IWGPヘビー級選手権試合（60分1本勝負）
永田裕志（23分24秒　バックドロップ・ホールド）棚橋弘至
※棚橋が5度目の防衛に失敗。永田が第46代王者となる

■5月2日＝東京・後楽園ホール
IWGPヘビー級選手権試合（60分1本勝負）
永田裕志（14分11秒　バックドロップ・ホールド）越中詩郎
※永田が初防衛に成功

■7月6日＝東京・後楽園ホール
IWGPヘビー級選手権試合（60分1本勝負）
永田裕志（19分31秒　片エビ固め）真壁刀義
※永田が2度目の防衛に成功

■10月8日＝東京・両国国技館
IWGPヘビー級選手権試合（60分1本勝負）

棚橋弘至（31分5秒　片エビ固め）永田裕志
※永田が3度目の防衛に失敗。棚橋が第47代王者となる
■11月11日＝東京・両国国技館
ＩＷＧＰヘビー級選手権試合（60分1本勝負）
棚橋弘至（31分32秒　テキサスクローバー・ホールド）後藤洋央紀
※棚橋が初防衛に成功

2008年（平成20年）

■1月4日＝東京ドーム
ＩＷＧＰヘビー級選手権試合（60分1本勝負）
中邑真輔（23分8秒　エビ固め）棚橋弘至
※棚橋が2度目の防衛に失敗。中邑が第48代王者となる
■2月17日＝東京・両国国技館
ＩＷＧＰヘビー級選手権試合　ベルト統一戦（時間無制限1本勝負）
【2ndベルト保持者】中邑真輔（13分55秒　飛びつき腕ひしぎ十字固め）【3rdベルト保持者】カート・アングル
※中邑が初防衛に成功し、ＩＷＧＰヘビー級ベルトを統一
■3月30日＝東京・後楽園ホール
ＩＷＧＰヘビー級選手権試合（60分1本勝負）
中邑真輔（24分44秒　腕ひしぎ十字固め）棚橋弘至
※中邑が2度目の防衛に成功
■4月27日＝大阪府立体育会館
ＩＷＧＰヘビー級選手権試合（60分1本勝負）
武藤敬司（22分34秒　体固め）中邑真輔
※中邑が3度目の防衛に失敗。武藤が第49代王者となる
■7月21日＝北海道・月寒アルファコートドーム
ＩＷＧＰヘビー級選手権試合（60分1本勝負）
武藤敬司（23分50秒　体固め）中西学
※武藤が初防衛に成功
■8月31日＝東京・両国国技館
ＩＷＧＰヘビー級選手権試合（60分1本勝負）
武藤敬司（21分13秒　体固め）後藤洋央紀
※武藤が2度目の防衛に成功
■9月21日＝兵庫・神戸ワールド記念ホール
ＩＷＧＰヘビー級選手権試合（60分1本勝負）
武藤敬司（19分16秒　体固め）真壁刀義
※武藤が3度目の防衛に成功
■10月13日＝東京・両国国技館
ＩＷＧＰヘビー級選手権試合（60分1本勝負）
武藤敬司（21分39秒　フランケンシュタイナー）中邑真輔
※武藤が4度目の防衛に成功

2009年（平成21年）

■1月4日＝東京ドーム
ＩＷＧＰヘビー級選手権試合（60分1本勝負）
棚橋弘至（30分22秒　片エビ固め）武藤敬司
※武藤が5度目の防衛に失敗。棚橋が第50代王者となる
■2月15日＝東京・両国国技館
ＩＷＧＰヘビー級選手権試合（60分1本勝負）
棚橋弘至（24分26秒　片エビ固め）中邑真輔
※棚橋が初防衛に成功
■4月5日＝東京・両国国技館
ＩＷＧＰヘビー級選手権試合（60分1本勝負）
棚橋弘至（15分11秒　片エビ固め）カート・アングル
※棚橋が2度目の防衛に成功
■5月3日＝福岡国際センター
ＩＷＧＰヘビー級選手権試合（60分1本勝負）
棚橋弘至（29分39秒　片エビ固め）後藤洋央紀
※棚橋が3度目の防衛に成功
■5月6日＝東京・後楽園ホール
ＩＷＧＰヘビー級選手権試合（60分1本勝負）
中西学（21分42秒　ジャーマン・スープレックス・ホールド）棚橋弘至
※棚橋が4度目の防衛に失敗。中西が第51代王者となる
■6月20日＝大阪府立体育会館
ＩＷＧＰヘビー級選手権試合（60分1本勝負）
棚橋弘至（31分18秒　片エビ固め）中西学
※中西が初防衛に失敗。棚橋が第52代王者となる
■7月20日＝北海道・月寒アルファコートドーム
ＩＷＧＰヘビー級選手権試合（60分1本勝負）
棚橋弘至（24分14秒　片エビ固め）杉浦貴
※棚橋が初防衛に成功。同年8月に棚橋が負傷により王座返上
■9月27日＝兵庫・神戸ワールド記念ホール
ＩＷＧＰヘビー級王座決定戦（60分1本勝負）
中邑真輔（20分57秒　エビ固め）真壁刀義
※中邑が第53代王者となる
■10月12日＝東京・両国国技館
ＩＷＧＰヘビー級選手権試合（60分1本勝負）
中邑真輔（19分19秒　片エビ固め）大谷晋二郎
※中邑が初防衛に成功
■11月8日＝東京・両国国技館
ＩＷＧＰヘビー級選手権試合（60分1本勝負）
中邑真輔（22分47秒　片エビ固め）棚橋弘至
※中邑が2度目の防衛に成功
■12月5日＝名古屋・愛知県体育館
ＩＷＧＰヘビー級選手権試合（60分1本勝負）
中邑真輔（19分39秒　片エビ固め）永田裕志
※中邑が3度目の防衛に成功

2010年（平成22年）

■1月4日＝東京ドーム
ＩＷＧＰヘビー級選手権試合（60分1本勝負）
中邑真輔（15分51秒　片エビ固め）髙山善廣
※中邑が4度目の防衛に成功
■2月14日＝東京・両国国技館
ＩＷＧＰヘビー級選手権試合（60分1本勝負）

中邑真輔（18分2秒　体固め）中西学
※中邑が5度目の防衛に成功
■4月4日＝東京・後楽園ホール
IWGPヘビー級選手権試合（60分1本勝負）
中邑真輔（19分41秒　片エビ固め）後藤洋央紀
※中邑が6度目の防衛に成功
■5月3日＝福岡国際センター
IWGPヘビー級選手権試合（60分1本勝負）
真壁刀義（18分18秒　片エビ固め）中邑真輔
※中邑が7度目の防衛に失敗。真壁が第54代王者となる
■6月19日＝大阪府立体育会館
IWGPヘビー級選手権試合（60分1本勝負）
真壁刀義（20分40秒　体固め）潮崎豪
※真壁が初防衛に成功
■7月19日＝北海道・北翔クロテック月寒ドーム
IWGPヘビー級選手権試合（60分1本勝負）
真壁刀義（18分15秒　ドラゴン・スープレックス・ホールド）中邑真輔
※真壁が2度目の防衛に成功
■9月26日＝兵庫・神戸ワールド記念ホール
IWGPヘビー級選手権試合（60分1本勝負）
真壁刀義（18分8秒　片エビ固め）田中将斗
※真壁が3度目の防衛に成功
■10月11日＝東京・両国国技館
IWGPヘビー級選手権試合（60分1本勝負）
小島聡（19分12秒　片エビ固め）真壁刀義
※真壁が4度目の防衛に失敗。小島が第55代王者となる
■12月11日＝大阪府立体育会館
IWGPヘビー級選手権試合（60分1本勝負）
小島聡（19分17秒　片エビ固め）中邑真輔
※小島が初防衛に成功

2011年（平成23年）

■1月4日＝東京ドーム
IWGPヘビー級選手権試合（60分1本勝負）
棚橋弘至（21分57秒　片エビ固め）小島聡
※小島が2度目の防衛に失敗。棚橋が第56代王者となる
■2月20日＝宮城・仙台サンプラザホール
IWGPヘビー級選手権試合（60分1本勝負）
棚橋弘至（22分22秒　片エビ固め）小島聡
※棚橋が初防衛に成功
■4月3日＝東京・後楽園ホール
IWGPヘビー級選手権試合（60分1本勝負）
棚橋弘至（35分30秒　片エビ固め）永田裕志
※棚橋が2度目の防衛に成功
■5月3日＝福岡国際センター
IWGPヘビー級選手権試合（60分1本勝負）
棚橋弘至（20分17秒　片エビ固め）中邑真輔
※棚橋が3度目の防衛に成功
■5月14日（現地時間）＝アメリカ・ニューヨーク州、バスケットボールシティ・ニューヨーク
IWGPヘビー級選手権試合（60分1本勝負）
棚橋弘至（18分50秒　片エビ固め）チャーリー・ハース
※棚橋が4度目の防衛に成功
■6月18日＝大阪府立体育会館
IWGPヘビー級選手権試合（60分1本勝負）
棚橋弘至（25分28秒　片エビ固め）後藤洋央紀
※棚橋が5度目の防衛に成功
■7月18日＝北海道・真駒内セキスイハイムアイスアリーナ
IWGPヘビー級選手権試合（60分1本勝負）
棚橋弘至（27分54秒　ダルマ式ジャーマン・スープレックス・ホールド）ジャイアント・バーナード
※棚橋が6度目の防衛に成功
■9月19日＝兵庫・神戸ワールド記念ホール
IWGPヘビー級選手権試合（60分1本勝負）
棚橋弘至（26分7秒　ハイフライ・フロール）中邑真輔
※棚橋が7度目の防衛に成功
■10月10日＝東京・両国国技館
IWGPヘビー級選手権試合（60分1本勝負）
棚橋弘至（29分19秒　片エビ固め）内藤哲也
※棚橋が8度目の防衛に成功
■11月12日＝大阪府立体育会館
IWGPヘビー級選手権試合（60分1本勝負）
棚橋弘至（22分1秒　テキサスクローバー・ホールド）矢野通
※棚橋が9度目の防衛に成功
■12月4日＝名古屋・愛知県体育館
IWGPヘビー級選手権試合（60分1本勝負）
棚橋弘至（30分16秒　片エビ固め）永田裕志
※棚橋が10度目の防衛に成功

2012年（平成24年）

■1月4日＝東京ドーム
IWGPヘビー級選手権試合（60分1本勝負）
棚橋弘至（25分59秒　片エビ固め）鈴木みのる
※棚橋が11度目の防衛に成功
■2月12日＝大阪府立体育会館
IWGPヘビー級選手権試合（60分1本勝負）
オカダ・カズチカ（23分22秒　片エビ固め）棚橋弘至
※棚橋が12度目の防衛に失敗。オカダが第57代王者となる
■3月4日＝東京・後楽園ホール
IWGPヘビー級選手権試合（60分1本勝負）
オカダ・カズチカ（28分50秒　片エビ固め）内藤哲也
※オカダが初防衛に成功
■5月3日＝福岡国際センター
IWGPヘビー級選手権試合（60分1本勝負）

オカダ・カズチカ（24分55秒　片エビ固め）後藤洋央紀
※オカダが2度目の防衛に成功
■6月16日＝大阪府立体育会館（BODY MAKERコロシアム）
IWGPヘビー級選手権試合（60分1本勝負）
棚橋弘至（28分6秒　片エビ固め）オカダ・カズチカ
※オカダが3度目の防衛に失敗。棚橋が第58代王者となる
■7月1日＝東京・両国国技館
IWGPヘビー級選手権試合（60分1本勝負）
棚橋弘至（22分41秒　片エビ固め）真壁刀義
※棚橋が初防衛に成功
■7月22日＝山形市総合スポーツセンター
IWGPヘビー級選手権試合（60分1本勝負）
棚橋弘至（26分15秒　片エビ固め）田中将斗
※棚橋が2度目の防衛に成功
■9月23日＝兵庫・神戸ワールド記念ホール
IWGPヘビー級選手権試合（60分1本勝負）
棚橋弘至（23分35秒　片エビ固め）丸藤正道
※棚橋が3度目の防衛に成功
■10月8日＝東京・両国国技館
IWGPヘビー級選手権試合（60分1本勝負）
棚橋弘至（29分22秒　片エビ固め）鈴木みのる
※棚橋が4度目の防衛に成功
■11月11日＝大阪府立体育会館（BODY MAKERコロシアム）
IWGPヘビー級選手権試合（60分1本勝負）
棚橋弘至（25分6秒　片エビ固め）高橋裕二郎
※棚橋が5度目の防衛に成功

2013年（平成25年）

■1月4日＝東京ドーム
IWGPヘビー級選手権試合（60分1本勝負）
棚橋弘至（33分34秒　片エビ固め）オカダ・カズチカ
※棚橋が6度目の防衛に成功
■2月10日＝広島サンプラザホール
IWGPヘビー級選手権試合（60分1本勝負）
棚橋弘至（25分10秒　片エビ固め）カール・アンダーソン
※棚橋が7度目の防衛に成功
■4月7日＝東京・両国国技館
IWGPヘビー級選手権試合（60分1本勝負）
オカダ・カズチカ（31分41秒　片エビ固め）棚橋弘至
※棚橋が8度目の防衛に失敗。オカダが第59代王者となる
■5月3日＝福岡国際センター
IWGPヘビー級選手権試合（60分1本勝負）
オカダ・カズチカ（30分49秒　片エビ固め）鈴木みのる
※オカダが初防衛に成功
■6月22日＝大阪府立体育会館（BODY MAKERコロシアム）
IWGPヘビー級選手権試合（60分1本勝負）
オカダ・カズチカ（25分4秒　片エビ固め）真壁刀義
※オカダが2度目の防衛に成功
■7月20日＝秋田市立体育館
IWGPヘビー級選手権試合（60分1本勝負）
オカダ・カズチカ（19分14秒　片エビ固め）プリンス・デヴィット
※オカダが3度目の防衛に成功
■9月29日＝兵庫・神戸ワールド記念ホール
IWGPヘビー級選手権試合（60分1本勝負）
オカダ・カズチカ（24分44秒　片エビ固め）小島聡
※オカダが4度目の防衛に成功
■10月14日＝東京・両国国技館
IWGPヘビー級選手権試合（60分1本勝負）
オカダ・カズチカ（35分17秒　片エビ固め）棚橋弘至
※オカダが5度目の防衛に成功
■11月9日＝大阪府立体育会館（BODY MAKERコロシアム）
IWGPヘビー級選手権試合（60分1本勝負）
オカダ・カズチカ（22分49秒　片エビ固め）カール・アンダーソン
※オカダが6度目の防衛に成功

2014年（平成26年）

■1月4日＝東京ドーム
IWGPヘビー級選手権試合（60分1本勝負）
オカダ・カズチカ（30分58秒　片エビ固め）内藤哲也
※オカダが7度目の防衛に成功
■2月11日＝大阪府立体育会館（BODY MAKERコロシアム）
IWGPヘビー級選手権試合（60分1本勝負）
オカダ・カズチカ（22分51秒　片エビ固め）後藤洋央紀
※オカダが8度目の防衛に成功
■5月3日＝福岡国際センター
IWGPヘビー級選手権試合（60分1本勝負）
AJスタイルズ（24分31秒　エビ固め）オカダ・カズチカ
※オカダが9度目の防衛に失敗。AJが第60代王者となる
■5月17日（現地時間）＝アメリカ・ニューヨーク州、ハンマーシュタイン・ボールルーム
IWGPヘビー級選手権試合3WAYマッチ（60分1本勝負）
AJスタイルズ（17分2秒　エビ固め）マイケル・エルガン、オカダ・カズチカ
※AJがエルガンを下し初防衛に成功
■5月25日＝神奈川・横浜アリーナ
IWGPヘビー級選手権試合（60分1本勝負）
AJスタイルズ（26分5秒　エビ固め）オカダ・カズチカ

※AJが2度目の防衛に成功

■10月13日＝東京・両国国技館
IWGPヘビー級選手権試合（60分1本勝負）
棚橋弘至（27分4秒　片エビ固め）AJスタイルズ
※AJが3度目の防衛に失敗。棚橋が第61代王者となる

2015年（平成27年）

■1月4日＝東京ドーム
IWGPヘビー級選手権試合（60分1本勝負）
棚橋弘至（30分57秒　片エビ固め）オカダ・カズチカ
※棚橋が初防衛に成功

■2月11日＝大阪府立体育会館（BODY MAKERコロシアム）
IWGPヘビー級選手権試合（60分1本勝負）
AJスタイルズ（26分8秒　エビ固め）棚橋弘至
※棚橋が2度目の防衛に失敗。AJが第62代王者となる

■4月5日＝東京・両国国技館
IWGPヘビー級選手権試合（60分1本勝負）
AJスタイルズ（27分1秒　エビ固め）飯伏幸太
※AJが初防衛に成功

■7月5日＝大阪城ホール
IWGPヘビー級選手権試合（60分1本勝負）
オカダ・カズチカ（26分16秒　片エビ固め）AJスタイルズ
※AJが2度目の防衛に失敗。オカダが第63代王者となる

■10月12日＝東京・両国国技館
IWGPヘビー級選手権試合（60分1本勝負）
オカダ・カズチカ（30分15秒　片エビ固め）AJスタイルズ
※オカダが初防衛に成功

2016年（平成28年）

■1月4日＝東京ドーム
IWGPヘビー級選手権試合（60分1本勝負）
オカダ・カズチカ（36分1秒　片エビ固め）棚橋弘至
※オカダが2度目の防衛に成功

■2月11日＝エディオンアリーナ大阪（大阪府立体育会館）
IWGPヘビー級選手権試合（60分1本勝負）
オカダ・カズチカ（25分27秒　片エビ固め）後藤洋央紀
※オカダが3度目の防衛に成功

■4月10日＝東京・両国国技館
IWGPヘビー級選手権試合（60分1本勝負）
内藤哲也（28分50秒　片エビ固め）オカダ・カズチカ
※オカダが4度目の防衛に失敗。内藤が第64代王者となる

■5月3日＝福岡国際センター
IWGPヘビー級選手権試合（60分1本勝負）
内藤哲也（30分33秒　片エビ固め）石井智宏
※内藤が初防衛に成功

■6月19日＝大阪城ホール
IWGPヘビー級選手権試合（60分1本勝負）
オカダ・カズチカ（28分58秒　片エビ固め）内藤哲也
※内藤が2度目の防衛に失敗。オカダが第65代王者となる

■10月10日＝東京・両国国技館
IWGPヘビー級選手権試合（60分1本勝負）
オカダ・カズチカ（28分0秒　片エビ固め）丸藤正道
※オカダが初防衛に成功

2017年（平成29年）

■1月4日＝東京ドーム
IWGPヘビー級選手権試合（60分1本勝負）
オカダ・カズチカ（46分45秒　エビ固め）ケニー・オメガ
※オカダが2度目の防衛に成功

■2月5日＝札幌・北海道立総合体育センター・北海きたえーる
IWGPヘビー級選手権試合（60分1本勝負）
オカダ・カズチカ（40分46秒　片エビ固め）鈴木みのる
※オカダが3度目の防衛に成功

■4月9日＝東京・両国国技館
IWGPヘビー級選手権試合（60分1本勝負）
オカダ・カズチカ（38分9秒　片エビ固め）柴田勝頼
※オカダが4度目の防衛に成功

■5月3日＝福岡国際センター
IWGPヘビー級選手権試合（60分1本勝負）
オカダ・カズチカ（21分47秒　片エビ固め）バッドラック・ファレ
※オカダが5度目の防衛に成功

■6月11日＝大阪城ホール
IWGPヘビー級選手権試合（60分1本勝負）
オカダ・カズチカ（時間切れ引き分け）ケニー・オメガ
※オカダが6度目の防衛に成功

■7月1日（現地時間）＝アメリカ・カリフォルニア州、ロングビーチコンベンションアンドエンターテインメントセンター
IWGPヘビー級選手権試合（60分1本勝負）
オカダ・カズチカ（27分12秒　片エビ固め）Cody
※オカダが7度目の防衛に成功

■10月9日＝東京・両国国技館
IWGPヘビー級選手権試合（60分1本勝負）
オカダ・カズチカ（33分26秒　片エビ固め）EVIL
※オカダが8度目の防衛に成功

2018年（平成30年）

■1月4日＝東京ドーム
IWGPヘビー級選手権試合（60分1本勝負）
オカダ・カズチカ（34分26秒　エビ固め）内藤哲也
※オカダが9度目の防衛に成功

■2月10日＝エディオンアリーナ大阪（大阪府立体育会館）
IWGPヘビー級選手権試合（60分1本勝負）

オカダ・カズチカ（32分12秒　片エビ固め）SANADA
※オカダが10度目の防衛に成功

■4月1日＝東京・両国国技館
IWGPヘビー級選手権試合（60分1本勝負）
オカダ・カズチカ（34分58秒　エビ固め）ザック・セイバーJr
※オカダが11度目の防衛に成功

■5月4日＝福岡国際センター
IWGPヘビー級選手権試合（60分1本勝負）
オカダ・カズチカ（34分36秒　片エビ固め）棚橋弘至
※オカダが12度目の防衛に成功

■6月9日＝大阪城ホール
IWGPヘビー級選手権試合（時間無制限3本勝負）
ケニー・オメガ（2－1）オカダ・カズチカ
①オカダ（28分47秒　エビ固め）ケニー
②ケニー（19分10秒　片エビ固め）オカダ
③ケニー（16分53秒　片エビ固め）オカダ
※オカダが13度目の防衛に失敗。ケニーが第66代王者となる

■7月7日（現地時間）＝アメリカ・カリフォルニア州デイリーシティ、カウパレス
IWGPヘビー級選手権試合（60分1本勝負）
ケニー・オメガ（34分14秒　片エビ固め）Cody
※ケニーが初防衛に成功

■9月15日＝広島サンプラザホール
IWGPヘビー級選手権試合（60分1本勝負）
ケニー・オメガ（30分55秒　片エビ固め）石井智宏
※ケニーが2度目の防衛に成功。

■10月8日＝東京・両国国技館
IWGPヘビー級選手権試合3WAY戦（60分1本勝負）
ケニー・オメガ（34分13秒　片エビ固め）飯伏幸太、Cody
※ケニーが飯伏を下し3度目の防衛に成功

2019年（平成31年・令和元年）

■1月4日＝東京ドーム
IWGPヘビー級選手権試合（60分1本勝負）
棚橋弘至（39分13秒　片エビ固め）ケニー・オメガ
※ケニーが4度目の防衛に失敗。棚橋が第67代王者となる

■2月11日＝エディオンアリーナ大阪（大阪府立体育会館）
IWGPヘビー級選手権試合（60分1本勝負）
ジェイ・ホワイト（30分28秒　片エビ固め）棚橋弘至
※棚橋が初防衛に失敗。ジェイが第68代王者となる

■4月6日（現地時間）＝アメリカ・ニューヨーク州、マディソン・スクエア・ガーデン
IWGPヘビー級選手権試合（60分1本勝負）
オカダ・カズチカ（32分33秒　片エビ固め）ジェイ・ホワイト
※ジェイが初防衛に失敗。オカダが第69代王者となる

■5月4日＝福岡国際センター
IWGPヘビー級選手権試合（60分1本勝負）
オカダ・カズチカ（38分3秒　片エビ固め）SANADA
※オカダが初防衛に成功

■6月9日＝大阪城ホール
IWGPヘビー級選手権試合（60分1本勝負）
オカダ・カズチカ（25分43秒　エビ固め）クリス・ジェリコ
※オカダが2度目の防衛に成功

■8月31日（現地時間）＝イギリス・ロンドン、ザ・カッパーボックス
IWGPヘビー級選手権試合（60分1本勝負）
オカダ・カズチカ（33分25秒　片エビ固め）鈴木みのる
※オカダが3度目の防衛に成功

■10月14日＝東京・両国国技館
IWGPヘビー級選手権試合（60分1本勝負）
オカダ・カズチカ（36分21秒　片エビ固め）SANADA
※オカダが4度目の防衛に成功

2020年（令和2年）

■1月4日＝東京ドーム
IWGPヘビー級選手権試合（60分1本勝負）
オカダ・カズチカ（39分16秒　片エビ固め）飯伏幸太
※オカダが5度目の防衛に成功

■1月5日＝東京ドーム
IWGPヘビー級・IWGPインターコンチネンタルダブル選手権試合（60分1本勝負）
内藤哲也（35分37秒　片エビ固め）オカダ・カズチカ
※オカダがIWGPヘビー級王座6度目の防衛に失敗。内藤が第70代IWGPヘビー級王者となる。内藤がIWGPインターコンチネンタル王座の初防衛に成功。内藤が史上初のダブルチャンピオンに

■2月9日＝大阪城ホール
IWGPヘビー級・IWGPインターコンチネンタルダブル選手権試合（60分1本勝負）
内藤哲也（35分50秒　片エビ固め）KENTA
※内藤がIWGPヘビー級王座の初防衛、IWGPインターコンチネンタル王座2度目の防衛に成功

■7月12日＝大阪城ホール
IWGPヘビー級・IWGPインターコンチネンタルダブル選手権試合（60分1本勝負）
EVIL（38分1秒　片エビ固め）内藤哲也
※内藤がIWGPヘビー級王座2度目の防衛、IWGPインターコンチネンタル王座3度目の防衛に失敗。EVILが第71代IWGPヘビー級&第25代IWGPインターコンチネンタル王者となる

■7月25日＝名古屋・愛知県体育館（ドルフィンズアリーナ）
IWGPヘビー級・IWGPインターコンチネンタルダブル選手権試合（60分1本勝負）
EVIL（33分57秒　片エビ固め）高橋ヒロム

※EVILがIWGPヘビー級王座の初防衛、IWGPインターコンチネンタル王座の初防衛に成功
■8月29日＝東京・明治神宮野球場
IWGPヘビー級・IWGPインターコンチネンタルダブル選手権試合（60分1本勝負）
内藤哲也（26分20秒　片エビ固め）EVIL
※EVILがIWGPヘビー級王座2度目の防衛、IWGPインターコンチネンタル王座2度目の防衛に失敗。内藤が第72代IWGPヘビー級&第26代IWGPインターコンチネンタル王者となる
■11月7日＝エディオンアリーナ大阪（大阪府立体育会館）
IWGPヘビー級・IWGPインターコンチネンタルダブル選手権試合（60分1本勝負）
内藤哲也（33分8秒　片エビ固め）EVIL
※内藤がIWGPヘビー級王座の初防衛、IWGPインターコンチネンタル王座の初防衛に成功

2021年（令和3年）

■1月4日＝東京ドーム
IWGPヘビー級・IWGPインターコンチネンタルダブル選手権試合（60分1本勝負）
飯伏幸太（31分18秒　片エビ固め）内藤哲也
※内藤がIWGPヘビー級王座2度目の防衛、IWGPインターコンチネンタル王座2度目の防衛に失敗。飯伏が第73代IWGPヘビー級&第27代IWGPインターコンチネンタル王者となる
■1月5日＝東京ドーム
IWGPヘビー級・IWGPインターコンチネンタルダブル選手権試合（60分1本勝負）
飯伏幸太（48分5秒　片エビ固め）ジェイ・ホワイト
※飯伏がIWGPヘビー級王座の初防衛、IWGPインターコンチネンタル王座の初防衛に成功
■2月11日＝広島サンプラザホール
IWGPヘビー級・IWGPインターコンチネンタルダブル選手権試合（60分1本勝負）
飯伏幸太（27分51秒　片エビ固め）SANADA
※飯伏がIWGPヘビー級王座2度目の防衛、IWGPインターコンチネンタル王座2度目の防衛に成功
■3月4日＝東京・日本武道館
IWGPヘビー級・IWGPインターコンチネンタルダブル選手権試合（60分1本勝負）
飯伏幸太（20分36秒　片エビ固め）エル・デスペラード
※飯伏がIWGPヘビー級王座3度目の防衛、IWGPインターコンチネンタル王座4度目の防衛に成功。飯伏を初代IWGP世界ヘビー級王者に認定

編集・文 本多 誠（元『週刊プロレス』編集長）
流 智美（プロレス評論家）
市川 亨
デザイン 間野 成（株式会社間野デザイン）

日《に》本《ほん》プロレス歴《れき》代《だい》王《おう》者《じゃ》名《めい》鑑《かん》

ヘビー級《きゅう》シングル編《へん》① 黄金時代《おうごんじだい》を築《きず》いた英雄《えいゆう》たち

2023年11月30日 第1版第1刷発行

編 集 週刊《しゅうかん》プロレス
発行人 池田哲雄
発行所 株式会社ベースボール・マガジン社
〒103-8482 東京都中央区日本橋浜町2-61-9 TIE浜町ビル
電話 03-5643-3930（販売部）
03-5643-3885（出版部）
振替口座 00180-6-46620
https://www.bbm-japan.com/

印刷・製本 共同印刷株式会社

ISBN978-4-583-11656-3 C0075